EL GUARDIÁN DE LA VERDAD

Y

LA TERCERA PUERTA DEL TIEMPO

¿PARA QUÉ HAS VENIDO A ESTE MUNDO?

Mario Alonso Puig

El guardián de la verdad

Y

LA TERCERA PUERTA DEL TIEMPO

¿PARA QUÉ HAS VENIDO A ESTE MUNDO?

ESPASA

ESPASA ℮ NARRATIVA

© Mario Alonso Puig, 2016
© Espasa Libros S. L. U., 2016

Diseño de cubierta: Departamento de Arte y Diseño. Área Editorial Grupo Planeta
Imagen de cubierta e interiores: © Joan Chito, 2015

Preimpresión: M.T. Color & Diseño, S. L.

Depósito legal: B. 28.296-2015
ISBN: 978-84-670-4601-4

Espasa, en su deseo de mejorar sus publicaciones, agradecerá
cualquier sugerencia que los lectores hagan al departamento
editorial por correo electrónico: sugerencias@espasa.es

www.espasa.com
www.planetadelibros.com

Impreso en España/Printed in Spain
Impresión: Unigraf, S. L.

Espasa Libros, S. L. U.
Avda. Diagonal, 662-664
08034 Barcelona

El papel utilizado para la impresión de este libro es cien por cien libre de cloro
y está calificado como **papel ecológico**

Dedico este libro a todos esos niños, jóvenes y adultos que creen que lo que ellos hagan sí puede contribuir a mejorar nuestro mundo y el de aquellas generaciones que nos sucederán.

Ciertamente los dioses no revelaron todas las cosas desde el principio a los hombres, sino que mediante la investigación llegaron estos con el tiempo a descubrirlo.

JENÓFANES

PRÓLOGO

UNA PROPUESTA DEL AUTOR PARA EXTRAER EL MAYOR BENEFICIO DE ESTA HISTORIA

He escrito estas palabras para proponerte una cierta disposición mental a la hora de leer esta historia. Yo no la he escrito solamente con la intención de que sea entretenida y te haga pasar un buen rato. La he escrito con un anhelo, con una aspiración, la de que te ayude a tener aún más claro que lo que ahora te parece imposible, sí puede hacerse posible. ¡Cuántas veces nos encontramos en la vida con desafíos que nos parecen tan difíciles de superar que los abordamos sin la suficiente ilusión, confianza, esperanza y determinación como para tener la más mínima posibilidad de éxito! La manera en la que este libro se gestó es una muestra más de que lo imposible puede hacerse posible cuando somos capaces de conectar con esa dimensión de nuestra mente que, por ser inconsciente, muchas veces ni siquiera sabemos que existe.

Yo contaba cuentos a mis hijos cuando eran pequeños. Aquellos cuentos que a mí me parecían de lo más simple producían en ellos unos efectos sorprendentes y, por eso, todas las noches, me pedían que les contara otro cuento más. Mis hijos y mi mujer, que han sido siempre una gran fuente de inspiración en mi vida, nunca dejaron de insistirme a lo largo de los años para que yo escribiera un relato de ficción. Pero, para mí, eso que ellos me sugerían se alejaba mucho de aquello sobre lo que yo escribía y en lo que me sentía más cómodo: el mundo del cerebro, la mente y todo lo relacionado con la ciencia, el liderazgo, los equipos de alto rendimiento y el cambio personal. Aunque era verdad que todos los libros que yo había publicado hasta la fecha contenían pequeñas historias, se trataba de ensayos que desarrollaban una determinada idea y que tenían como base la medicina, las neurociencias, la filosofía y la psicología. Pero un día, sin poder explicar muy bien por qué, sentí la llamada a escribir lo que mi familia llevaba tanto tiempo sugiriéndome, una historia de ficción que ayudara a mis posibles lectores a sentirse héroes y heroínas en sus propias vidas. Mi meta era que la simple experiencia de leerla y reflexionar sobre ella pusiera en marcha un proceso mental que le facilitara alcanzar, a quien se identificara con la historia, lo que hasta ahora le había parecido o resultado imposible de lograr. Si utilizara un símil, sería algo así como cuando entra en funcionamiento el motor de una bicicleta eléctrica y conseguimos subir una cuesta que con nuestro simple pedaleo, jamás hubiéramos subido.

Quería que este relato resonara en personas que tuvieran distintas edades y que estuvieran enfrentándose o pudieran enfrentarse a diferentes tipos de desafíos. Además, buscaba que esta historia, aunque fuera actual, conectara al lector con un mundo de enormes posibilidades transformadoras y que es la conexión entre el inconsciente y la mitología. Cuando hablé de ello con los responsables de mi editorial, recibieron la propuesta entusiasmados y me ofrecieron todo tipo de apoyo y facilidades, por lo que les estoy sumamente agradecido. No obstante, por más que pasaran los días, las semanas, los meses y por más que yo pensara en los posibles personajes y en la manera en la que podía conectar el mundo de hoy con el mundo mitológico, no conseguía que me viniera nada a la cabeza. Así pasaron cerca de seis meses, meses marcados por la frustración de sentir que cada día chocaba contra un muro de ladrillos que me resultaba totalmente imposible de romper. Sin embargo, eso sí, nunca tiré la toalla, nunca dejé de seguir intentándolo, nunca perdí la esperanza. De repente, un día como otro cualquiera, alrededor de las nueve de la mañana, estaba leyendo un ensayo sobre psicología (ya que yo prácticamente no leía casi nada de literatura de ficción), cuando experimenté algo sorprendente. Sentí como si, por arte de magia, aquel muro de ladrillos que no me había dejado avanzar ya no existiera y algo que había estado contenido hasta entonces empezara a emerger y manifestarse. Noté entonces el impulso casi irresistible de empezar a escribir esta historia que ahora tienes entre tus manos. Jamás antes había experimentado nada semejante. Los personajes empezaron a aparecer en mi mente como si realmente me estuvieran hablando de sus propias y fascinantes vidas. Por la noche me acostaba expectante de lo que iba a suceder con ellas. Cuando a la mañana siguiente me despertaba, me iba corriendo al ordenador ansioso por conocer cómo iba a seguir discurriendo el relato. Aunque tenía claro que era indudablemente yo quien lo escribía, me daba la sensación de que alguien dentro de mí me estaba guiando para poder hacerlo de una determinada manera. Durante dos meses, aquel relato absorbió mi atención de tal forma que la mayor parte del tiempo pensaba en él y en cómo transcurriría. El grado de ensimismamiento que experimenté se parecía al que había tenido años atrás cuando realizaba intervenciones quirúrgicas, sobre todo en aquellos momentos más complejos y decisivos. Mostraba tal nivel de entusiasmo que en mi familia estaban sorprendidos de que algo así me estuviera emocionando de semejante manera. Al final, lo que me había resultado imposible había sucedido y ante mí pude ver finalizado *El Guardián de la Verdad y la tercera puerta del tiempo*. Me siento feliz de comprobar una vez más que todos somos capaces de hacer mucho más de lo que creemos y eso es precisamente lo que yo quiero ofrecerte a través de esta historia que me encantaría que tú también, si así lo decides, hagas tuya.

Si esta historia logra conectar contigo, con tus necesidades, tus aspiraciones, tus dudas y tus anhelos y te ofrece una nueva perspectiva desde la que contemplar tu vida, estoy convencido de que pueden producirse cambios muy sorprendentes y beneficiosos en tu salud, en tu pensar, en tu sentir y en tu actuar. Creo firmemente en el poder de la «medicina narrativa» y en que todos tenemos un extraordinario potencial que si conseguimos que despierte, se despliegue y florezca, puede transformar positivamente y de una manera inimaginable nuestra existencia. Esa es sin ninguna duda, la motivación fundamental que he tenido cuando me decidí a escribir y a publicar esta novela. Te invito a que reconozcas en algunos de los personajes de nuestra historia al héroe, a la heroína que viven ya dentro de ti aunque tal vez todavía no lo sepas. También me gustaría invitarte a que te abras a descubrir en otros de los personajes de este relato, tal vez los menos atractivos, algunas de las sombras que no te están dejando experimentar en la vida aquello que verdaderamente anhelas. El simple hecho de haber escrito esta ficción literaria ya ha producido y sigue produciendo en mí cambios muy profundos.

Todos queremos lo mismo, ser más felices y sufrir menos. El problema es que muchas veces no sabemos muy bien cómo lograrlo. Leemos libros de superación, reflexionamos acerca de cómo mejorar, intentamos cambiar una y otra vez y, sin embargo, lo frecuente es que volvamos a nuestros viejos hábitos de funcionamiento. Esto lleva a un gran número de personas a concluir que cambiar es francamente deseable pero a la vez altamente improbable, por no decir imposible. Por otra parte, la sociedad rinde un claro homenaje al conocimiento y a la erudición y se olvida casi por completo de la importancia que tiene explorar aquellas capacidades y talentos que están contenidos en los estratos más profundos del ser humano, en su auténtico Ser.

El uso de la metáfora en la literatura de ficción es uno de los caminos más sugerentes y efectivos para producir ese tipo de cambios en nuestras vidas que todos, en mayor o menor medida, buscamos. Dentro del viaje sensorial que se vive y que apela a nuestros sentidos internos a través de las imágenes, los sonidos y las sensaciones que evocan las palabras, hay también un viaje interior que va operando sutiles transformaciones sin que muchas veces seamos para nada conscientes de ello. Cuando leemos un relato, nuestra imaginación puede volar hasta un precioso bosque y hacer que de alguna manera nos veamos dentro de él, escuchando los sonidos de la naturaleza y sintiendo la brisa del viento. Sin embargo, a pesar de que esto puede ser sin ninguna duda atractivo y agradable, no es lo más importante. Lo verdaderamente esencial es que todos podemos encontrar en los personajes del relato y en los desafíos a los que ellos se enfrentan recursos como el valor, la audacia, la determinación, la compasión y la generosidad. Estos recursos se incorporan de manera natural a nuestra propia vida, permitiéndonos a partir de ese momento hacer frente a nuestros retos profesionales y personales con mayor claridad, creatividad, serenidad y confianza. Algo tan extraordinario puede suceder porque como bien explicó Gregory Bateson, el gran científico de la mente y fundador de la Escuela de Palo Alto: «Nuestra mente es una mente metafórica». En esto radica el poder de la literatura cuando aspira a ser transformadora, en su capacidad para generar nuevas experiencias que, a pesar de suceder únicamente a nivel de la imaginación, se incorporan como si realmente las hubiéramos vivido. Los estudios con neuroimagen constatan que cuando una lectura nos absorbe, el cerebro se activa como si realmente estuviéramos experimentando en nuestras vidas eso mismo que leemos.

Hay una parte de nuestra mente consciente que, al ser muy lógica y racional, esto no lo entiende, y como no lo entiende, tiende a ignorarlo o incluso a despreciarlo. Esta parte de nuestra mente nos sirve para conocer, pero no para comprender. Puede saber, pero no nos ayuda mucho a saber hacer. Es una parte de la mente que puede explicarnos con gran erudición lo que es el valor, pero desconoce cómo impulsarnos a vivir con más valor. Por eso y a lo largo de esta historia que pretende ser multicolor, pasarás de situaciones cotidianas a momentos de misterio e intriga que a su vez darán paso a aventuras que apelan directamente a tu imaginación. Esta dinámica de la historia puede hacer que esa parte de la mente consciente de la que te he hablado experimente momentos de sorpresa acompañados de una cierta confusión. Estos momentos de confusión, que pueden ser un tanto desconcertantes, son de extraordinaria oportunidad para que se active, para que entre en juego esa otra parte de la mente que, al ser mucho más sabia, sabe lo que necesitas y dónde encontrarlo. Hablo de la misma parte de la mente que se activó en mí para que surgiera esta historia de la manera en la que lo ha hecho. Por eso mi propuesta es que cuando llegues a estos momentos de sorpresa y tal vez de confusión, los celebres, te relajes, mantengas tu mente abierta y disfrutes. Todo se conectará de forma natural permitiéndote hacer sorprendentes y valiosos descubrimientos. Te darás cuenta de cosas que hasta ahora quizás te hayan pasado desapercibidas. La magia siempre la vamos a encontrar más allá de lo que nos resulta familiar, más allá de nuestra zona de confort. Recuerdo siempre con emoción las palabras de Marcel Proust: «El verdadero acto del descubrimiento no consiste en salir a buscar nuevas tierras, sino en aprender a ver la vieja tierra con nuevos ojos».

Mario Alonso Puig
Agosto 2015
Madrid

PRIMERA PARTE

DECIR SÍ
A LA LLAMADA

1

LOS DESAFÍOS DE LA VIDA

Pablo tiene dieciséis años. Mide un metro ochenta y es de complexión fuerte. Tiene el pelo oscuro y los ojos pardos. Su rostro es afable, aunque su mirada refleja una cierta tristeza. No podemos decir que se sienta muy popular. Apenas tiene un grupo de compañeros del colegio con los que hablar durante los recreos. Se ve solo y perdido en un mundo que le resulta complejo y extraño. Cuando ve a otros compañeros de su clase hacer planes para el fin de semana, piensa que eso no va con él. No es que no le apetezca también quedar con ellos, sino que como nadie se lo ofrece, tampoco Pablo se siente con el valor de pedirles que cuenten con él. En clase le cuesta entender lo que muchos de los profesores explican y le resulta especialmente frustrante cuando el señor Cuesta, su profesor de historia, le saca a la pizarra y parece que disfruta dejándole en ridículo ante sus compañeros. A veces consigue evadirse haciendo volar su imaginación y viéndose como el héroe de una gran aventura, una aventura en la que se siente fuerte, decidido, valiente y capaz. Hoy, cuando ha ido a casa, ha hojeado un periódico que había en la mesa del comedor. En una de las páginas hablaban del complejo de inferioridad. Pablo, por primera vez, ha puesto nombre a aquello que cree que tiene. Él se siente menos que sus compañeros del colegio, menos interesante, menos inteligente, menos simpático, menos capaz. De todas maneras, para Pablo no hay nada que se pueda hacer, él nació así y es algo que tiene la certeza de que no se puede cambiar.

Por las tardes, dedica muchas horas al estudio, pero las materias ni le entusiasman ni le son fáciles de entender. Su mente no para de dar vueltas por mundos más interesantes y atractivos, pero que en nada contribuyen a que mejoren sus notas.

A quien más admira sin duda es a su compañero Andrés. No puede decirse que sean grandes amigos, pero Andrés lo tiene todo. Es el más inteligente de su clase, el que mejor juega al fútbol y encima es muy buena persona, no le extraña que sea tan querido y popular. Andrés dedica parte del tiempo de los recreos a ayudar a aquellos que van mal en matemáticas. Para Pablo esto es sorprendente, ya que es el único en su clase que lo hace. Además, da la sensación de que no lo considera una pesada carga, sino que lo hace con alegría e ilusión. En una ocasión, Andrés le había dicho algo que le había dado que pensar: «Pablo, no dejes pasar ninguna oportunidad de hacer el bien».

Sin embargo, en su clase también está Alberto, que disfruta burlándose de él y haciéndole sentirse torpe e incapaz. A Alberto le gusta dejar en ridículo a Pablo para que sus compañeros también se rían de él. Alberto es el cabecilla de un grupo de tres que no paran de meterse con él y molestarle. Cada vez que Pablo les ve, intenta esconderse donde puede o sale corriendo para no tener que someterse a sus burlas y provocaciones.

Pablo adora a Ana, su madre, y también a José, su abuelo. Los tres viven juntos desde que falleció su padre en un trágico accidente de tráfico. De aquello hace ya seis años, pero Pablo todavía lo recuerda con mucha tristeza. Fue una madrugada en la que primero sonó el teléfono y a continuación escuchó los gritos y el llanto de su madre. Pablo, sobresaltado, se levantó y fue a su habitación para ver qué le pasaba. Su madre se limitó a abrazarle mientras no paraba de llorar. Entonces, limpiándose las lágrimas como pudo, le dijo:

—Hijo mío, ha ocurrido algo terrible, papá ha tenido un accidente y ahora... cuidará de nosotros desde el cielo.

Pero no tengas miedo porque juntos saldremos adelante, yo te lo prometo. Ahora tengo que llamar al abuelo para que me acompañe a un sitio.

Media hora después llegaba José. Hasta que llegó su abuelo, el muchacho pasó la media hora más angustiosa de su vida. José abrazó a su hija y a su nieto, luchando por contener las lágrimas y haciendo lo posible para mostrarse fuerte en un momento tan difícil. Después cogió a su nieto Pablo de la mano y le llevó a su cuarto donde le acostó con infinita ternura y le dio un beso en la frente, como cuando era más pequeño.

—Pablo, verás como los pájaros negros de la tristeza poco a poco se van y vuelve a aparecer el sol. Papá seguirá siempre viviendo en tu corazón y hablándote desde ahí.

Una buena amiga de Ana se quedaría con Pablo hasta que ella y su padre volvieran.

Días después, José, que era viudo y estaba jubilado, decidió trasladarse a vivir con su hija y con su nieto, por lo menos hasta que pasara un poco de tiempo y ellos hubieran superado su proceso de duelo, un proceso en el que también él se encontraba inmerso.

Desde aquellos días, la vida de Ana no había sido nada fácil. Echaba mucho de menos a su marido y todo le recordaba a él. Sentía un enorme vacío que ella sabía que iba a ser muy difícil de volver a llenar. Del dolor inicial que desgarra y de la ira hacia aquel conductor borracho que había chocado de frente contra el coche de su marido, Ana había pasado a tener un sentimiento de profunda soledad y tristeza. Solo la presencia de su padre y de su hijo le daba el ánimo necesario para seguir luchando, aunque para ella la vida hubiera ya perdido una gran parte de su sentido.

Ana había estudiado ingeniería informática y trabajaba en una empresa del sector de las telecomunicaciones. Formaba parte de un equipo que estaba dedicado al desarrollo de una nueva aplicación para los teléfonos inteligentes. Su trabajo le gustaba, aunque la atmósfera que se respiraba en el equipo era de todo menos saludable. En su equipo había una competitividad depredadora y muchos intentaban progresar a base de poner zancadillas. Aquella competitividad tan negativa estaba facilitada por la cultura de su empresa, una cultura que se enfocaba exclusivamente en obtener resultados económicos y que ignoraba por completo a las personas. Lo fundamental era llegar, el cómo se llegara era algo que no importaba.

Ana se sentía como un número, como un simple engranaje dentro de una enorme maquinaria destinada a producir más y más. Esa cultura tan nefasta hacía que no existiera confianza ni entre ellos ni con los otros departamentos de la empresa, lo cual dificultaba mucho que pudieran sacar adelante la aplicación informática en la que trabajaban. Su jefe, Marcos García, estaba mucho más interesado en brillar él que en iluminar a los miembros de su equipo. En su mente liderar era solo una cosa: mandar. Además, siempre se atribuía el mérito de todos los éxitos que el equipo lograba y ninguna responsabilidad sobre los fracasos que a veces tenían. Todos en el equipo habían sido testigos de lo duro que había sido ante los errores de los otros y cómo había permanecido ciego ante los suyos propios. Nadie le quería y todos le temían. Desde luego que no parece nada fácil poder querer a quien se teme.

En una ocasión, uno de los compañeros de Ana, Manuel, le plantó cara a Marcos por la manera en la que este les había abandonado en un momento crítico. Ellos le pidieron ayuda y Marcos solo dio la callada por respuesta. Tuviera o no relación con aquello, Manuel fue despedido un mes después. La razón que le dieron desde el departamento de recursos humanos fue que, al parecer, no estaba demostrando ni dedicación ni compromiso con la tarea y con el equipo. Marcos ni siquiera se dignó a hablar con Manuel a pesar de que él específicamente lo solicitó.

Todos sabían que aquello había sido una falacia, Manuel había sido siempre un claro ejemplo de energía, esfuerzo y compañerismo, incluso aunque a veces en el equipo algunos no se lo reconocieran.

Algo que a Ana le llamó mucho la atención cuando se despidió de Manuel fue ver lo sereno que estaba.

—Mira, Ana —le dijo Manuel—, yo no me quiero ir de aquí con ira y no lo quiero hacer, entre otras cosas, porque la ira es un veneno que te tomas tú creyendo que daña a otro.

Cada vez que Ana volvía a su casa procuraba olvidar los sinsabores del día. Aquello no era nada fácil, pero se obligaba a ello, aunque solo fuera por su padre y por su hijo. Ni Pablo ni José tenían por qué sufrir las consecuencias de la gran frustración que ella experimentaba. Por eso, en los momentos más difíciles, cuando ella regresaba a casa llena de ansiedad y de amargura, mantenía a raya su frustración y su mal humor, recordando un cartel que había visto en una ocasión. Aquel cartel le hacía ver lo que ella nunca tenía que hacer. En él había una imagen fotográfica en la que aparecía un lápiz roto y debajo se podía leer la siguiente frase:

NO VIERTAS TU MAL HUMOR Y TU FRUSTRACIÓN
EN LA OFICINA, PARA ESO ESTÁ TU FAMILIA.

Su familia no era el lugar ni para llevarles «las sobras del día» ni para ofrecerles lo peor de sí misma. Su padre y su hijo la necesitaban tanto como Ana les necesitaba a ellos.

José, a sus setenta y cinco años, sabía el momento tan difícil por el que su hija pasaba. Aunque como médico estaba ya jubilado, había trabajado como cardiólogo en varios hospitales de distintos países. Era un hombre muy sensible ante el ser humano enfermo, y había visto con sorpresa el trato tan distinto que recibían unos enfermos y otros. Había algunos médicos compañeros suyos que trataban a los pacientes con extraordinario respeto, afecto y cercanía. Sin embargo, había otros que les trataban simplemente como casos clínicos interesantes, se mostraban distantes y además utilizaban una jerga incomprensible para los enfermos y sus familiares.

Ahora que estaba jubilado, José añoraba mucho su profesión y, aunque seguía leyendo libros de medicina, todo aquel saber le resultaba cada vez más lejano. Se sentía mayor y, al igual que a su hija, le acompañaba una sensación de soledad que se asociaba con una cierta falta de sentido, de un saber hacia dónde tenía que orientar los pasos en aquella nueva etapa de su vida. José ayudaba mucho a Pablo con sus estudios, sobre todo en la asignatura de ciencias. También pasaba largos ratos hablando con Ana, porque, para ella, sentirse escuchada y comprendida era realmente importante. A veces le costaba mucho que su hija expresara su verdadero sentir, pero al cabo de un tiempo, Ana siempre acababa contándole lo que turbaba su corazón. José la escuchaba con verdadero interés y sin apartar nunca sus ojos de ella, quería que su hija se diera cuenta de que en ese momento, para él, Ana era todo su mundo y que no quería estar en ningún otro sitio más que junto a ella. Aquello sin duda favorecía que su hija se sintiera cómoda, segura y sobre todo no enjuiciada.

***

Tres seres humanos, cada uno viviendo en su propio mundo y haciendo todo lo que creen que pueden para ser un poco más felices y para hacer también un poco más felices a sus seres más queridos. Todos experimentando esa «montaña rusa», ese drama existencial que es la vida, con sus subidas y sus bajadas. Son nuestros tres héroes cotidianos, ellos todavía no lo saben, pero están llamados a hacer grandes cosas. Ellos descubrirán que hay que saber soportar la estupidez humana sin dejarse enredar en ella. También se darán cuenta de que lo personal también es universal y de que los seres humanos participamos en el acto sagrado de nuestra propia creación. Comprenderán que, muchas veces, primero uno ha de ser destruido para luego poder ser reconstruido. Tres héroes cotidianos que aprenderán una importante lección: que una sola elección puede definirnos, que una sola elección puede destruirnos y que una sola elección también puede transformarnos.

Volvamos pues a nuestra historia y a los primeros personajes que aparecen en ella. Tenemos a un joven llamado Pablo, nuestro primer héroe, alguien que se enfrenta a unos miedos, a una desconfianza y a una sensación de inseguridad que considera insuperables. Por ese motivo tiende a aislarse frente a un mundo que percibe como extraño, peligroso y complejo.

También tenemos a nuestra primera heroína, Ana, una mujer joven, de tan solo cuarenta y tres años, viuda a temprana edad y con la responsabilidad de sacar adelante a un hijo. Una mujer atrapada en un «mundo de tiburones» en el cual parece que no hay más opción que comer o ser comido. Por eso, porque Ana cree que no hay nada más triste que una vida sin opciones, ella lucha como sabe y como puede para poder expresar una alegría que no siente y para intentar olvidar la frustración y la ansiedad que con tanta frecuencia la acompañan.

No nos podemos olvidar del segundo héroe de nuestra historia, de José, un hombre en la plenitud de su madurez y que siente la necesidad de encontrar un nuevo sentido que le haga renovar su entusiasmo por la vida. Más adelante conoceremos a Isabel, la segunda heroína de nuestra historia.

Por eso, estimado lector o lectora, te animo a que nos acompañes en este viaje y a que te sientas parte de este relato. Tú eres también un héroe o una heroína cotidianos enfrentándote a tus propios retos, y por eso también estás llamado, estás llamada, no a hacer un pacto con la mediocridad, sino con la grandeza.

Si decides venir con nosotros, aprenderás a conocerte mejor, a comprenderte más y a superarte hasta un nivel que ahora tal vez no te parezca posible.

Durante nuestra aventura, los protagonistas de esta historia actuarán como espejos y de alguna manera te verás reflejado, te verás reflejada parcialmente en todos ellos.

Eso ayudará a que te des cuenta de la importancia que tiene desaprender muchas cosas y aprender otras nuevas. Es así como podemos emprender un nuevo y apasionante rumbo en nuestras vidas.

2

DIOSES Y HÉROES

El despertador sonó a las siete de la mañana. ¡Cómo odiaba Pablo aquel sonido! Se había comprado un despertador que generaba un ruido ensordecedor. Era algo así como si le pegaran con un martillo en la cabeza. Había probado antes con aparatos que emitían música o sonidos más agradables, pero que habían sido completamente inútiles a la hora de sacarle de la cama. Estaba harto de que su madre fuera quien le despertase una y otra vez y siempre le echara el mismo sermón.

—¿Te quieres levantar, Pablo? Tienes ya dieciséis años, eres ya un hombretón y te tengo todavía que despertar como si fueras un niño pequeño. ¿Me puedes decir cuándo vas a ser más responsable? Yo tengo muchas cosas que hacer además de llamarte por las mañanas.

Pablo se limitaba a emitir unos ruidos incomprensibles, mientras salía de la cama casi arrastrándose. Se encerraba en su cuarto de baño y abría la ducha. Por lo menos eso le ayudaba a despejarse un poco. Solo pensar que tenía que ir al colegio le sacaba de quicio. Era como si alguien le arrastrara hacia donde no quería ir. Si fuera por él, lo dejaría todo y se iría a una isla desierta, a vivir de lo que cazara y pescara. Su imaginación empezó de nuevo a volar hasta que escuchó unos golpes en la puerta que le sacaron de su ensimismamiento.

—¡Pablo, que vas a llegar tarde! Ya se te ha enfriado el desayuno. ¡Te quieres dar prisa!

Aquella cantinela se repetía una y otra vez; de hecho, Pablo ya casi se había acostumbrado. No es que él quisiera poner más dificultades a la vida de su madre, ella ya tenía bastantes. Es que sencillamente no encontraba nada que le ilusionara en esa etapa de su vida en la que lo único que hacía era ir a clase, enterarse de poco, volver a casa, merendar, ponerse a estudiar y a estudiar para ver luego que tanto trabajo no se reflejaba en sus pésimas notas.

Ana llevó a Pablo al colegio y le dejó justo antes de que terminara de sonar la sirena que indicaba el comienzo de las clases. A las nueve tenía su primera clase, la de historia con el señor Cuesta. Pablo estaba convencido de que este profesor le tenía manía y que disfrutaba poniéndole en evidencia delante de sus compañeros.

El señor Cuesta empezó a hablar del impacto que los griegos habían tenido en la cultura occidental.

—Hace veinticinco siglos hubo una cultura en el Mediterráneo a la que debemos gran parte de lo que hoy somos. Fue la cultura griega. Algunos de los más grandes científicos, filósofos, historiadores, artistas, poetas, literatos, políticos, médicos y guerreros surgieron de aquella cultura. Muchas de sus ideas todavía orientan nuestras vidas. Fueron personas que empezaron a utilizar su inteligencia para explorar la naturaleza del mundo. Los griegos llegaron en sus viajes hasta Italia y Sicilia fundando colonias que se conocerían en su conjunto como la Magna Grecia.

A Pablo le aburría soberanamente todo lo que estaba contando el señor Cuesta. Nunca había entendido el interés que podía suscitar algo como la filosofía, la poesía o la historia. El que los griegos hubieran tenido afamados guerreros, eso sí que le interesaba. Por lo menos aquello hablaba de aventura, de valor, de audacia. Eso era algo que siempre atraía a Pablo, tal vez porque en su vida todo era monótono y porque no veía en él ningún rasgo de audacia o valor.

El señor Cuesta prosiguió con su explicación.

—Llama la atención que en un pueblo tan culto, tan interesado en la observación de la naturaleza y en el conocimiento del universo, tuvieran tanta presencia los mitos, las leyendas y los relatos fantásticos.

Al oír aquellas palabras, la mente de Pablo se activó como si la hubieran conectado a una fuente de energía. En aquel momento, y solo en aquel momento, empezó a sentirse profundamente atraído por las explicaciones del profesor.

—Fijaos, por ejemplo, que había un universo de dioses que vivían en un monte llamado Olimpo y desde aquel lugar observaban las actuaciones de los hombres. Sin embargo, no se limitaban a ser meros observadores, sino que también intervenían en sus vidas. Incluso los propios dioses, de forma oculta, luchaban entre sí. Así, en la guerra de Troya, que ocurrió hace cerca de veintinueve siglos, había unos dioses que favorecían al ejército troyano y otros que favorecían al ejército de los aqueos, que era como se llamaban los griegos. También en esos relatos fantásticos había héroes, que era como se llamaban los hijos de un dios y una mortal. Seguro que todos habéis oído hablar del famoso Heracles, al que posteriormente los romanos llamarían Hércules. Heracles era hijo del dios Zeus y de una mujer llamada Alcmena. Cuando la diosa Hera, la mujer de Zeus, se enteró de lo que había ocurrido, lanzó una maldición contra el pequeño Heracles. Siendo solo un niño, le mandó dos serpientes para que le estrangularan. Lo que pasa es que Heracles, al ser hijo de Zeus, tenía ciertas capacidades extraordinarias, de tal manera que, a pesar de ser tan pequeño, acabó con las dos serpientes. Con lo que no acabó fue con el odio que la diosa Hera sentía hacia él.

Pablo escuchaba embelesado aquel relato. Si él tuviera los poderes de Heracles, personas como Alberto y sus amigotes se cuidarían mucho de tratarle como lo hacían. De repente, Pablo sintió un enorme dolor en la nuca, un dolor que le hizo regresar de inmediato a su dura realidad. Giró la cabeza y dos filas más atrás vio a Alberto que estaba riéndose. En sus manos tenía un tirachinas. El mismo tirachinas que había utilizado para dispararle algo a su cabeza.

—Pablo, ¿quieres prestar atención mientras hablo? ¿Quién te has creído que eres? ¿Qué pasa? ¿Que te lo sabes todo y te sobra mi explicación?

El señor Cuesta estaba frente a él con cara de muy pocos amigos.

¿Por qué sería que solo se fijaba en él cuando no hacía algo bien? ¿Por qué nunca le sorprendía en los momentos en los que se estaba esforzando por estar atento?

—Me tienes harto, Pablo. Sal de clase, que luego hablaré yo con el director.

Pablo sintió como si el mundo se hundiera bajo sus pies. Le costaba respirar y no podía controlar el ritmo desbocado de su corazón. Pocas veces se había sentido tan humillado e insignificante. Quería escapar de ahí, perderse y no volver jamás. Quería que la tierra se abriera, se lo tragase y que jamás le devolviera.

Fue en ese preciso momento cuando sucedió algo que pilló a todos por sorpresa. Andrés, que se sentaba una fila detrás de Pablo y que era el mejor estudiante de la clase, el más admirado, aquel que se pasaba gran parte de los recreos ayudando a algunos de sus compañeros a superar sus dificultades en matemáticas, se puso en pie. El señor Cuesta, sorprendido, le preguntó:

—¿Qué pasa, Andrés? ¿Te ocurre algo?

—Sí, señor Cuesta, creo que es injusto que la tome con Pablo.

El profesor no podía disimular ni su confusión ni su incomodidad.

—¿A qué te refieres, Andrés? ¿Dónde está la injusticia?

—Señor Cuesta, le pido que, por favor, mire la señal que tiene Pablo en la nuca.

Sin salir de su confusión, el profesor se colocó detrás de Pablo y vio el moretón que este tenía.

—Señor Cuesta —prosiguió Andrés—, la razón por la que Pablo se ha dado la vuelta no ha sido porque pasara de lo que estaba usted diciendo. De hecho, pocas veces le he visto tan atento e interesado en algo. La razón por la que ha girado la cabeza es porque uno de sus llamados «compañeros» le ha lanzado una piedra con un tirachinas. No creo que sea nada justo que, además de recibir la pedrada, encima vaya usted y le eche de clase. Tampoco me parece bien que quien le ha hecho esto a Pablo crea que se ha salido con la suya.

Los alumnos empezaron a revolucionarse. Aquello suponía toda una novedad en las normalmente tediosas clases de historia. Desde un rincón alguien exclamó: «¡Chivato!», lo que hizo enrojecer a Andrés.

—Mire, señor Cuesta —continuó el joven—, para mí lo que estoy haciendo no es fácil, pero una vez escuché algo que jamás he olvidado: «Para que el mal triunfe en el mundo solo hace falta una cosa, que los hombres de bien no hagan nada».

Alberto miraba a Andrés con una mezcla de odio y de miedo.

—Dime quién ha sido, Andrés, dime quién le ha hecho esto a Pablo.

Por primera vez, Pablo sintió como si él le importara al profesor, como si el señor Cuesta no fuera indiferente a su sufrimiento.

—Mire, señor Cuesta, si quien lo ha hecho no es un cobarde, lo dirá y, si es un cobarde, hará lo que creo que va a hacer y que es permanecer en silencio. De todas maneras, no seré yo quien le delate.

El profesor se volvió y miró uno a uno a los que estaban situados en las filas detrás de Pablo.

—¿Quién ha sido? —Muchos sabían que había sido Alberto, ya que más de uno se había reído con él—. ¿Nadie sale? Muy bien. Allá vosotros y vuestra conciencia. Solo quiero deciros una cosa. Si esto vuelve a suceder y pillo al que lo ha hecho, me encargaré personalmente de que se le expulse del colegio. Este centro no quiere tener personas que encuentren satisfacción en la humillación de otros.

¡Ay, si el profesor supiera cuántas veces él se había sentido humillado ante sus comentarios!, pensó Pablo.

En aquel momento sonó el timbre que anunciaba el final de la clase.

3

EL TEMPLO DE APOLO

La mañana para Ana no estaba siendo nada fácil. Todo el equipo llevaba tiempo trabajando mucho para sacar adelante el proyecto en el que estaban metidos. La ausencia en su empresa de un espíritu de verdadera cooperación hacía muy difícil el poder avanzar. Los distintos departamentos se ocultaban información de tal manera que había que pedir los mismos datos una y otra vez para que finalmente se los dieran. Marcos García, el jefe de su departamento, el departamento de investigación y desarrollo, les trataba como si fueran objetos. La situación en las otras secciones no era mejor. Iván López dirigía el área de *marketing* de la empresa, y tampoco era para su gente ningún modelo. Marcos e Iván parecían entenderse muy bien.

En aquella ocasión, el equipo en el que trabajaba Ana, y tras mucho esfuerzo y dedicación, había conseguido simplificar con gran éxito un proceso informático sumamente complejo. Esto iba a tener una repercusión muy favorable en el desarrollo de una serie de productos en el que estaban involucrados varios departamentos de la empresa. Aquel logro llegó a oídos del señor Mendoza, director general de su empresa Soluciones Móviles S.A. Este decidió salir de su «torre de marfil» para felicitar a Marcos y al equipo. El señor Mendoza bajó a la quinta planta, donde estaba en ese momento Marcos reunido con las personas responsables de aquel logro, y después de saludarles muy amablemente, empezó a deshacerse en elogios hacia todos ellos.

—Solo vengo a felicitaros personalmente porque sois un ejemplo de lo que un equipo verdaderamente ilusionado y comprometido es capaz de lograr. Vuestro éxito está teniendo una gran resonancia en la empresa y estoy seguro de que va a servir de ejemplo a muchas de las personas que trabajamos aquí.

Marcos García, que tenía pavor a que alguien le hiciera sombra, no podía dejar pasar aquella magnífica oportunidad para colocarse por encima de todos. Él sabía que, en unos pocos meses, el subdirector general se jubilaba y el director general estaría ya pensando en un posible sustituto entre los distintos jefes de departamento. Por eso Marcos García tenía que hacer de aquella visita su momento personal de gloria, tenía que llamar la atención de Eduardo Mendoza, tenía que brillar como fuera, tenía que aparecer ante los ojos del director general como su mejor candidato, como su único candidato, para aquel soñado puesto de subdirector general. Antes de que Eduardo Mendoza, el gran jefe, siguiera elogiando a su equipo, tenía que hacer algo para llevar la pelota a su terreno. Sin dudarlo, tomó inmediatamente la palabra:

—Muchísimas gracias, Eduardo. Llevo mucho tiempo hablándole a mi gente de la importancia de hacer las cosas con verdadero entusiasmo, ilusión y compromiso. Les he explicado por activa y por pasiva lo necesario que es cooperar para alcanzar un objetivo común. Cuando se me ocurrió la idea de alterar la manera en la que estábamos abordando el problema, enseguida el resto fue consciente de la importancia de seguir por ese camino. Ya sabes, Eduardo, que para mí esta empresa es mi vida y esa pasión es la que busco transmitirles a todos ellos cada día.

Al oír aquello, Ana sintió repentinamente unas terribles náuseas. Se excusó como pudo y salió corriendo hacia el cuarto de baño, tapándose la boca con la mano. Apenas hubo abierto la puerta, vomitó sobre el primer retrete que encontró en su camino. Berta, una compañera del equipo, al ver a Ana tan pálida, la había seguido hasta los lavabos.

—¿Estás bien, Ana? ¿Qué te ha pasado?

—Berta, llevo meses con muchas molestias de estómago. He ido a un especialista en digestivo que me ha recomendado mi padre y después de hacerme todo tipo de pruebas, me ha dicho que es cosa de nervios. La situación en el trabajo me está afectando mucho. Vivo con una tensión enorme. Ya ves, si las cosas no van como quiere el jefe, este nos hace la vida imposible, y cuando conseguimos un éxito y alguien viene a felicitarnos, él se lleva todas las medallas. ¿Has visto con qué descaro le ha transmitido al director general que todo el triunfo se le debe a él? Ni tuvo Marcos la idea ni creyó en su alcance cuando Pedro, tú y yo se la presentamos y ni siquiera nos ayudó cuando le pedimos más recursos para trabajar en ella.

—Mira, Ana, yo prefiero tomármelo con un poco de humor —contestó Berta—. Déjame que te cuente una fábula que te va a recordar lo que hoy has vivido y a lo mejor, aunque sea por unos instantes, te devuelve la sonrisa. No sé quién se inventó la historia que te voy a contar, pero la verdad es que tiene su gracia.

»En un bosque vivía un enorme oso. Era temido por todos los animales que vivían en aquel lugar y, sin embargo, a pesar de su gran fuerza y de sus poderosas zarpas, aquel oso pasaba mucha hambre. No es que no hubiera comida por allí, de hecho, había un gran número de ciervos, lo que sucedía era que al ser el oso tan grande y pesado, cada vez que corría tras los ciervos, estos le veían y escapaban sin ninguna dificultad. Un día, el oso, a pesar de considerarse el rey del bosque, comprendió que si alguien no le ayudaba, acabaría muriéndose de hambre y fue entonces cuando se puso a pensar.

»—Necesito a alguien que sea lo suficientemente astuto como para trazar un plan que me permita acercarme a los ciervos sin que ellos me vean.

»A base de pensar y pensar, el oso llegó a la conclusión de que el único animal que podía tener la suficiente astucia como para ayudarle a resolver su problema era el zorro. Así que decidió buscarle y formar equipo con él.

»—Amigo zorro —dijo el oso—, he venido a hablar contigo para proponerte algo de interés para ambos. —El zorro escuchaba con gran atención—. Quiero cazar un ciervo, pero no encuentro la manera de hacerlo. El problema que tengo es que cuando intento acercarme a ellos, los ciervos me descubren enseguida y, al correr mucho más que yo, se me escapan. Necesito que elabores un plan, una estrategia que evite que los ciervos me vean y se me escapen.

»Al zorro aquello empezaba a interesarle. Ya le gustaría comerse un buen pedazo de ciervo; sin embargo, para él, un animal que era más bien pequeño, soñar con semejantes delicias parecía fuera de toda lógica.

»—De acuerdo, amigo oso. Déjame dos días para reflexionar, y en cuanto tenga mi plan elaborado, lo comparto contigo.

»Durante dos días, el zorro se dedicó a recorrer el bosque hasta que encontró lo que buscaba. En una parte de aquel bosque había una especie de pasillo natural formado por piedras y árboles. Era una zona en la que el bosque se estrechaba. Si consiguieran que los ciervos se metieran por ese pasillo y el oso les esperara escondido al final de él, sin duda con sus enormes zarpas acabaría al menos con uno de ellos. El desafío era cómo conseguir que los ciervos se metieran por aquel lugar tan estrecho. A base de pensar y pensar, el zorro encontró una posible solución, lo cual le llenó de profunda satisfacción y le confirmó que era el ser más astuto del bosque.

»Después de dos días, el oso y el zorro se encontraron de nuevo.

»—Dime, amigo zorro, ¿has elaborado ya un plan para que atrapemos a uno de esos jugosos ciervos?

»—Sí, querido amigo oso, aunque la pregunta clave no es cómo lograr que te acerques a los ciervos sin que te vean. La pregunta clave es: ¿cómo conseguir que los ciervos se acerquen a ti?

»El oso estaba desconcertado porque no podía entender el razonamiento del zorro. ¿Cómo se iban a acercar los ciervos a alguien a quien tanto temían?

»—Explícate, zorro, porque no entiendo nada.

»—Con gusto lo haré, amigo oso, pero antes he de decirte que tenemos que incluir a alguien en nuestro equipo, ya que, de lo contrario, mi plan no puede funcionar. Sin su participación, mi plan no tiene ninguna opción de tener éxito.

»—Habla, pues —urgió imperiosamente el oso—. Me tienes sobre ascuas, ¿de quién se trata?

»—Se trata del lobo, amigo oso. El lobo tiene aguante y es veloz. Los ciervos le temen y él es el único animal que puede hacer que los ciervos corran hacia un determinado lugar que he localizado en el bosque, un lugar oscuro y estrecho. El lobo será quien les obligue a meterse por ahí. Al final del pasadizo les estarás esperando tú y con las enormes zarpas que tienes, seguro que al menos a uno de ellos le das caza.

»El oso estaba entusiasmado con el plan y ambos se lo comunicaron al lobo. Aquel lobo, que era un ser solitario, reconoció también las ventajas de aquella colaboración. A lo largo de su vida él había cazado varios ciervos, pero nunca tenía la seguridad de tener éxito cada vez que quería darles caza. De hecho, solo tenía éxito una de cada diez veces que lo intentaba. Con el oso escondido al final de aquella trampa, era imposible fallar.

»Llegó el esperado día. El oso aguardaba escondido donde el zorro le indicó. El zorro localizó a los ciervos y se lo comunicó al lobo. El lobo, sigilosamente, se aproximó al lugar y entonces se lanzó a la carrera contra ellos. Los ciervos corrieron llevados por el pánico. El lobo les iba dirigiendo como dirige un perro a un rebaño de ovejas. Poco a poco se iban aproximando al pasadizo. Todos los ciervos entraron en él seguidos por el lobo. Al final les esperaba una sorpresa. Dos enormes zarpas cayeron sobre ellos con la fuerza del rayo. La manada escapó de allí como pudo, dejando a tres compañeros muertos en el suelo.

»El plan había funcionado de maravilla, había sido un éxito absoluto. No habían cazado un ciervo, sino tres, tres enormes ciervos. Tras los aullidos y rugidos de celebración, el oso se dirigió a sus compañeros con gran solemnidad:

»—Queridos amigos, esto ha sido un gran triunfo. Decidme ahora, por favor, cómo pensáis que hemos de repartirnos la caza.

»El lobo fue el primero en hablar:

»—Amigo oso, la pregunta es muy fácil de responder: ese ciervo tan grande, el que está junto a ti, pues te lo quedas tú; este otro que está aquí para mí, y ese, el que es algo más pequeño, pues se lo queda el zorro.

»Inmediatamente y sin mediar palabra, el oso se abalanzó sobre el lobo y se lo comió.

»Entonces, el oso se volvió hacia el zorro.

»—Amigo zorro, ¿cómo te parece que nos repartamos la caza?

»El zorro respondió sin titubear:

»—Amigo oso, es muy fácil, ese ciervo tan grande es para ti, el del lobo también te corresponde y permíteme que te ofrezca gustosamente también el mío.

»El oso no salía de su asombro.

»—Me has dejado impresionado, amigo zorro. ¿De dónde has sacado semejante sabiduría?

»El zorro le miró y le dijo:

»—Del lobo.

Ana soltó una carcajada.

—Es buenísima, Berta. A partir de ahora, cada vez que vea a Marcos García, me acordaré del oso.

—Mira, Ana, dentro de poco vendrán las Navidades y podremos disfrutar de unos días de fiesta. Tómate unas vacaciones, recarga las pilas y verás como, cuando vuelvas, lo ves todo de una forma distinta.

Eran las siete de la tarde cuando Ana salió del trabajo camino de casa. Habitualmente cogía el autobús, pero como había oído hablar muchas veces a su padre sobre las bondades de moverse más y de cómo el ejercicio físico protegía el corazón y serenaba la mente, decidió ir andando hasta una parada que estaba bastante más lejos de la suya habitual.

Fue al pasar junto a una agencia de viajes, cuando un cartel en el escaparte llamó su atención.

TÓMESE UN MERECIDO DESCANSO Y CONOZCA GRECIA, LA CUNA DE LA CIVILIZACIÓN OCCIDENTAL, EL LUGAR DONDE SUS SUEÑOS SE CONVIERTEN EN REALIDAD

Bajo semejantes palabras se veía una enorme fotografía que mostraba un templo prácticamente en ruinas. Al pie de la fotografía se podía leer:

TEMPLO DE APOLO EN DELFOS
EL LUGAR EN EL QUE LOS HOMBRES HABLAN
CON LOS DIOSES

Ana recordó las palabras de Berta recomendándole que se tomara unas vacaciones. La verdad es que tenía toda la razón. Estaba muy cansada física y mentalmente, y aunque pronto tendría una semana de vacaciones, Ana había pensado pasarla en casa con su padre y con su hijo. Sin embargo, a lo mejor podían aprovechar aquellos días para irse de viaje fuera del país. No es que Ana sintiera especial interés en conocer Grecia, pero sin entender muy bien la razón, aquel cartel había movido algún resorte extraño en su alma, es como si hubiera escuchado una misteriosa y sorprendente llamada que la invitaba a visitar aquel lugar. Cuando llegara a su casa, lo compartiría con su padre y con su hijo, pero albergaba pocas ilusiones de que a ninguno de ellos, tan acomodados a vivir en Madrid, les apeteciera irse de viaje hasta Grecia.

4

EL SECRETO DE LOS GRIEGOS

Lo que había ocurrido aquel día, José no lo olvidaría fácilmente. Desde su jubilación, se entretenía con las pequeñas ocupaciones cotidianas. Cuando Pablo y Ana estaban en casa, las cosas eran más sencillas. José se sentía útil ayudando a su nieto con los deberes y escuchando a su hija y colaborando con ella en las tareas domésticas. Él había tenido compañeros que esperaban el día de su jubilación como agua de mayo, pero, en su caso, las cosas eran bien distintas. Ejercer como cardiólogo había dado un enorme sentido a su vida. Es verdad que a veces volvía a casa agotado y que tampoco se había sentido apoyado por el sistema sanitario en el que trabajaba. Sin embargo, le entusiasmaba sentirse útil y poder contribuir a sanar el cuerpo y, por qué no, también el alma de sus enfermos. José era un enamorado de la ciencia y de las personas, y le apasionaba la relación entre la mente y el cuerpo y la manera en la que las emociones podían afectar a la salud.

Aunque todavía algún amigo le llamaba para que le recomendara algún remedio para un catarro o un lumbago, desde que José se había jubilado, no conseguía encontrar nada que le hiciera sentirse realmente útil. Sí era verdad que sentía que hacía cosas por su familia, pero él quería implicarse en algo más, lo que no tenía muy claro era en qué.

José tenía una buena amiga, aparentemente nada serio, alguien con quien pasaba buenos ratos y con quien tomaba de vez en cuando algún café. Su amiga se llamaba Isabel. La había conocido en el Museo del Prado en Madrid. Ambos habían coincidido cuando una amiga común, una gran psicóloga llamada Alejandra, había propuesto a un grupo de amigos suyos que la acompañaran al Museo del Prado para explicarles un cuadro, *Las Meninas*, de Velázquez. Después de contarles una serie de cosas interesantísimas acerca de lo que aquel cuadro representaba, Alejandra les pidió que se dieran la vuelta y se pusieran de espaldas al cuadro. Entonces les dio un pequeño espejito y les pidió que lo colocaran de tal manera que pudieran ver el lienzo. Aquello fue increíble, ya que la imagen que se veía aparecía en tres dimensiones. Cuando la obra se miraba a través de aquel espejo, se apreciaba en tres dimensiones, algo que solo las últimas tecnologías del cine habían logrado.

Desde aquel día, Isabel y José habían quedado ocasionalmente para ir a alguna exposición. A ambos les gustaba el arte y ahora tenían mucho tiempo libre. Isabel había trabajado en una agencia de publicidad prácticamente toda su vida. A diferencia de José, nunca se casó. Vivía solo para su trabajo, y aunque había tenido algunos novios, nunca encontró a nadie del que realmente se hubiera enamorado. A sus sesenta y cinco años, Isabel seguía siendo una mujer muy atractiva, algo que a José no se le pasaba por alto.

Aquel día, un día que José no iba jamás a olvidar, Isabel le llamó al móvil a las diez de la mañana. Él estaba en casa leyendo el periódico.

—Buenos días, José. Espero no haberte despertado.

—No te preocupes, Isabel, yo llevo despierto desde las siete. Ayudo a mi hija con los desayunos y a poner un poco las pilas a mi nieto, que en eso de levantarse es bastante remolón. Además, ya he hecho mi hora diaria de ejercicio. Bueno, dime, ¿qué tal estás? ¿Qué me cuentas?

—Verás, te llamo porque me he enterado de que hay una exposición que te puede interesar. Tiene un título muy sugerente, y aunque me han dicho que trata de diversos temas, parece que uno de ellos es la medicina.

Las exposiciones en las que hubiera temas médicos no eran nada habituales, y por eso, aquel inesperado plan le pareció a José bastante apetecible.

—Oye, Isabel, ¿cuál es el título de la exposición?

—Se titula «El secreto de los griegos» y es en la Fundación Ventura. ¿Quieres que vayamos juntos y luego nos quedamos a comer por allí?

A José aquello no le podía apetecer más y por eso se citaron a las once en el vestíbulo de entrada de la fundación.

A aquella hora no había mucha gente, y como ambos estaban jubilados, tampoco tuvieron que pagar nada por las entradas.

A lo largo de las distintas salas, José e Isabel fueron descubriendo todo lo que la humanidad debía a la cultura de la Grecia clásica. Inventos como la carretilla, la grúa, la polea, la catapulta, el termómetro, o avances políticos como la democracia, la separación entre el poder político y el militar existían gracias a ellos. Además, fueron pioneros en el estudio de las matemáticas, la geometría y la trigonometría, la biología, la zoología, la botánica, la medicina, la astronomía y la teoría del átomo. Ellos crearon mapas con referencias como la latitud y la longitud. Desarrollaron una teoría que no hablaba de una Tierra plana, sino redonda. Midieron la circunferencia de nuestro planeta con una precisión de un diez por ciento.

No había prácticamente ningún campo del saber humano en el que aquellos griegos no hubieran hecho alguna aportación de gran valor. Por otro lado, muchos siglos después, los griegos habían sido unos de los primeros pueblos en parar las fuerzas nazis en su invasión europea. El propio Winston Churchill dijo en una ocasión que «los griegos no habían combatido como héroes, sino que eran los héroes los que combatían como griegos».

—Te das cuenta, Isabel, de lo poco que sabemos. Nunca me hubiera imaginado que debíamos tantos avances a la cultura griega.

Isabel asintió en silencio.

Pasaron a otra sala en la que se hablaba de lo que la medicina de la Grecia clásica había aportado al mundo actual. Aquello sí que le interesaba a José. Isabel se quedó algo rezagada, escuchando la explicación que un guía daba acerca del origen de la democracia.

José recordaba muy bien su Juramento Hipocrático. Siempre lo había tenido muy presente. De hecho, lo sabía de memoria y en silencio empezó a recitarlo.

Juro por Apolo, médico, por Esculapio, Higía y Panacea y pongo por testigos a todos los dioses y diosas, de que he de observar el siguiente juramento, que me obligo a cumplir en cuanto ofrezco, poniendo en tal empeño todas mis fuerzas y mi inteligencia.

Tributaré a mi maestro de medicina el mismo respeto que a los autores de mis días, partiré con ellos mi fortuna y los socorreré si lo necesitaren; trataré a sus hijos como a mis hermanos y si quieren aprender la ciencia, se la enseñaré desinteresadamente y sin ningún género de recompensa.

Instruiré con preceptos, lecciones orales y demás modos de enseñanza a mis hijos, a los de mi maestro y a los discípulos que se me unan bajo el convenio y juramento que determine la ley médica, y a nadie más.

Estableceré el régimen de los enfermos de la manera que les sea más provechosa según mis facultades y a mi entender, evitando todo mal y toda injusticia. No accederé a pretensiones que busquen la administración de venenos ni sugeriré a nadie cosa semejante; me abstendré de aplicar a las mujeres pesarios abortivos.

Pasaré mi vida y ejerceré mi profesión con inocencia y pureza. No ejecutaré la talla, dejando tal operación a los que se dedican a practicarla.

En cualquier casa donde entre, no llevaré otro objetivo que el bien de los enfermos; me libraré de cometer voluntariamente faltas injuriosas o acciones corruptoras y evitaré sobre todo la seducción de mujeres u hombres, libres o esclavos.

Guardaré secreto sobre lo que oiga y vea en la sociedad por razón de mi ejercicio y que no sea indispensable divulgar, sea o no del dominio de mi profesión, considerando como un deber el ser discreto en tales casos.

Si observo con fidelidad este juramento, séame concedido gozar felizmente mi vida y mi profesión, honrado siempre entre los hombres; si lo quebranto y soy perjuro, caiga sobre mí la suerte contraria.

Hipócrates había sido sin duda un hombre sabio. Para José, ningún médico antes que él en la cultura de occidente había descubierto la profunda y sutil relación que había entre la mente y el cuerpo. Para corroborar aquello y junto a un busto en mármol de Hipócrates, se podía leer algo que él dijo hacía ya nada menos que veinticinco siglos:

LAS FUERZAS NATURALES QUE EXISTEN DENTRO
DE NOSOTROS SON LAS QUE VERDADERAMENTE CURAN
LAS ENFERMEDADES.

José pensó en la importancia que tenía el humanismo en la medicina. Un médico tenía que ver siempre a un ser humano enfermo y no solo a su enfermedad. Para él tan importante era conocer anatomía y fisiología como descubrir la manera en la que se podía influir positivamente en la mente y en el alma de alguien que estaba luchando contra una enfermedad.

«A veces, los oponentes más duros no están fuera, sino dentro de uno mismo», pensó.

Después de aquella reflexión, José giró la cabeza buscando a Isabel y le sorprendió verla sentada en un banco y con la mirada perdida. Nunca la había visto así. De hecho, Isabel siempre se mostraba alegre. Ahora su mirada revelaba preocupación.

Se acercó hasta donde estaba ella.

—Isabel, ¿estás bien? Te noto un poco ausente. ¿Te está aburriendo la exposición?

—No, José, me parece muy curiosa. Solo estoy un poco cansada porque hoy no he dormido muy bien. Venga, vamos a seguir, pasemos a la siguiente sala.

José era un hombre muy sagaz e intuitivo y aquellos comentarios, lejos de tranquilizarle, tuvieron el efecto contrario. No obstante, prefirió de momento no preguntarle nada más.

La siguiente sala de la exposición, y que era además la última, guardaba una sorpresa para sus visitantes. De hecho, al entrar en ella y en un rótulo con grandes letras se podía leer: «El secreto de los griegos».

Aquella sala era la que daba título a toda la exposición.

Junto a la escultura en mármol de un guerrero espartano y una vitrina en la que había un casco y una espada, había una placa de bronce con una inscripción:

PHILOTIMO, EL SECRETO DE LOS GRIEGOS.
«PHILOTIMO PARA UN GRIEGO ES COMO EL RESPIRAR.
UNO NO PUEDE SER UN AUTÉNTICO GRIEGO SIN PHILOTIMO»
TALES

Tales de Mileto había sido un filósofo y científico griego al que se le consideraba uno de los siete sabios de Grecia. Hizo grandes aportaciones a la filosofía, la astronomía, las matemáticas y la física.

A medida que avanzaban por la sala, se explicaba con más claridad el significado de *philotimo*, aquella palabra tan extraña y que procedía de la raíz «*filos*», que significa amigo, y «*timi*», que significa honor. *Philotimo* sería, pues, el actuar con honor, el dar la cara por los valores, el arriesgar la vida en la defensa del bien. Se trataba de algo muy difícil de explicar, pero muy sencillo de experimentar. Las grandes gestas como la batalla de las Termópilas, en las que un contingente de trescientos guerreros espartanos se enfrentaron al poderoso ejército persa de Jerjes I, o la resistencia griega en la Segunda Guerra Mundial, habrían sido una clara demostración de este espíritu, de este honor, de este sentido del deber, de este coraje. Eso era *philotimo*.

De todo aquello parecía deducirse asimismo que muchos de estos avances científicos y sociales se debían también a ese secreto de los griegos, a ese *philotimo*. De alguna manera es como si el *philotimo* les hubiera permitido descubrir dimensiones de la realidad que para el resto de los mortales permanecían ocultas.

A la una y media de la tarde, José e Isabel salían de la exposición.

—¿Te ha gustado, José?

—Me ha encantado. He aprendido mucho y me ha afianzado en mi creencia de que ha habido pueblos que han sido capaces de hacer grandes contribuciones al mundo. Estos pueblos fueron capaces de hacer visible lo que para otros muchos era completamente invisible. No es normal, Isabel, que un único pueblo, el pueblo griego, haya hecho avances de tal importancia en todos los campos del saber. Tenían algo especial, ese era su secreto.

En la calle Recoletos, por donde caminaban Isabel y José, encontraron un restaurante.

—¿Comemos aquí, Isabel?

—Me parece muy bien, José.

El camarero, un hombre de semblante serio, apuntó en su desgastada libreta lo que querían comer. En cuanto les dejó solos, José decidió que había llegado el momento de intentar entender qué le pasaba a su amiga.

—Isabel, yo ya tengo bastantes años y eso no me convierte en alguien sabio, pero sí en alguien con cierta experiencia para darme cuenta de cuando pasa algo, y sé que a ti te pasa algo y me gustaría saber qué es. Creo que cuando algo nos preocupa lo peor que podemos hacer es guardárnoslo. Es mucho mejor compartirlo con aquellos a los que sabemos que les importamos, y tú a mí, Isabel, por si no lo sabías te lo digo, me importas y mucho.

Dos lágrimas asomaron en el rostro de Isabel. Con voz temblorosa y mirando a José, le dijo:

—José, tengo un bulto en el pecho y ayer fui al médico para ver el resultado de la biopsia. Es un tumor maligno.

José sintió cómo se le hacía un nudo en la garganta y completamente ajeno a la llegada del camarero que en ese momento traía las bebidas, se levantó y sin decir nada más, la abrazó.

5

EL DESPERTAR DE UN CORAZÓN OPRIMIDO

Ana llegó la última a casa, algo que era ya habitual. Pablo estaba en su habitación estudiando y José estaba en el salón leyendo un libro de medicina.

—Hola, papá. ¿Qué tal te ha ido el día?

—Bien, hija, y a ti, ¿qué tal te ha ido?

—Bueno, la verdad es que ha sido un día duro, pero también ha tenido sus cosas positivas —dijo Ana.

—¿Por qué no me cuentas eso positivo que te ha pasado? —comentó José, siempre dispuesto a escuchar a su hija.

Dejó el libro en la mesilla y miró a Ana a los ojos, transmitiéndole con su plena presencia un sencillo mensaje: «Ahora, para mí, tú eres todo mi mundo».

José sabía qué es lo que se siente cuando ves que alguien te escucha de verdad. Él mismo había experimentado lo importante que era aquello para crear una relación de confianza con sus enfermos. Sabía que cuando alguien se sentía escuchado también se sentía valorado y entonces podía empezar a confiar. Y mucha de la investigación existente en el campo de la medicina demostraba que el sentirse verdaderamente escuchado y comprendido tenía un efecto sanador tanto para el cuerpo como para la mente.

—Verás, papá —dijo Ana—, siempre he pensado que lo lógico era ir a trabajar ilusionada, que aunque uno se encontrara con problemas y dificultades, si estabas contenta con lo que hacías, antes o después siempre encontrabas una solución. Hay veces que si no fuera por las obligaciones que tengo, me marcharía de la empresa. No hay un ambiente bueno, papá, no hay nadie que se preocupe de verdad por las personas. Entre los valores de mi empresa, valores que se exhiben perfectamente enmarcados en las paredes de muchas de las salas de reunión, está: «Nuestro foco, nuestra pasión, son las personas». Son palabras vacías, papá, da la sensación de que nadie se las cree, que son solo para dar una buena apariencia, están de cara a la galería nada más. Y encima tengo un jefe al que no solo no le importamos, sino que además intenta hacer que nuestros triunfos parezcan suyos. Hoy, sin ir más lejos, el director general ha ido a felicitarnos por haber resuelto un problema complejo y mi jefe se ha llevado todas las medallas, vamos, que no ha dejado ni una para el resto. Claro, el muy pillo sabe que pronto se quedará un puesto vacante y está dando vueltas como un buitre, a ver lo que se lleva.

Al hacer este último comentario, Ana se llevó las manos al estómago.

—Te sigue doliendo el estómago, ¿verdad, hija?

—Sí, papá, hoy de hecho me he tenido que ir al baño a vomitar. Berta, una compañera que tampoco lo pasa muy bien, fue a ver qué me ocurría y aprovechó para contarme una fábula que encontré que tenía su gracia. Eso ha sido lo más positivo del día.

—¿Por qué no me la cuentas, Ana?

Ana le contó a su padre la fábula del oso, el zorro y el lobo. Al oírla, José soltó una gran carcajada.

Para José no era nada fácil ver el sufrimiento constante de su hija. Sabía que sus molestias digestivas procedían del nivel de tensión en el que ella vivía. Le habían hecho todo tipo de pruebas y no habían encontrado nada.

Él sabía que el sistema digestivo era muy sensible al mundo emocional y el de Ana estaba completamente alterado. También sabía que los tranquilizantes que ella tomaba podían ayudarla, pero que no eran en absoluto la solución a largo plazo. José había intentado en varias ocasiones que Ana se planteara un cambio de trabajo, pero a ella le daban miedo los cambios, sobre todo en un momento en el que la situación económica del país no era la más favorable y tantas personas estaban siendo despedidas de sus empresas.

—¿Y tú qué has hecho hoy, papá?

—He estado en una exposición con Isabel.

—Vaya, vaya, me tienes muy intrigada, desde que la conociste, parece que sois inseparables.

—Estoy muy a gusto con ella, para qué negarlo. Es una mujer muy sensible e inteligente.

—Y bastante atractiva, ¿verdad, papá?

Ana miró a su padre con enorme ternura. La vida no había sido fácil para él desde que perdió a su mujer tras largos años de enfermedad.

—Sí que Isabel es muy atractiva y desde luego no te negaré que siento algo por ella.

—No me dirás que me acabo de enterar de que sois novios.

—No, no, no le des tanto a la imaginación, hija mía. Simplemente siento algo, eso es todo.

—Y ella, papá, ¿crees que ella también siente algo por ti?

—No lo sé, Ana, nunca hemos hablado de ello. Lo cierto es que ahora está pasando por un momento difícil, algo que de momento prefiero no revelarte sin consultárselo a ella. Pero lo que sí sé es que va a necesitar mucho apoyo.

Pablo, que se distraía enseguida, había escuchado voces en el salón y se acercó.

—Hola, mamá, hola, abuelo.

—¿Qué tal, hijo, cómo estás?

—Bien, mamá, hoy ha sido un día interesante —contestó Pablo—. Alberto, ese chico que nunca deja de molestarme, ha vuelto a tomarla conmigo y me ha lanzado una piedra a la nuca.

—¡Esto ya es demasiado, voy a ir ahora mismo al colegio a poner una queja!

—Tranquilízate, Ana, o te volverá a doler el estómago —le dijo José.

—Papá, estoy harta de personas violentas, de personas que hacen daño a otros, de personas que vierten sus frustraciones sobre aquellos que son más débiles y que no pueden defenderse.

—Es verdad —dijo José—, estoy de acuerdo contigo en que hay personas muy conflictivas, en lo que no estoy tan de acuerdo es en que las personas sometidas por ellos no puedan defenderse. Es cierto que en algunos casos esto es así, pero en otros no. Fíjate, por ejemplo, cómo a lo largo de la historia ha habido pueblos sometidos por tiranos y, sin embargo, esos tiranos no pudieron impedir que, en aquellos momentos tan difíciles, un grupo de personas realmente valientes y decididas unieran al pueblo y acabaran derrocándolos.

—Sí, papá, es verdad, pero hubo mucho sufrimiento en el camino hasta que alcanzaron la libertad.

—Claro que sí, hija, pero alcanzaron la libertad. ¿Quién nos ha convencido de que la libertad es algo que se da por supuesto? Yo creo que la libertad hay que ganársela día a día.

Aquella conversación revivió en Pablo la escena que hoy había vivido en el colegio. Un tirano, Alberto, quería someterle a él con sus burlas, por alguna razón disfrutaba haciéndole sentirse pequeño e insignificante, y él no había sabido cómo defenderse de sus agresiones. Pero Andrés había salido en su defensa, algo que había desconcertado a toda la clase, incluso a su profesor de historia, el señor Cuesta.

Pablo recordaba cómo, después de la clase, durante el recreo, se había acercado a Andrés para darle las gracias.

—No te preocupes, Pablo, no sabes lo contento que estoy de haber hecho lo que he hecho. No dejes que nadie te trate como una esterilla que pueda pisotear a su antojo. Tú vales mucho, lo que pasa es que todavía no te has dado cuenta de ello. El día que tú te valores más a ti mismo, verás como otros también te empiezan a valorar más.

Aquel comentario había dejado muy pensativo a Pablo. Él tenía muy poca confianza en sí mismo, se sentía poco inteligente y poco capaz. Le costaba enterarse en clase y sacar las asignaturas adelante. Todo le parecía difícil. Por otra parte le costaba mucho hacer amigos. Él no estaba en el grupo de los «guais», sino en el de los marginados, y esto no era nada fácil de soportar. A pesar de todo, aquellos comentarios de Andrés habían movido algo en su interior. Era como si una pequeña luz hubiera brillado en su alma y empezara a despertarla.

—Pablo, ¿me estás escuchando o estás otra vez en las nubes?

Pablo miró a su madre.

—Perdona, mamá, ¿qué decías?

—Decía que si queréis que cenemos.

—Muy bien, mamá. Prefiero cenar temprano y luego estudio un rato más antes de acostarme.

Durante la cena, José empezó a contarles lo que había visto en la exposición «El secreto de los griegos». Él no estaba acostumbrado a que le prestaran tanta atención, sobre todo con la televisión encendida. Hasta Pablo, que estaba viendo uno de sus programas favoritos, le escuchaba con interés.

—Abuelo, ¿había en la exposición algo de dioses y héroes? —le preguntó Pablo cuando concluyó—. Hoy nos han explicado cosas de Grecia y me ha parecido superinteresante.

Ana estaba alucinada, jamás había oído a su hijo hablar con tanta pasión de algo que le hubieran explicado en el colegio. Fue entonces cuando decidió aprovechar la oportunidad de oro que se le ofrecía.

—Como os veo a los dos muy interesados, pero que muy interesados en los griegos y como yo creo poco en las casualidades, me gustaría proponeros que durante la semana de vacaciones de Navidad nos vayamos a conocer Grecia.

Ana les describió el cartel que había visto en la agencia de viajes que estaba cerca de la oficina, una agencia que, por la razón que fuera, era la primera vez que veía.

El entusiasmo que se generó en la mesa fue sorprendente. El programa de televisión no es que pasara a un segundo plano, es que simplemente dejó de estar presente.

José, con un cierto nerviosismo, decidió compartir con su familia algo que súbitamente había pasado por su mente.

—Hija, me gustaría pedirte un favor —dijo José.

—¿Cuál es, papá?

—Bueno, a decir verdad, os lo tengo que pedir a los dos —afirmó José mientras miraba a su nieto Pablo—. Isabel, esa buena amiga a la que los dos conocéis, está pasando por un momento difícil de su vida y me gustaría ayudarla. Yo sé que cuando hemos ido de vacaciones, íbamos solo los tres, solo la familia. Yo os quiero pedir que, por unos días, acojáis a un miembro más. Si ella pudiera y quisiera aceptar mi loca propuesta, que todavía no lo sé, creo que le vendrían muy bien unos días de calma y disfrute, para que, de alguna manera, pusiera algo de distancia con su enfermedad.

—¿Está Isabel enferma, papá?

—Sí, hija, la verdad es que se me ha escapado, no os lo tenía que haber dicho sin su permiso. Isabel está enferma y también, como es lógico, bastante asustada. Estoy seguro de que un poco de entretenimiento le vendría muy bien. La preocupación y la ansiedad no son nada buenas cuando se está combatiendo contra un tumor maligno, que es lo que ella tiene.

—Pero, papá, tú como médico sabes que muchísimos tumores malignos se curan.

—Lo sé, hija, eso es así. Pero para hacer más probable que se curen, uno de los factores clave es la confianza en la curación. Yo he visto a Isabel muy preocupada y angustiada, y eso es lo que quisiera cambiar.

—Abuelo, a mí me parece muy bien que venga con nosotros —contestó Pablo.

—Muchas gracias, Pablo. ¿A ti también te parece bien, Ana?

—Claro que sí, papá, naturalmente. De hecho, me encanta ver como te preocupas por los demás. No sé por qué, pero creo que este viaje nos podría venir muy bien, pero que muy bien a todos.

6

LA LLAMADA

La mañana del sábado de aquella misma semana, José, Ana y Pablo entraban en la agencia de viajes Nuevos Horizontes. Y lo hacían llenos de ilusión porque tal vez iban a hacer su primer viaje a Grecia.

—Buenos días y bienvenidos, me llamo Ramón —les dijo un hombre joven, de unos treinta años, moreno, alto y de fuerte complexión—. Por favor, siéntense y díganme qué sueño quieren que se haga realidad.

Los tres se quedaron bastante desconcertados ante aquella sorprendente pregunta.

—Verá —contestó Ana—, a decir verdad, no hemos venido para hacer realidad ningún sueño, simplemente estamos interesados en pasar estas Navidades en Grecia. Vi el cartel en el escaparate de su agencia y, después de hablarlo con mi familia, nos pareció una buena idea venir a informarnos.

—Ah, muy bien, me parece muy bien lo que me dice, pero ¿cuál es el sueño que quieren que se haga realidad?

—Perdone, pero no entiendo a qué se refiere —contestó Ana, sin disimular su asombro. José y Pablo no dijeron nada, porque preferían que fuera Ana quien llevara la conversación.

—Verá, señora...

—Prefiero que me llame simplemente Ana.

—Muchas gracias, verá, Ana, en esta agencia sabemos que un viaje es mucho más que un viaje. Algunas personas vienen aquí con grandes ilusiones, otras con grandes preocupaciones y no son pocos los que vienen con profundas luchas internas. Aquí han venido algunas personas que han ahorrado durante bastante tiempo para pagar este viaje y nosotros, en la agencia Nuevos Horizontes, tenemos que ser sensibles a esto y no simplemente venderles un viaje de entretenimiento. Aunque como agencia ofrecemos varios destinos en el mundo, en lo que de verdad estamos especializados y lo que nos distingue de las otras agencias es que nosotros además ofrecemos un «viaje interior».

—Perdone, ¿a qué se refiere? —preguntó José.

—Me refiero a que un viaje puede ser algo más que una oportunidad para relajarse y evadirse. Un viaje puede ser mucho más que la posibilidad de conocer sitios interesantes o incluso de descubrir culturas sorprendentes. Un viaje puede ser también una oportunidad para conocerse mejor, comprenderse más y llegar de verdad a descubrirse.

José miró a Ana con gesto perplejo; aquel hombre, más que un agente de viajes, parecía un filósofo... o un charlatán.

Ramón, al notar su confusión, prosiguió rápidamente con sus explicaciones.

—Entiendo perfectamente que en este momento puedan sentirse confusos. Yo lo estaría si fuera a una agencia de viajes y escuchara lo mismo que ustedes están escuchando. Antes de que decidan si quieren viajar con nosotros o no, permítanme que les cuente una pequeña historia para que entiendan el origen de esta pequeña agencia, ¿tienen tiempo para escucharla?

Sin dar la ocasión a que Ana y José respondieran, Pablo exclamó:

—¡Sí, sí, cuéntela, me encantan las historias!

Ana y José sonrieron.

—Aquí donde me ven, yo vivía en una ciudad en la que durante años disfrutamos de una gran paz y prosperidad. Muchos pensábamos que aquello nunca cambiaría y que siempre viviríamos así. Nos sentíamos confiados y seguros y teníamos la sensación de que nada podía pasarnos. No obstante, algo amenazaba aquella paz y fue entonces cuando junto a un gran amigo emprendí un viaje buscando ayuda por si efectivamente esa amenaza se hacía realidad.

—Lo siento mucho —dijo Ana cabizbaja y sin querer ahondar más en la cuestión.

Ana se preguntaba de qué país sería aquel hombre, pero tal vez a causa de un sentido excesivo de la prudencia prefirió no preguntárselo.

—No tiene que haber sido fácil para usted —comentó José.

—No lo fue —admitió Ramón—, pero tanto mi amigo como yo confiábamos en que nuestro viaje no fuera en vano y pudiéramos descubrir algún secreto para combatir ese sufrimiento que nos amenazaba.

De manera automática, Pablo trajo a su mente el recuerdo de lo que le había pasado en el colegio. A Ana le vino la imagen de su jefe y de su empresa y a José, su conversación con Isabel en aquel restaurante de la calle Recoletos. Cada uno de ellos enfrentándose a sus propios sufrimientos.

—¿Y lo descubrió? —preguntó Ana—. ¿Descubrió el secreto? ¿Encontró el remedio?

—Todavía no —contestó Ramón—, pero estoy convencido de que pronto y con la ayuda de algunos de nuestros clientes lo descubriremos. Por eso, al tener nuestra agencia una razón de ser tan particular, no solo nos eligen a nosotros los clientes, sino que también somos nosotros los que les elegimos a ellos.

—¿A qué se refiere? —preguntó José.

—Me refiero a que solo admitimos en nuestros viajes a aquellas personas que estén dispuestas a viajar no solamente por fuera, sino también por dentro. Sin su consentimiento previo y libre, no les admitimos.

—¿Y cuál suele ser la reacción de sus clientes?

—La mayoría no entiende nada y se marcha pensando que estamos locos. Otros sienten la llamada a emprender el viaje, pero sencillamente no se atreven. No están dispuestos a decir sí a algo que seguramente ven lleno de ambigüedad e incertidumbre. Sin embargo —y en este momento aquel hombre se paró y miró fijamente a los ojos, primero de Ana, después de José y finalmente de Pablo—, hay algunas personas, muy pocas, que escuchan la llamada y, sin entender muy bien por qué, dicen que sí. Me viene a la memoria —prosiguió Ramón— algo que una vez leí y que creo que refleja lo que es la auténtica heroicidad, la heroicidad de responder con un sí a dicha llamada.

Es imposible, dijo el orgullo.
Es arriesgado, dijo la experiencia.
No tiene sentido, dijo la razón.
Inténtalo..., dijo el corazón.

Ana, Pablo y José se quedaron en silencio. José recordó algo que había leído en un libro que se titulaba *Cuentos en una posada al lado del camino*: «Al terminar de hablar, los oyentes quedaron en silencio, de alguna manera aquel hombre había hecho vibrar las cuerdas que hay en todo corazón humano».

Aquel hombre, Ramón, había conseguido hacer vibrar las cuerdas que había en sus corazones.

—Tendríamos que pensarlo con calma —dijo Ana—. Es verdad que el viaje que nos ofrece es diferente a todo lo que conocemos, pero aun así, o tal vez precisamente por eso, al menos a mí me genera, por un lado, una cierta confusión, aunque, por el otro, también he de reconocer que me resulta en estos momentos especialmente atractivo. ¿Nos puede decir lo que cuesta? —prosiguió Ana.

—Verán, este es un punto muy importante. El viaje tiene un precio muy elevado porque también tiene un gran valor.

José se puso inmediatamente en guardia. A ver si aquello iba a ser un gran timo, disfrazado hábilmente con historias fantásticas de superación y crecimiento interior.

—Entiéndanme —dijo Ramón—, no es que económicamente sea muy caro, que no lo es, sino que el mayor precio que van a tener que pagar es de un orden distinto. Cada uno de ustedes ha de decidir, previamente a que les admitamos en el viaje, a quién van a ayudar a su vuelta y lo que están dispuestos a transformar si descubren el secreto. Por cierto —continuó Ramón—, la persona a la que han de ayudar seguramente lo está pasando muy mal e incluso puede estar haciéndoselo pasar muy mal a ustedes. No crean que solo hablo de ayudar a un amigo, sino también de ayudar a alguien al que ahora ven tal vez como a un enemigo. En cuanto a lo que han de estar dispuestos a transformar tiene que ser algo que ahora les parezca imposible de lograr. Les estoy pidiendo que se atrevan a pensar en grande y que abran sus mentes a que lo imposible puede hacerse posible.

Reflexionando sobre esos imposibles de los que hablaba Ramón, Pablo pensó que no habría para él nada más imposible que querer ayudar al bruto de Alberto. Por su parte, a Ana se le pasó por la mente que para ella lo imposible sería transformar por completo el clima de su empresa, y para José, sería el ayudar a aquellos que como él estaban perdiendo su ilusión por la vida.

Aquel hombre los miró brevemente. Los tres tuvieron la extraña sensación de que Ramón tenía la rara capacidad de leer sus mentes y en aquel instante sintieron cómo un escalofrío les recorría el cuerpo.

—¿Y si nos acompañara además alguien que estuviera pasando, digamos, por algo que va a requerir una cierta transformación en su forma de ver las cosas? —preguntó José, pensando en Isabel. Ana miró extrañada a su padre, pero no hizo ningún comentario.

—Esa persona sería más que bienvenida —contestó Ramón— y su propia transformación sería un pago suficiente.

—Muy bien —dijo José—, pero todavía no nos ha hablado del precio económico del viaje.

—Son quinientos euros por persona, que los pueden pagar en seis meses sin interés alguno. Incluye los pasajes de avión, las estancias en hoteles, las comidas y lo que es más importante, las visitas a los lugares de interés.

Aquello era más que razonable, raro pero razonable.

—Muy bien —dijo Ana levantándose—. Reserve, por favor, tres plazas para el viaje y el lunes le llamo y le comento lo que finalmente he decidido.

—No, mejor reserve cuatro —rectificó José—. Voy a intentar convencer a una buena amiga para que nos acompañe.

Cuando salieron de la agencia, se quedaron sorprendidos de que hubieran transcurrido dos horas. También les extrañó que con tanta gente que pasaba por la calle, nadie más hubiera entrado en aquella curiosa agencia de viajes. Ninguno le dio demasiada importancia y como hacía un día soleado y luminoso a pesar de estar en pleno mes de diciembre, decidieron que darían un paseo y comerían en cualquier lugar agradable que encontraran por la zona.

Fue Pablo el primero que lo vio.

—Mira, mamá, ese restaurante tiene buena pinta. Y tiene una terraza cubierta.

Los tres entraron y se sentaron. Curiosamente, ninguno se había percatado de cómo se llamaba aquel lugar.

7

EL DIOS DE LA GUERRA

Ana, Pablo y José se habían sentado en una mesa en aquella terraza cubierta que tenía varios calentadores y unos pequeños arbolitos.

—Me has dejado sorprendida, Pablo, te has lanzado de cabeza a este restaurante sin saber ni siquiera lo que tienen —comentó Ana.

—Me es igual, mamá, estoy muerto de hambre y el sitio me ha parecido bonito. No conozco muchos restaurantes en pleno Madrid que tengan una terraza cubierta como esta. Y ese tipo de arbolitos me recuerda los que veía yo cuando iba al campo con papá.

Aquello era verdad, a Pablo le gustaba el campo y cuando su padre vivía, habían ido de excursión muchos fines de semana a la sierra de Guadarrama.

Aunque Ana, después del fallecimiento de su marido, había intentado continuar con aquella costumbre, poco a poco la fue abandonando y ya casi nunca salían al campo o a conocer sitios nuevos. Además, no había manera de que Pablo dejara sus juegos de ordenador y la acompañara a algún sitio. Aquellos juegos de héroes y de batallas que a él tanto le gustaban, a ella la sacaban de quicio. Ana no podía entender cómo los chicos disfrutaban tanto con cosas como aquellas.

—Buenas tardes, ¿van a comer? —preguntó un camarero con un peculiar acento, pelo canoso y un gran bigote que desde luego no pasaba desapercibido. Llevaba una chaqueta roja con unos botones marrones que parecían de madera y unos pantalones negros que eran mucho más anchos de lo habitual.

—Sí, por favor —contestó José.

—Les traigo ahora las cartas con el menú. ¿Me pueden decir lo que quieren beber?

—Tráiganos, por favor, una botella grande de agua del tiempo —pidió José.

—Muy bien, vuelvo en seguida.

—¡Vaya tipo raro! —dijo Pablo, abriendo los ojos desmesuradamente.

El camarero llegó con la carta. Cuando la abrieron, se quedaron perplejos.

Mezzedes

Gyros

Dolmades

Horiatiki salata

Spanakotiropites

Fasolada

Moussaka

Y la carta seguía con un montón de nombres difíciles de pronunciar.

—Oiga, ¿y estos platos tan raros de dónde son? —preguntó Pablo, que no se cortaba un pelo.

—Joven, este es un restaurante griego, ¿no se ha fijado en el letrero que hay fuera?

—Pues no, debe de ser muy pequeño porque no lo he visto.

—Tal vez es que no se ha fijado lo suficiente —respondió el camarero con un tono desafiante.

—Bueno, no pasa nada —dijo rápidamente Ana para eliminar aquella tensión que se estaba generando—. De hecho, estamos a la vez contentos y sorprendidos. Por alguna razón, últimamente su país, Grecia, está muy presente en nuestras vidas.

—De todas maneras, si no están familiarizados con la comida griega, pueden ver las fotografías que hay junto a cada plato y, si se fijan un poco, verán que hay también una descripción de lo que contienen —comentó el camarero con una amabilidad fingida.

Pablo se percató de la miradita que le echó el hombre cuando dijo: «Y si se fijan un poco, verán...». No sabía por qué, aquel camarero ni le era simpático ni le generaba ninguna confianza.

—Muy bien —dijo Ana—, denos unos minutos para que nos decidamos.

—Está bien, les dejo tiempo para que lo piensen.

—No es un hombre muy simpático, ¿queréis que nos vayamos a otro sitio? —preguntó José.

—No, papá, entre unas cosas y otras, son pasadas las dos y estamos todos hambrientos. Y si nos estamos planteando ir de viaje a Grecia, no está de más probar su comida y ver si nos gusta o no. La gastronomía siempre es importante a la hora de que un viaje sea más o menos agradable.

Finalmente se decidieron por compartir tres platos: *horiatiki salata*, *spanakotiropites*, que eran unas empanadillas de queso feta y espinacas, y *moussaka*, una lasaña hecha de finas capas de pasta con carne picada y berenjenas.

—Les traeré primero la *horiataki salata*, después las *spanakotiropites* y finalmente la *moussaka*, porque es el plato más elaborado y tiene que estar un cierto tiempo en el horno.

Aquel hombre se marchó y al cabo de escasos minutos les trajo aquella ensalada de nombre extraño.

—Perdone —dijo Pablo—, ¿dónde está el cuarto de baño?

—Está entrando en el restaurante, al fondo del pasillo a la derecha.

—Gracias —contestó Pablo, haciendo un esfuerzo para tratar de parecer simpático.

Después de llenarse la boca con queso feta, trozos de tomate y pepino, Pablo se levantó para ir al baño mientras masticaba todo lo que se había metido en la boca, intentando disimular para que su madre no lo viera.

Al entrar en el restaurante, se encontró con un pasillo largo y a medio camino vio una escalera que estaba a la derecha. A Pablo no le gustaba que para ir al cuarto de baño hubiera que subir o bajar escaleras, pero qué se le iba a hacer, así que inició el ascenso. Desembocó en una estancia grande pero vacía. Enfrente había una puerta de color verde oscuro. La verdad es que no parecía que aquello fuera un servicio. Pablo se acercó un poco para ver si es que el signo de que aquello era un cuarto de baño estaba tan oculto como el letrero del restaurante o el contenido de los platos del menú. Fue entonces cuando escuchó algo que le dejó paralizado. Alguien estaba hablando a voces y parecía sumamente enfadado.

—Me es igual que uno de los tres sea muy joven. ¡Tengo instrucciones muy claras para que no viajen a Grecia! Dile a Adrastos que ponga esto en la *moussaka* y dejaos de remordimientos. Cuando os contraté ya os dije para qué os quería. Os he pagado espléndidamente, no os atreváis ninguno de vosotros a desobedecerme.

Pablo, que se había quedado paralizado por el miedo, oyó como alguien, probablemente la misma persona que estaba hablando, daba un puñetazo en la mesa y luego decía algo en un lenguaje incomprensible para él.

Empezó a andar sigilosamente hacia atrás y luego salió de allí lo más rápidamente que pudo.

«Me he equivocado y me he metido por donde no tenía que meterme —pensó Pablo—. El baño debe de estar al fondo del todo».

Efectivamente, al fondo del pasillo y a la derecha estaba el baño.

Cuando volvió a la mesa, Pablo estaba muy pálido. El camarero les acababa de llevar otro plato.

—Estas son las *spanakotiropites*. La *moussaka* va a tardar un poco más, todavía no está en su punto. Saben, se trata de un plato muy elaborado y queremos que se lleven un buen recuerdo de aquí.

Después de su explicación, aquel hombre esbozó una amplia sonrisa.

—Perdone —dijo Pablo.

—Sí, ¿qué desea?

—Mire, me cae usted muy bien, yo me llamo Pablo.

Entonces Pablo extendió su mano como gesto de cordialidad.

—Yo me llamo Adrastos —contestó el hombre, estrechando de manera forzada la mano de Pablo.

—Por cierto —dijo Pablo—, ¿cómo se llama este restaurante?

—Se llama Ares, ese es su nombre, Ares.

—¿Y qué significa? —preguntó José.

—Es el nombre del dios de la guerra en la mitología griega. Eso es lo que significa.

En cuanto el camarero se hubo marchado, Pablo se dirigió muy alterado a su madre y a su abuelo.

—Abuelo, mamá, escuchadme con atención porque no os vais a creer lo que me ha ocurrido.

Mientras hablaba, Pablo estaba tan nervioso que su madre y su abuelo se pusieron de pie y le cogieron para intentar serenarle.

—¿Qué te pasa, hijo? ¿Qué es lo que te ocurre?

—Mamá, abuelo, sentaos, que van a sospechar.

—¿Sospechar? ¿Quién? ¿De qué van a sospechar?

Se hizo un gran silencio cuando vieron acercarse al camarero.

—¿Todo bien? —preguntó.

—Sí, muy bien —contestó Pablo, disimulando como podía—. Es que nos había parecido ver una avispa.

El camarero se retiró y al cabo de escasos minutos volvió trayendo la *moussaka,* que puso sobre la mesa con un cierto aire ceremonial.

Una vez que Adrastos se hubo marchado, Pablo contó a su abuelo y a su madre lo que había oído.

José entonces tomó la palabra:

—No sé lo que está pasando aquí, pero no vamos a correr ningún riesgo. Hija, ¿tienes por casualidad alguna bolsa de plástico en tu bolso?

—Sí, papá. Aquí la tienes.

—Siempre me ha sorprendido la cantidad de cosas que las mujeres lleváis en los bolsos. Parecéis magos sacando cosas de la chistera.

José, después de asegurarse de que nadie le miraba, cogió la bolsa, la abrió y metió la mayor parte de la *moussaka* en ella.

Al cabo de un rato, llegó el camarero.

—¿Les ha gustado la *moussaka*, verdad? Veo que no han dejado nada.

—Nos ha encantado, ya ve que nos la hemos comido toda —contestó José—. Sería, por favor, tan amable de traernos la cuenta, tenemos un poquito de prisa.

—Sí, naturalmente, se la traigo enseguida —contestó el camarero.

Después de pagar, los tres salieron del restaurante.

—¿Dónde tiramos la *moussaka*, abuelo?

—No la vamos a tirar, Pablo. La voy a llevar a un médico amigo mío que trabaja en el Instituto Nacional de Toxicología. Quiero que analicen si han puesto algo o han sido todo imaginaciones tuyas. En cualquier caso y aunque me he quedado con hambre, estaba muy bueno lo que hemos comido. Me alegro de irme de un restaurante al que no se les ha ocurrido ponerle otro nombre que «el dios de la guerra», con lo que a mí me gustan la paz y la tranquilidad.

8

PSILOCIBINA

Al llegar a casa, los tres se sentaron en el salón para hablar de lo sucedido y para valorar las decisiones que tenían que tomar. José fue el primero en hablar.

—Voy a llamar ahora mismo al doctor Manuel Castro, que es ese amigo mío del que os he hablado y que trabaja en el Instituto Nacional de Toxicología. Le voy a contar lo que nos ha pasado y le voy a pedir que me diga lo que tenemos que hacer con la *moussaka*.

José sacó su móvil y buscó en sus contactos el teléfono de su amigo.

—Manuel, perdona que te llame un sábado por teléfono, pero es para consultarte algo importante. ¿Tienes dos minutos?

—Sí, claro, dime de qué se trata.

—Mira, Manuel, lo primero que te quiero pedir es confidencialidad. No quiero que compartas esta información con nadie con quien no tengas absoluta confianza.

—Claro, por supuesto, cuenta con ello, José.

—Tenemos la sospecha de que alguien ha introducido algún tipo de veneno en un plato de *moussaka*, que es una comida típica griega. Verás, mi nieto, por casualidad, oyó a alguien dar la orden para que así lo hicieran.

—Dime una cosa, José, ¿qué edad tiene tu nieto?

—Tiene dieciséis años, ¿por qué?

—A ver, José, tú sabes la imaginación que tienen los jóvenes y la forma que tienen de inventarse las cosas. ¿Quién y por qué iba alguien a querer envenenaros? ¿No te parece un poco ridículo?

—Verás, Manuel, no creo que este sea un tema que tengamos que entrar a discutir ahora, pero, francamente, no creo que haya que prestar más atención a la opinión de un adulto que a la de un adolescente. Mi nieto se queja muchas veces de esto, de que por el hecho de ser más joven no le hacen el mismo caso que a la gente mayor. Tal vez sí sea algo que tengamos que corregir personas de nuestra edad.

—Bueno, José, no he querido molestarte con mi comentario. En fin, vayamos al tema en cuestión. Mete la *moussaka* de la que hablas en el frigorífico y me la traes el lunes a primera hora de la mañana, alrededor de las nueve. No quisiera llamar a las personas que están de guardia este fin de semana, pero sí quiero que sea una de las primeras muestras que examinemos en el laboratorio. ¿Te parece bien?

—Sí, Manuel, me parece bien cualquier cosa que tú me aconsejes. Muchas gracias por todo. Te la llevo el lunes. Un abrazo.

—Otro para ti —contestó Manuel.

«Me parece que sigue sin creerse lo que escuchó Pablo —pensó José—, de lo contrario me habría dicho que se la llevara inmediatamente».

José se había quedado con la mirada perdida.

—¿Qué te pasa, abuelo?

José miró a Ana y a Pablo.

—Yo, al igual que muchas otras personas, siempre he creído en las coincidencias. Sin embargo, a medida que me he ido haciendo mayor, cada vez voy creyendo menos que algunas cosas pasen por simple casualidad. Tal vez os suene raro lo que voy a decir, pero me da la sensación de que viviéramos en un universo en el que suceden muchas más cosas de las que nos damos cuenta. Es algo así como si hubiera fuerzas que, interactuando unas con otras, favorecieran que se produjesen algunas de estas supuestas coincidencias. Yo esto que ahora os comento lo hablo con muy pocas personas. No quiero que piensen que, como ya tengo una cierta edad, estoy empezando a desvariar. Sin embargo, ha habido grandes personajes que han hablado de ello.

—¿Como cuáles, abuelo?

—Como por ejemplo Shakespeare en su obra *Hamlet*, cuando Hamlet, en la quinta escena del primer acto, en la que hay un diálogo entre él, un fantasma y Horacio, dice: «Por eso como a un extraño denle la bienvenida. Hay más cosas en el cielo y en la tierra de las que pueda soñar tu filosofía, Horacio».

—A mí, papá, todo esto francamente me está dando miedo —dijo Ana—. Me resulta más que sorprendente que el mismo día los tres, y de forma completamente independiente, hayamos entrado en relación con el mundo griego. Pablo con las explicaciones de su profesor de historia, yo con el cartel de la agencia de viajes y tú con la exposición a la que fuiste con Isabel. Por si esto fuera poco, vamos a una agencia de viajes que más que a una agencia de viajes se parece a la Academia de Platón.

—¿Qué es eso, mamá?

—Perdona, hijo. Por lo que yo recuerdo, Platón fue un gran filósofo griego, discípulo de otro también muy conocido y que se llamaba Sócrates. Platón fundó la Academia, que era el lugar donde las personas aprendían a pensar. ¿No te suena su nombre, hijo?

—Sí, si sonarme me suenan todos, pero no sabía lo que era la Academia de Platón.

—Bueno —prosiguió Ana—, después de estar en la agencia, para colmo, nos vamos a comer a un restaurante griego y allí resulta que quieren envenenarnos. Yo ya tengo demasiados problemas en mi día a día como para querer aumentarlos un poquito más.

—Mamá, ¿no estarás hablando de mí, no seré yo uno de tus problemas, verdad? —preguntó Pablo.

—No, por Dios, hijo mío, claro que no, tú y el abuelo sois mis dos mayores alegrías. No puedo concebir la vida sin vosotros. Lo que pasa es que a veces también echo mucho de menos a tu padre.

Pablo se acercó a ella y le dijo:

—Lo sé, mamá, yo también me acuerdo mucho de él.

Ana y Pablo permanecieron abrazados durante unos instantes.

—¿Qué os parece si hacemos algo? —preguntó José.

—¿El qué? —contestaron Ana y Pablo.

—Vamos a esperar a que llegue el resultado del laboratorio y después decidimos.

Ana sabía que su padre era maravilloso, pero a la vez bastante indeciso, por lo que tomó en aquel mismo momento las riendas de la conversación.

—Yo creo que ya podemos decidir al menos algo de lo que tenemos que hacer, independientemente de lo que nos diga tu amigo, ¿no te parece, papá? Las vacaciones de Navidad se nos echan encima y si no nos decidimos pronto, nos vamos a quedar sin sitio para el viaje. Por eso me gustaría que escucháramos lo que cada uno de nosotros tres piensa. Yo, si el resultado del análisis toxicológico revela que nos han echado algún tipo de veneno en la *moussaka*, desde luego que me olvidaría por completo y para siempre del viaje.

Pablo intervino entonces con decisión porque para él había mucho más en juego de lo que su madre y su abuelo suponían.

—Mamá, abuelo, a mí sí que me gustaría mucho ir a ese viaje, y me gustaría ir independientemente de si alguien ha puesto o no algún veneno en la *moussaka*. Desde que murió papá no hemos ido a casi ningún sitio que no fuera el típico lugar de vacaciones en la playa, donde, os lo digo por si todavía no os habéis enterado, siempre me he aburrido como una ostra. Para mí este viaje a Grecia es como una aventura en la que hay buenos y malos, personas que nos quieren ayudar como Ramón, el agente de viajes, y personas que nos quieren perjudicar, como la gente del restaurante griego. Veréis, yo siempre he tenido demasiado miedo en la vida, miedo a cometer errores, miedo a sentirme avergonzado ante mis compañeros y mis profesores, miedo a que no me admitieran en el equipo de fútbol, miedo a que me marginaran, miedo a no ser capaz de entender y de aprender algo nuevo. ¡Estoy harto, estoy más que harto de vivir de esta manera y ya no puedo más! Este miedo ha ido reduciendo mi mundo hasta hacerlo muy pequeño, demasiado pequeño. Es como si hubiera construido una armadura para protegerme de los peligros que veo en este mundo en el que vivo y ahora, esa misma armadura me estuviera separando cada vez más de los demás e incluso de mí mismo. La armadura que construí para protegerme, no solo no me deja moverme, sino que además noto que me ahoga. Me siento solo, perdido y desconectado en un mundo que no consigo comprender y en el que no logro adaptarme.

»Hasta que no ocurrió el incidente en el colegio, yo creía que lo que a mí me pasaba, que lo que yo experimentaba, no tenía solución y que me tenía que resignar a vivir de esa manera, atrapado en el miedo, la desesperanza y la sensación de impotencia. Sin embargo, cuando en el colegio Andrés salió en mi defensa, algo muy profundo se movió en mi interior y comprendí en un instante lo que es ser verdaderamente libre, libre para defender aquello que es valioso, aunque eso moleste y enfade a otros, libre para arriesgarse en la protección de otros. En aquel preciso momento, yo comprendí lo que realmente significa no vivir aprisionado, no vivir encarcelado. Andrés no ganaba nada defendiéndome y de hecho se la jugó, porque a veces a las personas que dan la cara, sus mismos compañeros les desprecian e incluso les denuncian. Además, seguro que Alberto ahora le odia por haberle dejado en evidencia ante toda la clase como un cobarde, que es lo que en realidad es. Alberto fue incapaz de dar la cara cuando el profesor preguntó quién había sido el que me había hecho la herida en la nuca. Andrés salió en mi defensa para salvaguardar la justicia y eso a mí me ha impresionado. Y aunque fuera solo por eso y aunque pudiera haber alguna mano negra en esta historia, no quiero caer de nuevo en las zarpas del miedo. Tal vez esta sea para mí la oportunidad de ganar más confianza en mí mismo y también la oportunidad de avanzar por la vida sintiéndome fuerte, aunque sepa que ya no me protege ninguna armadura.

José escuchaba emocionado a su nieto. Aquel joven de tan solo dieciséis años estaba mostrando una madurez que hasta entonces nunca había visto.

—Querido Pablo —intervino José—, las personas valientes y decididas como tu amigo Andrés son los verdaderos líderes. Son personas a las que les importa mucho más defender valores como la justicia que ganar un concurso de popularidad. Son ese tipo de seres humanos los que mejoran el mundo. Desde luego, se encuentran con grandes oposiciones, gente que se aprovecha del miedo que anida en el corazón del hombre para someter a otros. Al final, siempre nos vamos a encontrar con la lucha de dos fuerzas opuestas, una de ellas busca que el ser humano sea libre para decidir su futuro y otra quiere llevarle a un abismo sin que este se dé cuenta. Algunos de los auténticos líderes que vivieron en la tierra fueron perseguidos e incluso asesinados por aquellos otros seres que solo buscaban someter a los demás para beneficiarse ellos. Sin duda, tuvieron que pagar un gran precio, pero, gracias a ellos, la humanidad ha mejorado y ha progresado. Tu compañero Andrés puede que, como consecuencia de su gesto, sea tal vez «odiado» por Alberto y algunos de sus compañeros, pero te digo que, para la mayor parte de ellos, y esto es lo que importa, lo que Andrés ha hecho ha tenido el mismo impacto y ha generado la misma admiración que ha tenido en ti.

—Gracias, abuelo. Me ha gustado mucho lo que me has dicho.

—Por cierto —dijo José—, yo también me apunto al viaje sea cual sea el resultado del análisis de toxicología y os voy a decir por qué.

Ana le miraba sorprendida. ¿Cómo era posible que alguien que había dicho que esperaran al análisis para tomar una decisión lo viera ahora de forma tan clara?

—En primer lugar —prosiguió José—, me parece de mucho valor lo que ha dicho Pablo y me sumo a su interés en el viaje. Además, y a raíz de la exposición a la que asistí con Isabel, me dediqué a consultar algunas cosas en internet. Una vez que hallé lo que buscaba, empecé a curiosear para ver si encontraba algo interesante acerca de la medicina en la antigua Grecia. Ya sabéis que hay escritos de hace veinticinco siglos que hablan de la capacidad que tenían algunos médicos griegos de curar a través de las palabras. Esto yo ya lo sabía porque lo había visto cuando, siendo un estudiante de medicina, hace ya muchos años, estudié historia de la medicina. Os voy a contar algo interesante que leí en uno de aquellos libros. El dios Zeus que, como sabéis, era el más importante entre los dioses griegos, tuvo muchos hijos. Uno de ellos fue Apolo. Apolo era un dios capaz de profetizar y, por eso, los griegos construyeron un templo dedicado a él en Delfos. Allí iban cada vez que querían consultar algo importante, cosas como si entraban en guerra o no contra un potencial enemigo o si era mejor establecer una nueva colonia en un sitio o en otro.

Pablo recordó lo que su profesor de historia les había comentado en clase sobre la Magna Grecia.

—Pues bien —prosiguió José—. Apolo tuvo un hijo que se llamó Asclepio, también conocido como Esculapio, que es el nombre que le dieron posteriormente los romanos. Asclepio poseía el secreto de la curación y los griegos construyeron en Epidauro un gran santuario en su honor. En las piedras grabadas que hay en ese santuario se describen algunas de las asombrosas curaciones que ocurrieron allí. Se dice que Hipócrates, al que nosotros los médicos consideramos el padre de la medicina, descendía del mismo Asclepio.

»Me gustaría mucho que Isabel, si decidiera acompañarnos en el viaje, además de seguir el tratamiento médico correspondiente, conociera Epidauro. ¡Quién sabe si podría de alguna manera serle útil! Creo que las personas perdemos mucho cuando nos aferramos solo a lo conocido y no nos abrimos a lo nuevo. Admiro a los niños, que mantienen esa capacidad de asombro ante todo. Creo que nosotros los adultos perdemos esa frescura y esas ganas de explorar. ¡Qué habría sido de la humanidad si no hubiera mantenido su curiosidad!

—Pues, desde luego, con el entusiasmo que ponéis los dos en este viaje, lo que yo no voy a hacer es oponerme. Yo también digo sí —comentó Ana.

El lunes de la siguiente semana, dos horas después de entregar la *moussaka* en el Instituto Nacional de Toxicología, José recibió una llamada del doctor Manuel Castro.

—José, tu nieto tenía razón, por favor, disculpa mis infundadas dudas. Gracias a Dios que no tomasteis la *moussaka*, el análisis toxicológico ha revelado la presencia en ella de una gran cantidad de psilocibina.

9

Una conversación inusual

Cuando José supo con certeza que les habían intentado envenenar, su mente se desbocó con todo tipo de pensamientos. Él era, en gran medida, responsable de aquella familia y tenía que ser capaz de actuar con serenidad y confianza. De las decisiones que tomara, podía depender no solamente el bienestar de todos ellos, sino lo que era mucho más serio, tal vez incluso su propia supervivencia. Con la información que hasta ahora poseían, era imposible tener la más remota idea de quién podría haber querido hacerles daño. Al parecer, aquel veneno lo que pretendía era impedir que pudieran viajar a Grecia.

Como médico, él sabía que la psilocibina era una droga psicoactiva que tenía un profundo impacto en el cerebro, generando fenómenos alucinatorios. La psilocibina era producida por unas doscientas variedades de hongos llamados alucinógenos. El famoso LSD sintetizado por el químico suizo Albert Hofmann no era sino una purificación del principio activo de la psilocibina. José sabía que hongos como el peyote, que contienen psilocibina, eran consumidos frecuentemente por los chamanes durante sus ceremonias.

No daba la sensación de que hubieran querido matarles, pues habrían utilizado otro tipo de veneno como podría haber sido el cianuro. Lo que habían buscado era generar algún tipo de alteración en la percepción de las cosas, hacerles tal vez dudar de la realidad de aquello que habían vivido. El objetivo no podía ser otro que manipular sus mentes, lo que no entendía era para qué y por qué. José sabía que uno de los posibles efectos de la psilocibina era la generación de sentimientos de profundo miedo. ¿Y si lo que buscaban era generarles miedo?, pero ¿por qué? Tal vez para asustarles y que no emprendieran su viaje a Grecia. Había demasiados puntos oscuros. Nuevos pensamientos empezaron a penetrar de manera alocada en su consciencia: ¿les habría seguido alguien? ¿sabrían dónde vivían? A medida que José le daba más y más vueltas a estas cuestiones, iba notando cómo su ansiedad se disparaba. Él tenía que mantener su mente fría en medio de la presión. Este era un nuevo desafío en su vida, y aunque fuera muy diferente a tantos otros que hasta entonces había tenido, José no estaba dispuesto a dejarse bloquear por la preocupación y la angustia.

Recordó lo que había dicho su nieto Pablo y hasta qué punto deseaba hacer aquel viaje a Grecia. Por eso él no podía así como así negarse a que viajaran. José tenía miedo, y eso no lo podía negar. Pero no podía permitir que el miedo le impidiera hacer lo que tenía que hacer. Por otro lado, tampoco podía ser tan insensato como para ignorar los hechos. La valentía no estaba reñida con la sensatez. Tampoco José se veía delegando toda la responsabilidad de la decisión sobre los hombros de su hija Ana. Él tenía su propia responsabilidad y no estaba dispuesto a renunciar a ella. Empezó a pensar en las opciones que tenía. Llamar a la policía era sin duda una de ellas. Si conseguían detener a los culpables, desde luego habrían logrado algo importante, aunque a José no le hacía mucha gracia que su nieto Pablo tuviera tal vez que declarar contando lo que había oído en aquella habitación del restaurante. De ahí que José decidiera primero llamar a su amigo del Instituto Nacional de Toxicología, el doctor Manuel Castro, para pedirle consejo.

—Manuel, soy José Gómez Soto. Verás, te llamo para pedirte consejo. ¿Crees que tendría que ponerme en contacto con la policía y contarles lo que nos ha pasado, que nos han querido envenenar?

—Naturalmente que sí —contestó el doctor Castro—. De hecho, te iba a volver a llamar para decirte que lo hicieras. Además, nosotros tenemos la obligación de informar a la policía cuando hay indicios claros de criminalidad. Te voy a dar el teléfono del comisario Daniel Sueiro Gómez, de la comisaría de Chamartín. Es un buen tipo y sin duda te será de gran ayuda. Cuando te pongas en contacto con la comisaría, diles que llamas de mi parte. Allí me conocen todos. He colaborado mucho con ellos. ¿Tienes algo para apuntar el teléfono?

José tomó un papel y anotó el teléfono que le daba el doctor Castro. Después de colgar, marcó aquel número y consiguió que le pasaran con el comisario.

—Buenos días, señor Gómez, soy el comisario Sueiro, dígame, por favor, en qué puedo ayudarle. —José le expuso en términos generales el motivo de su llamada—. Señor Gómez —dijo el comisario—, lo que me comenta es muy serio y por eso es importante que venga a la comisaría y ponga una denuncia. En este tipo de casos, cuanto antes actuemos mucho mejor.

Al cabo de media hora, José estaba sentado en el despacho del comisario. Después de contestar a diversas preguntas, a muchas de las cuales José solo pudo responder con un «No tengo ni idea», quedó firmada la denuncia contra el restaurante Ares por intento de envenenamiento con psilocibina.

—Muy bien —dijo el comisario mientras se levantaba, indicando con ello que daba la reunión por finalizada—. Perdóneme, pero tengo que encargarme de otros asuntos que son también importantes. Nos ponemos inmediatamente con su tema y le mantendré puntualmente informado de cualquier avance que hagamos en la investigación.

Ambos se estrecharon la mano y José salió de la comisaría en dirección a la agencia de viajes. Tenía la sensación de que había actuado de la forma correcta y eso le permitió sentirse un poco más tranquilo. Ahora tenía que hacer algo distinto.

—Buenos días —dijo Ramón, el agente de viajes, en cuanto le vio entrar—. Me alegro de volver a verle. ¿Han decidido por fin apuntarse al viaje? ¿Vendrá finalmente su amiga?

José estaba impresionado de la memoria que tenía aquel hombre. Seguro que pasaban muchas personas por allí y, a pesar de todo, a él no solo le había reconocido, sino que además recordaba cosas que habían comentado el día que estuvieron allí. Al preguntar Ramón si «¿Finalmente vendrá su amiga?», José se acordó de que todavía no le había comentado nada a Isabel. Había estado tan ensimismado en sus pensamientos desde lo que les pasó en el restaurante que se había olvidado por completo de ella.

«En cuanto salga de aquí la llamo», pensó.

—Verá —dijo José mientras se dirigía a Ramón con gesto serio—, en realidad, he venido siguiendo una intuición. No sé si lo que estoy haciendo es lo correcto o no, pero usted me genera confianza y por eso hay algo que le quiero comentar.

—Por su expresión parece que es algo importante y que desde luego le preocupa mucho —comentó Ramón.

—Verá, el día que estuvimos aquí, después de hablar con usted y como ya era la hora de comer, fuimos, por casualidad, a parar a un restaurante griego llamado Ares.

—¿Cómo dice usted que se llama el restaurante?

—Ares —contestó José, muy consciente del impacto que aquel nombre había tenido en Ramón.

—Prosiga, por favor.

José le contó con detalle lo que había ocurrido y el resultado del análisis toxicológico. Ramón escuchaba con profundo interés. También José le comentó que antes de pasar por la agencia de viajes, había puesto una denuncia en la comisaría de policía.

—Ha hecho usted muy bien —dijo Ramón—. Acudir a la policía es lo adecuado, lo que ocurre es que verá como no encuentran nada.

—¿Cómo lo sabe? —preguntó José, sorprendido ante aquel comentario.

—Mire, le voy a contar algo que a usted le puede generar una gran confusión y tal vez incluso una marcada desconfianza. Tanta desconfianza como para que decida no volver nunca a esta agencia y, por supuesto, no emprender el viaje a Grecia con su familia. Verá usted, en este universo en el que vivimos, hay fuerzas de la luz y hay fuerzas de la oscuridad —prosiguió Ramón—. Las fuerzas de la luz colaboran para que las personas descubran su enorme potencial y lo desplieguen. Ellas favorecen que exista la paz, la generosidad y la cooperación. Sin embargo, también existen las fuerzas de la oscuridad. Ellas favorecen lo contrario y hacen que nos enfrentemos unos con otros y que nos fijemos no en lo que nos une, sino en lo que nos separa. Ellas son las que despiertan en el corazón del hombre toda forma de violencia. Lo que más teme la oscuridad es la presencia de la luz, porque donde reina la luz, no puede reinar la oscuridad. ¿Me entiende, verdad? —José asintió con la cabeza, por lo que Ramón continuó—: Imagínese que hubiera dos universos conectados entre sí, aunque nosotros los seres humanos solo pudiéramos percibir uno de ellos y por consiguiente fuéramos incapaces de darnos cuenta de la conexión existente entre ambos. —Ramón hizo una pausa para asegurarse de que José entendía lo que él le estaba explicando—. ¿Me estoy explicando con claridad?

—Prosiga, por favor —contestó José con semblante serio.

—Solo cuando una persona llega a acceder a ese universo que normalmente no vemos, se puede entender con mayor claridad aquello que realmente está sucediendo en nuestro mundo.

—¿Qué es eso que podemos entender con mayor claridad? —preguntó José.

—Podemos entender el origen de los conflictos destructivos y de la violencia. Podemos entender también qué es lo que mueve los actos de compasión y dónde se encuentra la gran fuerza del ser humano. Podemos entenderlo todo. Cuando esto sucede, descubrimos la verdad, lo que realmente se oculta tras las apariencias de las cosas y tras las máscaras que nos ponemos las personas.

»El viaje que yo les ofrezco lo que pretende es eso, que descubran la verdad, que perciban el mundo en el que viven como ahora ninguno de ustedes lo puede percibir y que se transformen en personas que colaboren con las fuerzas de la luz. Por eso es un viaje tan especial y que aparece en un momento tan crítico de la vida de ustedes cuatro.

—¿A qué cuatro se refiere? —preguntó José

—A usted, su hija, su nieto y su amiga.

José sintió cómo se le formaba un nudo en el estómago. No era solo lo que aquel hombre decía, era sobre todo la forma en la que lo decía. Parecía como si conociera a la perfección aquello a lo que cada uno de ellos se estaba enfrentando en esa etapa concreta de sus vidas.

—Prosiga, por favor —pidió José, intentando ocultar el tenue temblor de su voz.

—Las fuerzas de la oscuridad darían lo que fuera para que la gente siguiera «dormida» y no conociera la verdad de las cosas. Cuando uno se está dando cuenta de lo que pasa, es mucho más difícil que se deje manipular. Sin embargo, cuando uno no es consciente de que es una simple marioneta en manos de fuerzas que mueven los hilos, en su ignorancia, se cree que es libre cuando en realidad no lo es.

Cuando Ramón dijo aquello, a José le vino a la memoria la manera en la que Pablo, su nieto, había hablado de la libertad y de hasta qué punto la anhelaba. Recordó cómo, para Pablo, su compañero de clase Andrés era una referencia de lo que era en verdad ser libre.

—Por ese motivo —continuó Ramón—, hay seres que todavía ustedes no conocen, seres que están colaborando con las fuerzas de la oscuridad y que sin duda tienen un gran interés en que no emprendan este viaje. Ellos saben que si ustedes lo realizan, volverán transformados en seres capaces de iluminar a otros.

José no sabía cómo lo hacía, pero era como si aquel hombre le hablara directamente al alma, provocando en él sorprendentes sensaciones. Entonces se levantó.

—Muchas gracias, Ramón, le agradezco enormemente sus explicaciones. Déjeme que hable con mi familia para ver qué es lo que finalmente decidimos.

—Me parece estupendo, la decisión que ustedes tomen es lo que ha de ser y para mí cualquier cosa que decidan está bien. Solo deseo que tengan una vida plena y feliz. Eso es lo que de verdad me importa.

José sintió que aquellas palabras las decía Ramón con absoluta sinceridad.

Ambos se estrecharon la mano. José prefirió dar un paseo y después de media hora de andar, tomó el metro que le dejaba a escasos metros de su casa.

A las cinco de la tarde recibió una llamada del comisario Sueiro.

—Señor Gómez, aquí el comisario Sueiro. No dudo de lo que usted nos contó, pero donde usted nos dijo que estaba el restaurante solo hay un patio cubierto y una casa vacía. Seguimos investigando porque alguien tiene que haber visto algo. Le mantendré informado, buenas tardes.

10

UN RAYO DE ESPERANZA

—Doctor, ¿es muy grave lo que tengo? ¿Podré superar mi enfermedad?

Isabel se encontraba en la consulta del doctor Javier Alba, el cirujano general que después de explorarla el primer día de consulta le había pedido, primero, una mamografía y, posteriormente, una punción biopsia de la lesión.

—Verá, Isabel. Lo que tiene usted es serio, pero, por supuesto que puede vencer la enfermedad. Usted sabe que en esta vida ninguno tenemos certezas de casi nada, simplemente jugamos con mayores o menores probabilidades de que algo determinado ocurra. Si yo, por ejemplo, cruzo con cuidado una calle, es muy probable que no me pase nada. A pesar de todo, aunque la cruce con cuidado, si alguien se salta a gran velocidad un semáforo que está en rojo, puede acabar con mi vida. ¿Me comprende, a que sí?

—Sí, doctor Alba. Le comprendo perfectamente —contestó Isabel en lo que era casi un susurro.

—Mire, Isabel. Hoy en medicina contamos con grandes avances tanto en la cirugía como en radioterapia y en quimioterapia. Primero trataremos quirúrgicamente su lesión y haremos una extirpación de lo que se denomina el ganglio centinela. A partir de los resultados obtenidos, procederemos siguiendo una dirección u otra.

—¿Qué es el ganglio centinela, doctor? —preguntó con curiosidad Isabel.

—Verá, Isabel. Cuando las células cancerosas se separan del tumor primario, que es el original, pueden circular a través de la linfa o de la sangre hasta otros lugares en el cuerpo y se puede formar otro tumor que se denomina secundario. El ganglio centinela es el primer ganglio linfático que se encuentran las células del tumor si consiguen penetrar en los canales del sistema linfático.

—¿Hay algo en lo que pueda yo colaborar para aumentar mis probabilidades de curarme? —preguntó Isabel.

—Sí, desde luego que sí, Isabel. Es importante que reduzca su consumo de grasas saturadas y que haga ejercicio físico. De lo que se trata es de fortalecer su sistema inmune. El sistema inmune es como el ejército de guerreros que tenemos los seres humanos para destruir al invasor. En el caso, por ejemplo, de una persona que tenga una infección, los agentes invasores pueden ser bacterias o virus, mientras que en el suyo son células cancerígenas.

—¿Hay algo más que usted me recomiende, doctor, para fortalecer mi sistema inmune? —volvió a interesarse Isabel.

—Sí, que mantenga su ilusión y su fe en que va a curarse.

—Pero eso no va a ser nada fácil, doctor.

—Lo sé, Isabel, pero aunque pueda ser difícil, es muy importante. Hoy ya no hay duda alguna de que sentimientos como la desesperanza o la impotencia perjudican el funcionamiento de nuestro sistema de defensa. En medio de nuestra lucha contra la enfermedad, no podemos darnos el lujo de sentirnos derrotados. Rendirnos para nosotros no es una opción. Usted no sabe los recursos que el organismo puede poner en marcha. Si yo le contara las cosas que he visto a lo largo de mi vida.

—Me gusta escucharle, doctor. En estos momentos, sentir a alguien tan cercano como usted, que sabe tanto de su campo y que además está dispuesto a compartir esas reflexiones conmigo, no sabe lo mucho que me ayuda.

—Lo hago encantado, Isabel. Dígame una cosa, por favor. ¿Tiene usted algún familiar o amigo con el que pueda también compartir lo que siente? La razón por la que se lo pregunto es porque hay mucha evidencia científica que demuestra que el no sentirnos solos en estos momentos tan importantes de nuestra vida es muy bueno, no solo para el alma, sino también para el cuerpo.

Isabel se quedó callada durante unos instantes. Aquella pregunta le había llegado muy hondo y sintió la imperiosa necesidad de compartir con alguien sus emociones más íntimas. Por alguna razón, el doctor Alba le daba la confianza que ella tanto anhelaba y tanto necesitaba en esos momentos.

—Verá, doctor, mis padres ya fallecieron, soy hija única y me he enfocado toda la vida en el trabajo. Nunca me casé. Tengo varios buenos amigos, pero solo uno de ellos es para mí realmente especial. Se llama José, y aunque no lo sabe, yo estoy profundamente enamorada de él.

—¿Se lo ha dicho? —preguntó el doctor Alba mientras su rostro expresaba una gran ternura.

—No, doctor —exclamó Isabel con un gesto de sorpresa—. ¿Cómo se lo voy a decir?

—¿Y por qué no? —preguntó sorprendido el médico.

—Porque es ridículo, doctor, a mi edad una ya no hace esas cosas.

—¿Qué cosas, Isabel?

—¡Pues qué va a ser, doctor, declararse!

—Mire, Isabel, yo no soy quién para decirle qué es lo que ha de hacer. Sin embargo, creo que no hay nada tan hermoso como el amor, y el amor no entiende de edades, creencias, idiomas o culturas. Yo sé que amar muchas veces nos da miedo, y a pesar de ello, precisamente en esta etapa de su vida, tal vez valentía es lo que usted más necesita. No solo valentía para enfrentarse a la enfermedad, sino tal vez valentía para atreverse a amar.

Aquellas palabras tuvieron una resonancia muy profunda en el corazón de Isabel, que en ese momento se echó a llorar.

—Doctor, cómo voy a decirle a José —replicó Isabel entre sollozos—, precisamente ahora que estoy enferma y que no sé cuánto viviré, que yo le quiero con toda mi alma. No puedo hacerlo, usted no lo entiende.

—Lo que sí entiendo, Isabel, es que si José a usted la quiere, nada del mundo, ni por supuesto una enfermedad, le apartará de usted. ¿Sabe cómo se mide la magnitud de un amor?

—No, dígamelo, doctor —preguntó Isabel, secándose las lágrimas con un pañuelo.

—La magnitud de un amor se mide por lo que alguien está dispuesto a soportar por mantener vivo ese amor. Si José realmente la quiere, estará dispuesto a soportar cualquier cosa con tal de permanecer a su lado. ¿No cree que vale la pena explorar si él de verdad también la quiere?

—¿Y si él no me quisiera, doctor? ¿Y si para él yo solo fuera una buena amiga?

—Pues entonces seguirá usted teniendo un verdadero amigo, algo que muy pocas personas tienen. Si José es un verdadero amigo, estará a su lado en la enfermedad y eso no solo le hará a usted un gran bien, sino que también se lo hará a él.

—Gracias, doctor. Me ha dedicado usted mucho tiempo y se lo agradezco enormemente. Dígame, por favor, ¿cuáles son los siguientes pasos a dar?

—Yo le tengo que pedir un estudio preoperatorio, que se lo haría uno de los anestesistas de nuestro hospital, y después de ver que todo está bien, le daría un día para que ingresara. El ingreso sería a primera hora de la mañana y yo la operaría por la tarde.

—Muy bien, doctor. Me haré las pruebas que usted me mande.

El doctor Alba rellenó una serie de volantes y hojas de petición de pruebas y se las entregó a Isabel.

—Una vez que se haya hecho las pruebas, Isabel, le dirán cuándo puede ir a recogerlas. Cuando las tenga, pida cita en mi consulta y me las trae, así nos aseguramos de que todo está bien de cara a la intervención.

Ambos se levantaron y el médico la acompañó a la puerta.

—Hasta pronto, Isabel. —El doctor Alba le estrechó la mano durante unos instantes y ella salió de la consulta.

Durante el camino de regreso a casa, Isabel reflexionó sobre la experiencia tan sorprendente y profunda que había tenido en la consulta del doctor Alba. Ante él se había sentido especial, profundamente querida y valorada. Aquel médico no se estaba conformando con intentar curar su cuerpo, sino que también estaba intentando sanar su alma. Isabel era plenamente consciente de lo sola que muchas veces se sentía. Aunque sus amigos la veían como alguien alegre, ellos no sabían el esfuerzo que ella hacía para aparentarlo. A veces se sentía extraña y descolocada, le daba miedo que los demás lo notaran y que por ello tal vez la valoraran menos. Solo con José podía ser ella misma. Isabel sentía que José la apreciaba no por cómo era, sino por quién era.

«¡Qué difícil es que alguien no te intente cambiar y te acepte tal como eres, sin exigencias, sin coacciones!», pensó Isabel.

La imagen de José no se apartaba de su mente. Se acordaba del día que le conoció en el Museo del Prado de Madrid cuando su amiga Alejandra les había explicado aquellas cosas tan fascinantes sobre *Las Meninas*, de Velázquez. A Isabel le encantó el porte y la mirada de José, su sensibilidad y su delicadeza. Cuantas más veces le veía, más le gustaba. Era un hombre tan detallista. No pasó mucho tiempo hasta que Isabel comprendió que lo que sentía por José era algo muy distinto a una simple atracción, ella se había enamorado.

Eran las nueve de la noche cuando Isabel llamó a José.

—Hola, José, ¿estás cenando?

—No, Isabel, y si estuviera cenando tampoco me importaría nada. ¿Qué tal estás?

—Estoy mejor. He estado con el cirujano y...

Isabel no pudo terminar la frase porque José bruscamente la interrumpió. Su voz reflejaba una gran ansiedad.

—Dime, Isabel, dime, ¿qué te ha dicho?

Isabel le contó todo lo referente a la operación, sin mencionar nada más.

—Oye, Isabel —dijo José—, te voy a pedir un gran favor. ¿Verdad que no me lo vas a negar?

—¿Qué favor, José?

—No, dime que sí antes de que te diga de qué se trata.

Isabel se quedó callada unos instantes.

—Vale, José, sí.

—Quiero pedirte que me dejes acompañarte en todo el proceso de tu enfermedad. Es muy importante para mí. Quiero estar a tu lado cuando ingreses en el hospital, cuando te operen y cuando salgas del hospital.

Isabel notó cómo se le formaba un nudo en la garganta que no la dejaba casi hablar.

—¿Por qué, José, por qué quieres estar a mi lado?

José se armó de valor, respiró hondo y con voz pausada dijo:

—Porque te quiero, Isabel, porque te quiero con toda mi alma.

Isabel empezó a sentir cómo su corazón se desbocaba. Tras un instante y con voz entrecortada le dijo:

—Gracias, José, gracias, jamás pensé que en estos momentos tan difíciles de mi vida pudiera llegar a sentirme tan feliz.

11

MOMENTOS ETERNOS

Hay besos que nunca se olvidan. Ellos pueden marcar un antes y un después en nuestras vidas. Es como si nos embargara una emoción de tal magnitud que no cambiaríamos esa experiencia por ninguna otra. Dos personas, José e Isabel, habían unido algo más que sus labios, habían también unido sus almas en uno de esos momentos mágicos en los que también se unen dos dimensiones, la divina y la humana.

Tras la llamada de teléfono, José se despidió de Pablo y Ana y salió corriendo hacia la casa de Isabel. Necesitaba verla, necesitaba estrecharla entre sus brazos y transmitirle todo el amor que sentía por ella. Habían pasado años desde que José perdió a su mujer Matilde tras una dura y larga enfermedad. Él pensó que nunca volvería a querer a nadie y, sin embargo, cuando pensaba que su vida iba a ser tan solo un progresivo marchitar, de repente, se había transformado en un nuevo renacer. Se sentía nervioso, como se siente un adolescente que ha quedado con «el amor de su vida». Las piernas le temblaban y respiraba agitadamente. Toda su mente la ocupaba la imagen de Isabel, sus preciosos ojos del color de la miel, su forma de mirar, la suavidad de su voz, la esbeltez de su figura. Todo, absolutamente todo en aquella mujer le parecía maravilloso. Ella era hermosa por fuera y también preciosa por dentro. Ya no concebía pasar el resto de su vida sin ella. Claro que el miedo llamaba con fuerza a su puerta. Él había sufrido mucho durante la enfermedad de Matilde y tardó años en recuperarse de tan enorme pérdida. José no podía menos que reconocer que, por más que todos sepamos que el día que nacemos es también el día en el que empezamos a morir, no nos acostumbramos al hecho de que nuestra existencia en este mundo llegue en un determinado momento a su fin.

Isabel estaba enferma, pero a José eso no le iba a echar para atrás. Prefería vivir un minuto con ella, plenamente con ella, aunque tuviera que pasar el resto de su vida simplemente recordando aquel minuto eterno.

«¡Qué sorprendente es la vida! —pensó José cuando llegaba a la casa de Isabel—. Hay sentimientos que desafían por completo nuestra lógica, aquello que nos parece coherente y sensato. Es como si hubiera algo que escapara a nuestra razón».

José recordó las palabras del gran filósofo francés Blaise de Pascal: «El corazón conoce razones que la razón desconoce».

Allí, en el vestíbulo de la casa de Isabel, fue cuando aquel beso, aquel trozo de infinito hizo innecesario decir nada. Isabel y José habían abandonado la tierra y estaban tocando el cielo.

—Amor mío —dijo Isabel, acariciando el rostro de José con sus manos—, no sabes lo que significa para mí este amor. Es como si en un instante y por arte de magia hubiera sucedido un milagro. Has entrado en mi vida como entra la primavera para alejar al invierno. Mi vida tiene un sentido que antes no tenía. Gracias, José, gracias, mi vida.

José recordó unas bellas palabras que había oído a un famoso cantautor español: «Están los porque sí y los sin por qué. La rosa es un sin por qué y por eso florece porque sí».

A José se le habían llenado los ojos de lágrimas, lágrimas de dicha, lágrimas de pura alegría. Se sentía flotando en un mar de sensaciones.

—Isabel, querida —dijo José, sin poder articular una palabra más. Tampoco era necesario que lo hiciera. Todo lo que había que decir ya estaba dicho. Isabel y José se unieron en un apasionado abrazo y el yo y el tú se transformaron en un nosotros.

Al día siguiente, a las ocho de la tarde, Pablo, Ana, Isabel y José estaban reunidos en el saloncito de la casa de Ana. José ya le había contado a su hija las extraordinarias novedades en su relación con Isabel. Ana estaba loca de alegría. Hacía años que no veía a su padre tan feliz, parecía un chiquillo travieso y juguetón la víspera de los Reyes Magos.

—Sabes que el abuelo está enamorado y tiene novia —le había dicho Ana a Pablo en cuanto llegó este del colegio.

—Pero si el abuelo es muy mayor. ¡Cómo se va a enamorar!

—No, hijo, el abuelo no es muy mayor, simplemente tiene más juventud acumulada que tú, eso es todo.

—Pues entonces me parece bien y me alegro mucho por él. Lo que me fastidia un poco es que, con lo viejo que es, ligue más que yo. Me muero si tengo que esperar tanto como él para tener mi primera novia, porque la verdad es que no me como una rosca.

Ana no pudo evitar reírse mientras le acariciaba la cabeza.

—Ten paciencia, Pablo, ya llegará tu momento.

—Pero, mamá, con lo tímido que soy, cómo quieres que alguna chica se fije en mí. Si no sabría ni de qué hablarles, si cuando en el colegio paso cerca de alguna que me gusta, de alguien como María, me pongo rojo como un tomate. Yo soy así y no tengo remedio. Lo mío seguro que es genético.

—Vaya, vaya, resulta que ahora eres un experto en genética —replicó Ana, sonriendo.

—No te rías de mí, mamá. Lo que quiero decir es que yo siempre he sido así y no creo que eso se pueda cambiar.

—Yo creo que las personas sí pueden cambiar y mucho, lo que pasa es que por más que te lo digan no te van a convencer. Tienes que descubrirlo por ti mismo.

—Me parece muy bien lo que dices, mamá, pero ¿tú has visto que haya cambiado en algo el desgraciado de tu jefe? Yo creo que no. ¿Y tú, mamá, has cambiado en cosas en las que te hubiera gustado cambiar? Dime la verdad.

Ana se quedó en silencio. El tono de Pablo era ahora diferente, se le notaba irritado y con ganas de bronca. Esos momentos a Ana la desquiciaban porque, entre otras cosas, no sabía cómo reaccionar. Ella sabía que Pablo arrastraba una profunda frustración. Ni iba bien en el colegio ni tampoco se sentía popular entre sus amigos. Además, y como él mismo decía, no se «comía una rosca». Ana era consciente de que la adolescencia era una época difícil para cualquier joven. Junto al caos hormonal que se producía, había que añadir la falta de referencias claras, de valores que orientaran sus vidas. Ana veía que la sociedad muchas veces estaba perdida en estos temas y que, aunque muchas familias hacían lo que podían para ayudar a sus hijos a la hora de transitar por el tortuoso túnel de la adolescencia, pocas veces parecía que tales esfuerzos fueran lo suficientemente efectivos.

—No, hijo, es verdad que no he logrado cambiar muchas cosas de mi vida. Me encantaría, por ejemplo, que no me afectara tanto el mal ambiente que hay en la oficina. Ya sabes cómo me duele el estómago y la cantidad de cosas que tomo para quitarme ese maldito dolor.

—Lo ves, mamá, unos nacen con estrella y otros nacen, como yo, estrellados. Además, los que nacen con estrella, y tú, mamá, naciste con ella, si tienen la mala suerte de tener que vivir en un ambiente tan duro como el tuyo, no tienen nada que hacer. Al final, todo es cuestión de suerte, suerte de nacer con los genes adecuados y suerte de poder caer en el sitio correcto.

Ana entendió de dónde procedía el hambre de libertad de su hijo Pablo. Para él todo estaba determinado por la genética o por las circunstancias y ella no podía rebatírselo nada más que a nivel teórico. Su propia vida demostraba que ella, de alguna manera, también creía lo mismo. Tal vez pensara distinto, pero en lo que era creer, no había ninguna diferencia entre lo que los dos creían.

Ana estaba absorta en estas cavilaciones en el salón de su casa cuando oyó la voz de su padre.

—Hija, ¿me estás escuchando?

—Perdona, papá, me he distraído un poco.

—Os estaba comentando a Isabel, a Pablo y a ti que he reflexionado largo y tendido sobre los pros y los contras de nuestro viaje a Grecia. La policía, después de varios días de investigación, solo ha podido averiguar que el restaurante se abrió hace un mes. Por lo visto, la casa y el jardín pertenecen a unos hermanos que se lo alquilaron a un tal Agathon Kakis, el cual, según ellos, pagó por adelantado lo correspondiente a seis meses. El comisario Sueiro me dijo que, según algunos vecinos, los nuevos arrendatarios estuvieron acondicionando el local y haciendo obras menores durante el mes previo a la apertura. También me contó que un vecino que regresaba tarde a casa vio luces y bastante movimiento en el restaurante la madrugada siguiente al día en el que nosotros habíamos estado allí. Al parecer, según el comisario, estaban intentando eliminar todo rastro de su presencia en aquel lugar.

»El comisario Sueiro me comentó también algo sorprendente. Por alguna razón, a él le pareció que los dos hermanos que alquilaron el local a ese tal Agathon Kakis ocultaban algo y por eso se presentó en su domicilio con una orden de registro. Ellos estaban preparándose para irse de viaje. El comisario encontró en una caja unas extrañas monedas de oro. Las llevó al departamento de investigación de la policía para que las inspeccionaran los expertos en numismática. No os lo vais a creer, son de oro puro y de una antigüedad de cerca de dos mil quinientos años. Su valor es incalculable. El comisario Sueiro se atreve a aventurar que los dos hermanos habían sido pagados por el tal Agathon Kakis con este tipo de monedas. Toda esta información, aparte de ser de lo más extraña, parece apuntar a que la gente que nos quiso envenenar hizo su aparición en Madrid por lo menos hace unos dos meses. El comisario Sueiro ha hablado con Interpol y al parecer no existe nadie en sus archivos que se llame Agathon Kakis. De todas maneras y con la ayuda de los dos hermanos que alquilaron el local, la policía ha hecho un retrato robot de ese hombre y me lo ha mandado por email.

José mostró una copia del retrato. Se trataba de un hombre de ojos pequeños y muy juntos. Sus cejas estaban densamente pobladas y una de ellas, la izquierda, era sensiblemente más corta que la otra. Su rostro era afilado y terminaba en una perilla. Aquel rostro iba a ser difícil de olvidar.

—Como veis —prosiguió José—, estamos ante una situación en la que nunca nos habíamos encontrado antes y por eso no tenemos claras directrices de cómo hemos de actuar. No obstante, creo que deberíamos hacer ese viaje. No sé por qué, pero siento que estamos ante un punto crucial de nuestras vidas. Hay algo que intuyo que ha de cambiar en todos nosotros y esta puede ser la oportunidad para que este cambio se produzca. Después de estar con Ramón en la agencia de viajes, salí convencido de la importancia de atrevernos y responder con un sí a esta llamada. Yo creo, y tal vez esto que voy a decir os sorprenda, que el viaje que vamos a hacer va a ser para todos nosotros el descubrir una forma diferente de mirar y quizás de ver lo que hasta ahora había permanecido oculto a nuestros ojos. No sé a los peligros a los que nos vamos a tener que enfrentar, lo que sí sé es que si aunamos nuestras mentes y nuestros corazones, si cuidamos unos de los otros y si somos un verdadero equipo, entonces no podemos fallar.

»He hablado con Isabel —prosiguió José mientras la miraba a los ojos— y ella ha decidido acompañarnos. Ambos pensamos que este viaje puede darle las fuerzas que ella necesita a la hora de enfrentarse a su enfermedad y a la operación. Isabel ahora también es parte de nuestra familia y quiero pediros a los dos que la acojáis en ella.

Ana se levantó y abrazó a Isabel.

—Bienvenida, Isabel, es para mí una alegría que te unas a nuestra familia.

Pablo se puso rojo y discretamente levantó su mano derecha como forma de saludo.

Isabel le sonrió.

—Muchas gracias, Pablo, muchas gracias, Ana, me siento muy bien entre vosotros y os agradezco enormemente el que os parezca bien que os acompañe en vuestro viaje —dijo Isabel, cogiendo la mano de José.

—Isabel se comenzará a hacer las pruebas esta semana —informó José—. En dos semanas empiezan las vacaciones. Yo llamaré al doctor Alba mañana para que retrase la operación hasta después de las Navidades, y si le parece bien, entonces nos vamos todos a Grecia. Equipo, ¿estamos todos de acuerdo? —preguntó José, alzando su voz con una cierta solemnidad.

Un unánime sí resonó en el salón.

Hasta bien avanzada la mañana del siguiente día, José no pudo hablar con el médico. Finalmente, ambos acordaron que una semana de vacaciones antes de su intervención quirúrgica podía venirle muy bien a Isabel.

A las cinco de la tarde llegó José a la agencia de viajes. En lugar de encontrarse con Ramón, le atendió una mujer joven y de rostro risueño.

—Buenas tardes, ¿no está Ramón? —preguntó José con un claro aire de sorpresa.

—No, no está en estos momentos —contestó la mujer—. Me llamo Marta, encantada de saludarle.

Aquella mujer estrechó la mano de José.

—Mucho gusto —respondió José—. ¿Volverá pronto Ramón?

—Bueno, Ramón está en Grecia.

—¿Cómo que está en Grecia? —preguntó José confundido.

—Sí, verá, Ramón no solo se encarga de presentar aquí las ofertas de viajes, Ramón es también un excepcional guía y no se puede ni imaginar lo bien que conoce algunos países y sobre todo el suyo.

—¿Cuál es el suyo? ¿Cuál es su país? —preguntó José con interés.

—Grecia, naturalmente, Ramón es de origen griego. Su nombre completo es Raymóndos Thalassinos, pero aquí todos le llamamos Ramón.

—No sé si Ramón o Raymóndos o como se llame —dijo José un poco contrariado— le habló de una familia que estaba pensando en hacer un viaje a Grecia.

—Naturalmente que sí. Me habló de cuatro personas excepcionales, tres adultos y un joven. Estoy al tanto de todo. ¿Han decidido por fin hacer el viaje?

—Pues sí, hemos decidido ir. Lo que todavía no hemos visto es el folleto con las ciudades de Grecia que visitaremos.

—Verá, en este viaje será Ramón el que irá decidiendo con ustedes los distintos destinos. Naturalmente que tendrán que viajar en avión hasta Atenas, donde les estará esperando él. Del aeropuerto irán con él a un hotel céntrico de la ciudad y allí se reunirán para decidir los sitios que van a visitar durante su viaje.

—Pero oiga —intervino José—, eso de no tener más organizado el viaje me parece un poco raro. Yo pensaba que reservarían hoteles, aviones, barcos o lo que fuera necesario y no que las cosas se hicieran sobre la marcha, un poco a lo loco.

Marta abrió desmesuradamente los ojos y con una voz suave y serena le dijo:

—A lo loco no, de ninguna manera. Usted ya sabe, porque así se lo comentó Ramón, que lo que él les propuso fue un viaje de aventura. Como comprenderá, no parece que un viaje programado como usted comenta favorezca mucho la aventura. Un viaje de aventura permite que se descubran cosas que de otra manera sería imposible descubrir. Por otro lado, este tipo de viajes nos ponen en situaciones inesperadas que, de alguna forma, también nos empujan a todos a poner en juego todos los talentos que tenemos, los conozcamos o no.

Dentro de José, dos fuerzas empezaron a luchar encarnizadamente. Por una parte, su necesidad de control, de organización, de orden, de planear con detalle las cosas. Por otra parte, la llamada a la aventura, a explorar nuevos horizontes y tal vez, por qué no, a descubrir nuevos mundos.

—Muy bien, Marta. Para mí esto es algo así como lanzarse a la piscina sin saber si hay agua o no, pero mi familia y yo hemos decidido hacerlo. Así que, si le parece, nos ponemos en marcha para salir de viaje en dos semanas, coincidiendo con las vacaciones de Navidad.

—Muy bien —contestó Marta—. Vamos con ello.

En lo profundo de su alma, José intuía que aquel viaje que iban a emprender tendría un enorme impacto en sus vidas, un impacto que ni siquiera todavía eran capaces de imaginar. Habían respondido con un sí a la llamada a la aventura, a la llamada a cruzar el umbral que existe entre lo conocido y lo desconocido. Ya solo le cabía albergar la ilusión y la confianza de que de aquella experiencia todos salieran reforzados.

—Por cierto —preguntó José—, ¿cómo es que las tres veces que he estado en su agencia de viajes no había más clientes?

—Verá, es que hemos abierto hace poco y todavía apenas se nos conoce.

—Dígame, Marta, ¿hace cuánto que abrieron la agencia?

—Nosotros alquilamos este local hace aproximadamente dos meses y después de algunas obras de acondicionamiento, abrimos la agencia hace tan solo uno.

«¡Qué curioso! —pensó José—. Casi el mismo tiempo en el que aparecieron en Madrid los del restaurante griego, ¿una coincidencia más?».

SEGUNDA PARTE

CRUZAR
EL UMBRAL

12

EL MUNDO ENTRE CUATRO PAREDES

El vuelo Madrid-Atenas había durado casi cuatro horas, pero por fin habían llegado al aeropuerto internacional Eleftherios Venizelos. Allí, en el vestíbulo de llegadas, les esperaba Ramón. Eran las cuatro de la tarde.

—Buenos días y bienvenidos a Atenas —dijo el guía—. No se pueden imaginar lo feliz que estoy de que finalmente hayan decidido emprender este viaje y conocer mi país. Estoy seguro de que no les va a defraudar. —Ramón saludó uno por uno a todos—. Veo que han venido bien preparados para nuestro viaje —dijo, haciendo un gesto de aprobación ante la indumentaria que habían traído todos ellos.

En efecto, José le había dicho a su familia que en un viaje de esas características, nada de llevar maletas. Era mejor planteárselo como si fueran varios días de excursión al campo. Y en lugar de maleta, todos llevaban su mochila y la indumentaria que uno llevaría en un viaje de aventura y no en un viaje turístico.

—Bueno, ahora vamos a ir en un minibús a nuestro hotel en Atenas. Estamos a unos veinte kilómetros de la ciudad y la carretera es buena. Nos alojamos en un hotel céntrico, el Arion Athens. Desde allí se puede ver la Acrópolis, que es algo que desde luego no se pueden perder.

Al cabo de una hora, llegaban al hotel Arion Athens. Todos estaban asombrados del bullicio que había en la ciudad y del intenso tráfico que se veía en todas las calles por las que pasaban.

—Muy bien, vamos a hacer el *check in* y después podrán subir a su habitación. Les voy a dar un par de horas por si quieren ducharse y arreglarse un poco para la cena, aunque nuestras comidas y cenas van a ser siempre informales. Antes de partir hacia el restaurante, nos vamos a reunir durante aproximadamente una hora en el salón Areté, en la segunda planta de este hotel.

—Oiga, Ramón —dijo Ana—, como no entendemos el significado de las palabras que ustedes usan, nos las podría explicar, ¿qué significa Areté en griego?

—Naturalmente que sí, discúlpeme, Ana —contestó Ramón—. Areté significa «esfuerzo por la excelencia en el cumplimiento de una misión».

—Pues es un nombre chulo el que le han puesto al salón, parece que estuvieran pensando en nosotros —dijo Pablo, sin ocultar su entusiasmo—, porque nosotros estamos como en una especie de misión, ¿verdad, Ramón?

—Por supuesto, Pablo, la nuestra es una importante misión y por eso todos hemos de esforzarnos en cumplirla con excelencia.

A las seis y media de la tarde estaban todos reunidos en el salón Areté. Estaba atardeciendo y el cielo tenía una preciosa mezcla de tonos rosados y azules. A cierta distancia de allí, se levantaba majestuosa la Acrópolis, la ciudad alta con su magnífico templo, el Partenón, erigido en honor a Palas Atenea, diosa protectora de la ciudad. Una gran parte de los monumentos que existían en la Acrópolis habían sido creados en la época de mayor esplendor de Atenas durante el gobierno de Pericles, hacía ya veinticinco siglos.

El salón Areté era amplio, más que suficiente para que todos pudieran moverse a sus anchas. Las paredes eran de color marrón claro y sobre ellas colgaban unos curiosos cuadros. En el centro de la sala había una mesa con cinco sillas. Todas ellas estaban tapizadas con una tela gruesa de color verde oscuro sin ningún tipo de dibujo. Había también una mesita a la izquierda de la puerta de entrada. Sobre ella había un pastel de almendras muy típico de allí y que se llama *baklava*, además de una cafetera, un recipiente con agua caliente, una jarra de leche, distintos tipos de infusiones y una jarra con zumo de naranja.

—Sírvanse lo que les apetezca y tráiganselo a la mesa. No dejen de probar el pastel, creo que les va a gustar —dijo Ramón.

Pablo estaba ajeno a todo, ensimismado mirando aquellos cuadros tan extraños. A Ramón no le pasó desapercibido el interés de aquel simpático joven y por eso se acercó a él mientras el resto del grupo cogía porciones de aquel pastel y se servía las bebidas.

—¿Te gustan, Pablo? —preguntó Ramón.

—No lo sé, son cuadros muy extraños. No sé lo que representan las imágenes o lo que significan las palabras.

Junto al pie de cada cuadro, casi como si fuera una descripción del mismo, aparecía una palabra, una extraña palabra.

—Veo que eres muy observador, Pablo. ¿Te parece que llame al resto de tu familia y os lo explique a todos?

Pablo asintió con la cabeza y esbozó una tímida sonrisa. No recordaba que nadie antes le hubiera dicho que era muy observador. Era verdad, pero a eso él nunca le había dado demasiada importancia. Se fijaba en aquello que los demás no apreciaban y por eso veía lo que muy pocas personas veían. Sin embargo, esa habilidad no parecía que le estuviera sirviendo de nada a la hora de sacar buenas notas, de ser popular o simplemente de ligar.

Ramón se acercó a la mesa donde ya se habían sentado José, Isabel y Ana.

—Me gustaría mostrarles algo a todos ustedes. ¿Me pueden, por favor, acompañar hasta esa pared en la que está Pablo?

Todos ellos le siguieron hasta aquel lugar y los cuatro formaron un semicírculo alrededor de Ramón.

—Empecemos por este cuadro. Si se fijan, al pie del mismo aparece la palabra «*DOXA*», *doxa* significa apariencia. Sabemos que el cuadro hace referencia a la apariencia de las cosas, a lo que se ve de las cosas cuando nuestra mirada es superficial, cuando carecemos de una mirada profunda. Vamos ahora a la pared opuesta. —Todos le siguieron sin rechistar—. Como ven, aquí la palabra que aparece es *«ALÉTHEIA»*, *alétheia* quiere decir verdad y es lo que se descubre cuando se consigue ir más allá de la apariencia de las cosas. Buscar la verdad siempre fue algo muy importante para la cultura griega de la época clásica. Solo quien conocía la verdad de las cosas se consideraba verdaderamente sabio. De ahí la palabra filosofía, que significa amor por la sabiduría. Por favor, síganme a una de las otras dos paredes que nos quedan —les pidió.

Parado ante uno de los otros dos cuadros que quedaban, todos pudieron leer la palabra *«MONARKHIA»*.

—¿Qué significa la palabra *monarkhia*, Ramón? —preguntó Isabel.

—*Monarkhia* significa desequilibrio, como cuando, por ejemplo, tenemos una enfermedad que altera el funcionamiento normal de nuestro organismo.

Para Ana y para José no pasó desapercibido el impacto que aquel comentario había tenido en Isabel.

—Muy bien —dijo Ramón—. Vamos a ver qué pone en el último cuadro.

Todos pudieron leer con claridad la palabra *«ISONOMIA»*.

—*Isonomia* significa equilibrio —explicó el guía—. Las cuatro palabras nos tejen como una pequeña historia. El no ser capaces de ver nada más que la apariencia de las cosas nos desequilibra. Sin embargo, si conseguimos conocer la verdad, la *alétheia*, entonces recuperamos el equilibrio. Este equilibrio no solo sana el cuerpo, sino que también sana... —Ramón hizo una pequeña pausa antes de proseguir—... También... sana el alma.

Isabel sintió como si las piernas le flaquearan. Aquellas palabras resonaron profundamente en su interior y le trajeron recuerdos de su conversación con el doctor Alba, su cirujano.

—Ahora voy a explicarles lo que representan los dibujos —dijo Ramón—. ¿Por cuál quieren que empiece?

—Sigamos el mismo orden que antes y así será más fácil no perdernos —señaló Ana.

—Muy bien, me parece una gran idea —contestó Ramón—. Vayamos al cuadro donde aparece «*DOXA*», la apariencia de las cosas.

El cuadro representaba a un joven de gran atractivo que estaba arrodillado y que con los brazos estirados, apoyaba sus dos manos en los márgenes de lo que parecía un estanque. Su rostro se reflejaba en la superficie del agua como si fuera un espejo.

—Verán —dijo Ramón—. Narciso era un joven de gran belleza del cual estaban enamoradas muchas doncellas.

—¡Qué suerte! —exclamó Pablo—. ¡Unos tanto y otros tan poco!

Ramón sonrió y prosiguió con su explicación:

—Entre las jóvenes a las que ignoraba Narciso, había una ninfa llamada Eco. Una ninfa es una deidad menor que normalmente está asociada a un lugar concreto, como puede ser un arroyo o un estanque. Eco se llamaba así porque Hera, la mujer de Zeus, el dios del trueno, se había enfadado con ella y la había condenado a repetir las últimas palabras de aquello que se le dijera.

Un día, cuando Narciso caminaba por un bosque que llevaba a un estanque, oyó ruidos y preguntó: «¿Hay alguien aquí?». Eco, debido a la maldición de Hera, solo pudo responder: «Aquí, aquí». Narciso entonces le dijo: «¡Ven!». Eco salió de entre los árboles con los brazos abiertos. Narciso cruelmente se negó a aceptar su amor, por lo que la ninfa, desolada, se ocultó en una cueva y allí se consumió hasta que solo quedó su voz. Para castigar a Narciso por su crueldad, Némesis, la diosa de la justicia, lanzó un hechizo para que Narciso se enamorara de su propia imagen reflejada en la superficie de aquel estanque. Incapaz de apartarse de su imagen y deseando poseerla, Narciso se arrojó al agua donde murió ahogado. En el sitio donde se arrodilló para contemplar su imagen creció una hermosa flor a la que se conoce como narciso.

—Bueno —dijo Pablo—, hay un chico en mi clase que se llama Narciso y ligar, pues como yo, más bien liga poco.

Todos se rieron con ganas.

—¿Cuál sería la moraleja que hay detrás de esta historia? —preguntó Ramón, mirando uno a uno a los integrantes de aquel grupo.

—Tal vez —contestó Ana— que cuando uno solo se centra en sí mismo y desprecia a los demás, antes o después tiene los días contados. —No pudo evitar que acudiera a su mente la imagen de su jefe Marcos García, alguien que solo pensaba en sí mismo e ignoraba al resto del equipo.

—Puede ser —contestó Ramón—, aunque a mí me gustaría añadir otra lectura y que sería: «Estás hechizado, pero no lo sabes».

—¿A qué te refieres? —preguntó Pablo.

—Pues que al igual que Némesis hechizó a Narciso, nosotros sin saberlo también podríamos estar hechizados.

—De todas maneras, ¿cuál es la relación que tiene todo esto con ver solo la apariencia de las cosas? —preguntó José.

—Aunque cada uno ha de sacar sus propias conclusiones —respondió Ramón—, creo que a veces nos fijamos más en la belleza externa que en la interna, en lo que seduce a otros y no en lo que nos hace crecer a nosotros. Es ese apego desmedido a lo que colma nuestros sentidos físicos, la vista, el oído, el tacto, el gusto y el olfato y que puede llevar a que nos olvidemos por completo de aquello que colma el corazón. Bueno, pasemos al siguiente cuadro donde está la palabra «*ALÉTHEIA*» que, como hemos visto, significa verdad.

En este cuadro se veía a un hombre sentado sobre una cama y rodeado de personas que parecían muy alteradas. Una de ellas se cubría la cara con las manos como para no ver lo que estaba sucediendo. El hombre que estaba sentado sobre la cama llevaba una túnica blanca y tenía el brazo izquierdo levantado, señalando con el dedo índice al techo de lo que parecía ser una prisión. Con la mano derecha estaba cogiendo una copa que le ofrecía alguien que le daba la espalda y que parecía que se sentía avergonzado o apenado al tener que cumplir semejante encargo.

—Lo que están contemplando es la muerte de Sócrates —explicó Ramón—. Sócrates fue condenado a muerte por el senado ateniense con las acusaciones de no ser suficientemente piadoso con los dioses de la ciudad y de corromper a los jóvenes. Las personas que rodean al filósofo son sus discípulos y el que está sentado más cerca de él con la túnica naranja y con pelo y barba oscuros es Platón.

»Platón fue el discípulo más afamado de Sócrates y siempre sintió adoración por su maestro. Son muy famosos sus diálogos en los que muchas veces aparece su maestro, como el principal protagonista. Sócrates no dejó nada escrito, ya que él sostenía que todo lo que tenía que escribir ya estaba escrito en el corazón de sus discípulos.

—Y la copa contiene cicuta, ¿verdad, Ramón? —preguntó Isabel.

—La copa efectivamente contiene cicuta, un veneno que se utilizaba con frecuencia en las condenas a muerte en la antigua Grecia. Sócrates está aprovechando ese momento crítico en su vida para impartir de nuevo a sus discípulos una lección magistral. Él les está explicando por qué no hay que tener miedo a la muerte. Sócrates murió el año 399 antes de Cristo, a la edad de setenta años.

—¿Era verdad que corrompía a los jóvenes? —preguntó Pablo.

—Naturalmente que no, Pablo. Lo que ocurre es que para Sócrates lo más importante era conocer la verdad de las cosas y desenmascaraba con sus extraordinarias y agudas preguntas a una serie de personas que hablaban sobre ciertos temas como si de verdad supieran. Algunas de estas personas eran muy influyentes y sumamente corruptas y apoyaban ciertos cambios pensando exclusivamente en su propio provecho, sin que les importara nada el perjuicio que causaban a otros.

—¿Y por qué quien le da la copa mira hacia otro lado? —preguntó José.

—Quien le da la copa es el verdugo, y cuando oye hablar a Sócrates acerca de por qué no hay que temer a la muerte, queda tan conmovido que se siente avergonzado de cumplir aquel terrible encargo. Para el verdugo está claro que alguien así no puede ser culpable. De hecho, es Sócrates el que tiene que consolar al verdugo, que se siente profundamente apenado sabiendo que aquel extraordinario hombre va a morir. Si quieren conocer con más profundidad lo que ocurrió en el juicio a este filósofo y la manera en la que él se defendió, no dejen de leer *La apología de Sócrates*, escrita por su discípulo Platón. También vale la pena leer uno de los diálogos de madurez de Platón llamado *Fedón*, donde precisamente este discípulo de Sócrates, Fedón, cuenta a Equécrates, uno de los filósofos de la escuela pitagórica, lo que ocurrió en las últimas horas de vida de su maestro. ¿Están cansados, quieren que paremos? —preguntó Ramón.

—No, no, siga, Ramón —contestaron todos de forma unánime.

—Vayamos pues al cuadro donde aparece la palabra «*MONARKHIA*» que, como ya hemos visto, significa desequilibrio. Como ven, estamos ante una persona de gran tamaño y que carga con una pesada roca. Su torso desnudo permite admirar su extraordinaria musculatura. Solo alguien tan fuerte podría cargar con semejante piedra. Vemos, por tanto, a alguien cuya tarea es llevar esa piedra montaña arriba. Sin embargo, algo ocurre cuando la piedra está arriba, porque inevitablemente vuelve a caer. Por eso de nuevo, una y otra vez, Sísifo, que es como se llama este forzudo, la tiene que volver a llevar hasta arriba. Como ya podemos empezar a intuir, Sísifo ha sido condenado por los dioses. Es una vida sin sentido, en la que da la impresión de que, hagas lo que hagas, nada puede cambiar. Estás condenado a este tipo de existencia.

Pablo y Ana recordaron inmediatamente la conversación que habían tenido en su piso en Madrid cuando Pablo decía que todo estaba determinado por la genética o el entorno y que unos nacían con estrella y otros estrellados. Por unos instantes, sus miradas se encontraron.

—Ya pueden comprender que una vida sin sentido es una vida marcada por la sensación de impotencia y de desesperanza y esto no solo desequilibra el alma, sino que también puede llegar a enfermar el cuerpo —comentó Ramón.

A Isabel le vino a la mente su conversación con el doctor Alba: «Hoy ya no hay duda alguna de que sentimientos como la desesperanza o la impotencia perjudican el funcionamiento de nuestro sistema de defensa. En medio de nuestra lucha contra la enfermedad, no podemos darnos el lujo de sentirnos derrotados. Rendirnos para nosotros no es una opción. Usted no sabe los recursos que el organismo puede poner en marcha. Si yo le contara las cosas que he visto a lo largo de mi vida».

—Bueno —dijo Ramón—, vamos al siguiente cuadro que no por ser el último es el menos importante. Como ya se ha hecho un poco tarde, cuando terminemos nuestro recorrido por estas cuatro paredes, nos vamos a ir a cenar y allí seguimos hablando de nuestro viaje. ¿Les parece bien? —Todos hicieron un gesto de asentimiento y avanzaron hasta el cuadro donde aparecía la palabra «*ISONOMIA*»—. Recordemos —prosiguió Ramón— que *Isonomia* significa equilibrio. A quien tienen delante es a la diosa Némesis.

—¿No fue esa diosa la que castigó a Narciso? —preguntó Pablo.

—Pablo, me tienes admirado con tu capacidad de observación —respondió Ramón, mirándole a los ojos—. Efectivamente, fue Némesis la diosa que hechizó a Narciso.

Pablo se puso rojo. Nadie había resaltado tanto como Ramón su cualidad de observación. Ojalá escuchara cosas así con más frecuencia.

—Como vimos en la historia de Narciso, Némesis se vengó de él por su soberbia y su prepotencia en el trato a los demás —explicó Ramón.

«Si Némesis apareciera en la empresa de mi madre, seguro que a su jefe le transforma no en un narciso, sino en un vulgar cardo borriquero», pensó Pablo, para quien no eran para nada indiferentes los sufrimientos de su madre.

—Némesis —prosiguió Ramón— es la diosa de la justicia y el equilibrio. Los griegos valoraban excepcionalmente el equilibrio y por eso algunos de sus dioses castigaban duramente el orgullo, la soberbia y la desmesura.

Aquella figura alada subida en un carro resultaba de lo más impresionante.

—¡Cómo me encantaría tener una conversación con los dioses! —exclamó Pablo de repente.

Todos se quedaron sorprendidos ante semejante exclamación. Lo que Pablo no sabía es que hay palabras que se las lleva el viento, pero que también hay palabras que tienen la capacidad de abrir mundos.

—Resumiendo y nos vamos a cenar —dijo Ramón—, nuestro viaje muy probablemente transcurrirá de una manera parecida a como hemos recorrido estas cuatro paredes. Veremos la falsedad de lo superficial, pero también descubriremos la verdad que se esconde en lo profundo. Conoceremos fuerzas que nos desequilibren, pero también encontraremos aquellas que nos vuelvan a equilibrar. Habrá en nuestro periplo momentos de tempestad y momentos de calma, pero lo más importante es que llegaremos a conocer la naturaleza del mar y la del viento. —Ramón se quedó unos instantes en silencio mientras su expresión se perdía en el infinito—. Bueno, vamos a cenar, que ya se va haciendo tarde.

José, Ana, Isabel y Pablo abandonaron aquel salón que ya para siempre formaría parte de ellos.

13

Un gobernador justo

La ciudad de Tebas, al norte de la cordillera del Citerón, vivía una gran prosperidad económica. Situada en la región que separa Beocia del Ática, había sido fundada por Cadmo, hijo de Agénor. En su historia más reciente, Tebas no había entrado jamás en relaciones de rivalidad con otras ciudades, algo que venía siendo lo habitual en Grecia. Tebas ni tan siquiera rivalizaba con la cercana Atenas, ya que lo único que aquella ciudad buscaba era convertirse en un espacio de paz y de prosperidad, así como en un ejemplo de buena vecindad.

Atenas, la capital del Ática, era sin duda reconocida como el centro del pensamiento, la cultura y el arte de todo el mundo griego. No obstante, Tebas se estaba convirtiendo, por otros motivos, en una nueva referencia para toda Grecia.

Orestes y Phylades, habitantes de Tebas, rondaban entonces la treintena. Grandes amigos desde la niñez, desconocían que sus vidas estaban llamadas a ser ejemplo e inspiración para muchos de sus conciudadanos. En varias ocasiones, Orestes y Phylades habían ido cabalgando hasta la gran ciudad de Atenas, se habían perdido entre sus bulliciosas calles y habían admirado sus majestuosos edificios. Pero no había nada de lo que pudiera ofrecerles Atenas que ellos echaran de menos viviendo en Tebas.

Desde que diez años atrás Isócrates se hubiera convertido en el nuevo líder democrático de la ciudad de Tebas, las cosas no habían parado de mejorar. Isócrates era un gran líder porque tenía una gran solidez como persona. Para él, la ética, la excelencia en la conducta humana, era algo esencial. Sabía que el mejor mensaje era siempre el ejemplo, porque, al fin y al cabo, las personas no hacen lo que se les dice, sino que hacen lo que ven.

Isócrates tenía como consejero a Metón. Aquel hombre de corta estatura y aspecto deslustrado era sin embargo considerado un hombre de extraordinaria sabiduría. Metón mantenía largas conversaciones con Isócrates a fin de que este siempre mantuviera «sus pies en la tierra» y jamás olvidara que la principal misión que tenía todo gobernante no era la de mandar, sino la de utilizar el poder para servir bien a su propio pueblo.

Un día Isócrates fue a visitar a Metón y le encontró en el jardín de la casa que este tenía en las afueras de la ciudad, cerca de un pequeño bosque.

—Querido Isócrates, ¡qué alegría verte por aquí! ¿Has venido a visitar a tu viejo amigo como pura cortesía o quieres que hablemos de algo que te inquieta? No querría entretenerte con una conversación trivial si hubiese algo que nos exigiera abordar alguna cuestión que consideraras relevante.

—No, querido Metón. He venido solo a saludarte y a charlar contigo. Tus conversaciones siempre me ayudan a ver las cosas con mayor claridad y eso es algo que nunca está de más, sobre todo cuando uno tiene que tomar decisiones que afectan a tantas personas.

—Entonces, si no es urgente, ¿me permites que te ofrezca un vaso de vino de Taso? Le he puesto un poco de miel, canela y tomillo para suavizarlo, ya sabes que si no puede tener un gusto demasiado áspero para algunos paladares —comentó Metón, colocando sobre la mesa de mármol del jardín dos vasos de cerámica bellamente decorada en tonos rojizos y negros, una pequeña ánfora que contenía el vino y un platillo de barro con forma de cuenco en el que había unas aceitunas de un color verde intenso.

Isócrates, después de brindar con Metón, empezó la conversación.

—Querido maestro, como sabes, nuestra ciudad goza de una gran prosperidad. Hemos conseguido entre todos erradicar la pobreza y la miseria. Todos los habitantes de Tebas llevan una vida digna y aunque siempre surgen conflictos propios de la vida en comunidad, hasta ahora hemos podido resolverlos de una manera satisfactoria. A lo largo de estos diez años y en buena parte gracias a tus consejos, sabio amigo, se ha creado un espíritu de solidaridad y cooperación entre todos los ciudadanos. No cabe duda de que hay personas que han sabido ver oportunidades donde otros solo veían problemas y son estos los que indudablemente han alcanzado una mayor prosperidad. Sin embargo... —Isócrates se había detenido bruscamente y su rostro reflejaba una gran preocupación—... Sin embargo... —prosiguió Isócrates—, hay algo que me preocupa y mucho.

—Pero cómo, ¿no me habías dicho que no venías por nada urgente? —preguntó sorprendido Metón.

—No, no es necesariamente urgente —respondió Isócrates—, porque lo que te voy a contar puede ser tan solo mi imaginación que me está jugando una mala pasada.

—¿De qué se trata? —se interesó Metón, sin poder disimular una cierta inquietud en su voz.

—Verás, maestro, durante estos tres últimos días, he tenido una terrible pesadilla que me ha despertado en medio de la noche. Mi cuerpo estaba cubierto de sudor y yo jadeaba como si hubiera estado subiendo por una gran montaña. Si tan solo me hubiera ocurrido en una ocasión, probablemente no le habría dado mayor importancia. Pero el mismo sueño repetido tres veces es algo que no puedo pasar por alto. Por eso es por lo que quiero compartirlo contigo, sabio amigo, para que tú me des tu opinión y me digas si estas ensoñaciones que me angustian son fruto de mi mente agitada o si, por el contrario, podría tratarse de algún tipo de terrible premonición.

—Habla, pues, Isócrates, te escucho con la máxima atención.

—En mi sueño —prosiguió el gobernante—, veo como una gran oscuridad cae sobre Tebas. También oigo gritos de desesperación y ruidos de cadenas. Lo peor es que yo me veo paralizado e incapaz de intervenir. Mi cuerpo no me responde y ni siquiera sé qué es eso a lo que me estoy enfrentando. Créeme que jamás antes había experimentado nada igual. De repente y en medio de tantos gemidos, escucho con perfecta claridad una voz que me habla. Es como si esa voz surgiera de las profundidades de mi alma.

—Y la voz, ¿qué te dice la voz? —preguntó Metón echando el cuerpo adelante y tensando todos sus músculos como si se dispusiera a escuchar un gran secreto.

—La voz me dice: «La verdadera lejanía es uno mismo. Los más grandes secretos están siempre ocultos en los lugares más pequeños. Aquellos que no creen en la magia jamás los descubrirán».

Ambos hombres se quedaron en silencio. Por un momento solo se oían los cantos de algunos pájaros y el sonido del viento que empezaba a agitar las hojas de múltiples colores que todavía quedaban en los árboles. Entrado el otoño, algunas de ellas, completamente marchitas, yacían muertas en el suelo. De todos modos, aquel viento que movía las hojas no era un viento corriente, sino un viento que anunciaba grandes cambios.

—Vamos a pasear —dijo Metón, levantándose con gran agilidad a pesar de su avanzada edad—. Muchas veces se reflexiona mejor caminando y eso es lo que vamos a hacer. En primer lugar, he de decirte que has hecho muy bien viniendo a verme. Cuando algo nos turba, lo peor que podemos hacer es aislarnos e intentar resolverlo en nuestras confusas cabezas. Compartirlo con personas de confianza siempre nos ayuda a mantener la perspectiva adecuada.

—Sí, querido Metón —contestó Isócrates, esbozando una sonrisa—, recuerdo bien tus palabras, las que me dijiste hace ya al menos tres años: «Si una oscuridad está tapando tu vida, es que no te has elevado lo suficiente». Desde entonces, cuando no sé qué hacer, cuando todo se nubla a mi alrededor, procuro dar un paseo a caballo, practicar el *pankrátion*, nuestro arte de lucha, o como estoy haciendo ahora, compartirlo con alguien de mi confianza.

—Amigo mío —dijo Metón—, si Tebas se va a precipitar por un gran abismo, algo de lo que todavía no podemos estar seguros, no podemos perder tiempo. Necesitamos anticiparnos a los acontecimientos. Dime, Isócrates, ¿cuáles son aquellos miembros de tu guardia personal en quienes más confías?

—¿Por qué me lo preguntas, Metón?

—Porque tal vez necesitemos en esta ocasión la ayuda de buenos guerreros, pero de guerreros que solo saquen su espada en la defensa de los grandes valores. Han de ser personas capaces de sacrificar su vida por aquello en lo que creen.

Isócrates no tardó en contestar:

—Orestes y Phylades son los hombres en los que más confío y se ajustan perfectamente a tu descripción. Ambos son excelentes jinetes, muy diestros con la espada, la lanza y el arco. También son grandes expertos en el *pankrátion*, nuestra lucha cuerpo a cuerpo. En múltiples ocasiones han mostrado con su comportamiento que les mueven grandes valores, valores como la justicia, la audacia, la generosidad y la compasión. Jamás hacen ninguna exhibición de sus habilidades, a pesar de estar entre los mejores guerreros de toda Grecia. Son grandes amigos y eso les hace especialmente temibles porque si por separado son feroces, juntos multiplican su fuerza. Orestes y Phylades nacieron en Esparta en el seno de dos familias amigas y siempre jugaron juntos de niños. Recibieron su entrenamiento como guerreros de Esparta habiendo participado en varias batallas. Ellos llegaron a Tebas en busca de fortuna y atraídos por una ciudad que era amable con todos sus visitantes. Aquí han prosperado hasta llegar a formar parte de mi guardia personal.

—Muy bien, creo que es importante que hables con Orestes y Phylades y compartas con ellos lo que me has contado a mí —le aconsejó Metón—. Pídeles que cabalguen hasta el templo de Apolo en Delfos y consulten al oráculo. La gran pitonisa Diotima, la que escucha el mensaje de los dioses, podrá aportarnos claves que nos permitan comprender el significado de tu sueño. Los griegos, seamos de Beocia, del Ática o del Peloponeso, siempre hemos encontrado en el oráculo de Delfos una gran orientación para nuestras vidas. Parte ya, querido Isócrates, está atardeciendo y no sabemos lo que va a acontecer en los próximos días y aquello a lo que tal vez nos vamos a tener que enfrentar en un futuro quizás no muy lejano.

No a todos los dioses había agradado la paz y la prosperidad de Tebas. Entre ellos, había algunos que encontraban su placer en el sufrimiento humano. Ellos instigaban las guerras y toda forma de violencia. Entraban en la mente de los hombres, endurecían sus corazones y les hacían verse unos a otros como enemigos. Si había entre aquellos dioses uno especialmente brutal, ese era Ares, la personificación del terror. Un dios que se deleitaba con el derramamiento de sangre y el dolor de sus víctimas. Ares siempre portaba su coraza, su casco y su escudo y, a veces, le acompañaban tres dioses menores: Deimo, el temor; Fobos, el terror, y Éride, la discordia. Pero de todos los restantes dioses, el preferido de Ares era su propio hijo Cicno. Cicno, de aspecto no menos cruel que el de su padre, albergaba en secreto la ambición de ser aún más temido que Ares.

En un lugar lejano, en el interior de una caverna, allí donde el oído de Zeus, el dios del trueno, no pudiera llegar, Ares se dirigió a su hijo Cicno:

—Mientras los hombres creyeron que lo más importante era el poder, estuve tranquilo. Ese hambre de poder siempre consigue sacar lo peor que hay en ellos. Enseguida quieren dominarse, someterse unos a otros, y a poco que yo intervenga, estalla primero el conflicto y después la guerra. Sin embargo, un hombre, un simple mortal, un ser insignificante, se ha atrevido a desafiarme. ¡A mí, a Ares, al dios de la guerra! Di por hecho que el poder le corrompería como hizo con tantos otros que le precedieron. Pero ese hombre es diferente porque se dio pronto cuenta de que si quería cambiar su ciudad, primero tenía que cambiarse a sí mismo y eso es sin duda lo que ha debido estar haciendo a lo largo de los años. ¡Qué pocos humanos han descubierto que para que se transforme su mundo, primero han de transformarse ellos! Cuán dulce ignorancia que me ha permitido a mí actuar a mis anchas. Solo Isócrates ha sido capaz de contener aquello que todo ser humano alberga en su interior y que puede destruirle.

»Isócrates, el gobernador de Tebas, lleva demostrando a lo largo de diez años que hay otro camino para prosperar, que la sed de dominio ya no es necesaria y toda Grecia, inspirada por su ejemplo, está empezando a cambiar, aunque él todavía no se haya dado cuenta. Comprendes la gravedad de esto, hijo mío. Si Grecia vive en paz, nosotros dejaremos de vivir en sus mentes y en sus corazones, y ¿qué existencia podemos tener si no vivimos en ellos? He dejado crecer demasiado tiempo a esa «incómoda planta» y ahora está dando unos frutos que no me complacen en absoluto. Por eso, hemos de destruirla y hacerlo sin que Zeus se entere. Ya le conoces, y tampoco se te escapa lo poco que le soporto y lo favorable que es muchas veces a los asuntos de esos malditos hombres.

—Padre, ¿qué ordenas que haga? —dijo Cicno, deseando, como todo hijo, ganarse el favor de su padre.

—Quiero sumergir a Tebas en la violencia y el horror y quiero hacerlo de tal manera que Zeus no perciba que ninguno de los dos estamos tras dicho complot. Necesito que Zeus piense que es algo que ocurre en el mundo de los hombres sin mediación de ningún dios. Quiero que encuentres al más corrupto entre los habitantes de Tebas y le ofrezcas poder y oro, un gran poder y cantidades ingentes de oro. A cambio, él hará lo que nosotros le ordenemos y jurará mantener en silencio nuestro pacto. Una cosa más te he de decir, hijo mío. No reveles tu identidad a ese hombre. Haz lo mínimo que sea necesario para que conozca nuestro poder, pero jamás, jamás, le reveles tu nombre ni el mío.

Y así fue como Cicno encontró a Creonte, aquel que era un lobo con piel de cordero. Un hombre sediento de poder y de dinero. Alguien sin ningún tipo de escrúpulo.

Cicno se acercó ese mismo día cuando Nux, la noche, caía sobre Tebas. Para la ocasión y con el fin de no asustar a Creonte, Cicno se le apareció disfrazado de pastor.

—Buenas noches, Creonte.

—¿Quién eres y cómo sabes mi nombre?

—Baste por el momento que sepas que represento para ti la fortuna.

—Habla, pues, y dime lo que deseas —urgió Creonte, sin poder disimular su nerviosismo.

—Vengo a ofrecerte —prosiguió Cicno— más poder y más oro del que jamás has imaginado.

—¿A cambio de qué? ¿Qué quieres que haga?

—¿Es eso importante? —preguntó el dios.

—Estoy dispuesto a todo, pero no quiero que Némesis, la diosa de la justicia, se entere de que yo hago cosas que pueden disgustarla —repuso Creonte.

—Si haces lo que te digo, ni Némesis ni ningún otro dios del Olimpo tienen por qué enterarse.

—Muy bien, dime, pues, lo que quieres que yo haga.

—Lo que quiero que hagas, Creonte, es que enemistes entre sí a los habitantes de Tebas. Susurrarles al oído mentiras acerca de lo que algunos de aquellos a los que consideran sus amigos han dicho de ellos. Antes de introducir la semilla de la mentira en sus corazones, haz que te juren que mantendrán en secreto lo que les digas.

—¿Qué conseguiremos con eso? —preguntó Creonte.

—Conseguiremos que empiecen a ver a sus amigos de una forma diferente. Poco a poco, comenzarán a fijarse solo en los defectos de ellos y así nacerá en sus mentes el germen de la violencia. Verás como a partir de ahí surgen los desencuentros, los roces, las palabras ofensivas y finalmente estalla la violencia. Tendrás que sobornar también a parte del ejército para que esté de tu lado cuando el conflicto llegue a su máximo apogeo. Tienes que derrocar a Isócrates y hacerte con el poder de Tebas. A partir de ahí, extenderás tu poder por toda Grecia.

Para un hombre tan hambriento de poder como Creonte, alguien profundamente necesitado de estatus y de reconocimiento, aquello era música para sus oídos.

—¿Por qué quieres que estalle la guerra en Tebas? ¿Qué ganas con ello? —quiso saber Creonte.

—Lo importante no es lo que yo pueda ganar, sino lo que tú vas a ganar —contestó Cicno, evadiendo hábilmente la pregunta.

Los ojos de Creonte brillaron de codicia.

—¿Qué gano yo?

—Tú serás el nuevo gobernador de Tebas y además te proclamarán rey, primero de Tebas y después de toda Grecia.

—Pero ¿por qué los griegos me iban a proclamar su rey?

—Porque te temerán y ese miedo hará que te obedezcan.

—¿Y por qué me han de temer? —preguntó Creonte con ironía.

—Porque tendrás un gran poder.

Harto de tanta pregunta, Cicno no pudo evitar hacer muestra de ese poder. De una de sus manos salió un fuego de tal intensidad que iluminó la oscura noche y convirtió en cenizas un olivo que estaba a escasa distancia de ellos.

Creonte se arrodilló y agarró con sus manos los tobillos de Cicno, que estaban fríos como el hielo.

—Gran dios, perdona mi insolencia y mi atrevimiento. Tus ropas de pastor me habían confundido. Por favor, dime quién eres para que a partir de ahora seas tú el único dios al que yo venere.

Cicno no pudo evitar que su incontenible soberbia le dominara. Fue en ese instante cuando se manifestó en su forma divina y con una voz que parecía salida del mismo Inframundo gritó:

—¡Yo soy Cicno!

Creonte cayó de bruces al suelo horrorizado al comprender junto a quién estaba. Cicno sentía un inmenso placer viendo como aquella escoria humana se hacía pequeña e insignificante ante su mera presencia. No obstante, aquel dios tan ávido de sentirse importante y superior había cometido un gran error, ya que desprovisto de su disfraz de pastor, no solo había revelado su identidad a Creonte, sino también a alguien más, y es que los ojos de aquella lechuza veían muy bien en la oscuridad de la noche.

14

LA PROFECÍA

Y así fue como Creonte comenzó a plantar las semillas del odio entre los habitantes de Tebas. Empezó asimismo a tentar sutilmente a algunos de los soldados del ejército y cuando les veía débiles en presencia de la tentación, les daba una bolsa con monedas de oro. Cicno le había provisto de una gran cantidad de ellas.

El hijo de Ares sabía que si rompía la solidaridad y los lazos de afecto entre los habitantes de Tebas, también se quebraría su unidad, y un pueblo desunido sería un pueblo fácil de vencer. En medio de la confusión y estando los habitantes de la ciudad enfrentados unos a otros, en el momento en el que estallara el conflicto, actuarían como una masa confusa a la que sería muy fácil manipular.

Y ocurrió lo que había vaticinado el astuto Cicno, los ciudadanos de Tebas empezaron a mirarse con recelo unos a otros. No tuvieron que pasar nada más que unas pocas semanas para que se fuera pasando del recelo a la enemistad y de ahí a ciertos brotes de violencia. Fue entonces cuando Isócrates, que ya había sido alertado por Metón de que algo extraño estaba ocurriendo en su ciudad, apareció en el ágora, la plaza pública, y exhortó a sus conciudadanos para que recuperaran la sensatez. Pero ni alguien del prestigio de su gobernador fue capaz de influir en aquella turba cada vez más exaltada. El mismo Ares, que se había introducido ya en sus mentes, estaba agitando aquella locura colectiva. Solo la intervención de su guardia personal pudo evitar que el propio Isócrates fuera agredido. Por más que intentó zafarse de ellos y volver al ágora, su guardia personal no se lo permitió.

Isócrates recordó como en su sueño se había sentido paralizado, incapaz de moverse, y entonces comprendió que había sido una premonición, un aviso de lo que iba a llegar.

Ante aquel caos reinante, el gobernador decidió usar al ejército para restablecer el orden, pero para su sorpresa una gran parte de este ya no le obedecía. Un hombre llamado Creonte era ahora quien les mandaba. El combate entre las dos facciones del ejército duró poco porque además Creonte portaba un escudo que le dotaba de una fuerza extraordinaria. Tapado con un grueso cuero negro, aquel escudo que le había dado Cicno había sido forjado por el dios Hefesto, aquel que decía la tradición que, al nacer, Hera, su madre, le vio tan feo que lo tiró del Olimpo y le provocó con el golpe una cojera. La fragua de Hefesto había producido las poderosas armas que los dioses usaban.

A partir de aquellos trágicos momentos, Tebas dejó de ser un ejemplo de paz y prosperidad. Muchas de las ciudades-estado de Grecia se quedaron desconcertadas ante lo ocurrido, pero no se atrevieron a intervenir. Algunas personas de otras ciudades como Esparta, Corinto y Atenas, que se habían visto alentadas por el ejemplo de superación de Tebas, cayeron en la desesperanza y pensaron que es el mal el que al final siempre triunfa.

En Tebas se formaron dos grupos, el de los vencedores y el de los vencidos, el de los opresores y el de los oprimidos. Tras la contienda, Isócrates fue encarcelado en una de las prisiones de la ciudad. Gruesos grilletes rodeaban sus tobillos y cadenas de hierro le sujetaban a una sucia y fría pared en las mazmorras de su propio palacio.

En la soledad de su prisión, Isócrates reflexionaba sobre todo lo sucedido.

—Todo mi sueño se ha cumplido. Las cadenas que una vez soñé hoy son mis propias cadenas. Creonte se ha hecho con el poder, y el resto de Grecia, ante su atropello, permanece en silencio. Todavía desconozco qué oscura fuerza le apoya. Yo vi con mis propios ojos cómo con un solo golpe de su escudo lanzaba por el aire a sus oponentes. Mi pueblo, mi pobre pueblo, qué será de él.

Isócrates, sentado en aquel húmedo suelo, apoyando los codos sobre sus rodillas, metió la cabeza entre sus manos y se puso a sollozar.

—¡Un momento, mis lágrimas no sirven para nada, he de actuar! Pero ¿con qué recursos cuento? ¿Qué habrá sido de Metón? ¿Qué habrá ocurrido con Orestes y con Phylades? ¿Por qué no han regresado todavía si ya han pasado semanas? ¿Qué les habrá dicho la pitonisa del oráculo?

Los esbirros de Creonte llevaban tiempo vigilando los movimientos de Metón. Todo el mundo sabía en Tebas que Metón no solo era el consejero de Isócrates, sino también su hombre de confianza. Creonte no quería que aquel anciano, en sus frecuentes visitas a la ciudad, sospechara algo y alertara a Isócrates antes de que él hubiera sobornado a un número suficiente de soldados y antes de que las semillas del odio que él había plantado en la población estuvieran dando abundantes frutos.

Así, cuando el sabio Metón iba a la ciudad a buscar provisiones, los soldados que habían sido comprados por Creonte le informaban a este de su presencia. Creonte ansiaba ser coronado rey de Tebas y quería que a la ceremonia de su coronación acudieran figuras relevantes de todas las otras ciudades griegas. Aquella ceremonia sería un momento magnífico no solo para afianzar su poder, sino también para expandirlo. En secreto, pensaba crear un enorme ejército a base de contratar mercenarios. De esta manera, podría llegar a dominar toda Grecia y someterla bajo su reinado. Creonte sabía que hay dos formas de someter a una persona, el miedo y la avaricia. Él lo único que tenía que hacer era mover los hilos y potenciar ambos.

El usurpador, que estaba ya muy a gusto en su nuevo palacio, llamó al adivino Tiresias y le dijo:

—Tiresias, tú tienes la capacidad de adivinar el futuro y por eso quiero que me digas cuál es el momento más propicio para mi coronación como rey de Tebas y... pronto de toda Grecia —añadió en un susurro que nadie más pudo escuchar.

—Gran señor, permitidme que mate una oca blanca y consulte sus vísceras. Ellas nos dirán lo que queréis saber.

—Muy bien, hazlo, pero deprisa.

—Lo haré esta noche ante la resplandeciente luna.

Tiresias hizo una reverencia ante Creonte y se retiró.

Apenas había salido Tiresias de la sala de palacio en la que estaba Creonte, cuando entró el capitán de la guardia muy alterado.

—Señor, perdonad esta intromisión, pero hay algo que tenéis que saber. Hemos encontrado a una anciana que iba dando gritos por la calle y profetizando vuestro final. La hemos golpeado una y otra vez, pero ella seguía gritando lo mismo sin parar. Solo vengo a pediros instrucciones, ¿queréis que la matemos o deseáis hablar con ella?

—¿Dónde está? —preguntó Creonte, que no podía ocultar un cierto nerviosismo.

—Está en las mazmorras de palacio, en una celda próxima a la de Isócrates.

—Imbéciles, ¿por qué la habéis puesto ahí?

—Perdonad, señor —dijo el capitán de la guardia estremeciéndose de miedo—, hay muchas celdas y me pareció que así sería más fácil tener a los dos vigilados.

Antes de que el capitán hubiera terminado de decir sus últimas palabras, Creonte había salido en dirección a las mazmorras.

En una de aquellas celdas había una anciana de mediana estatura. Su cuerpo estaba encorvado y su rostro surcado por incontables arrugas. Su pelo largo y lacio y de un marcado color blanco le caía sobre los hombros. Llevaba unos harapos que desprendían un desagradable y penetrante olor.

—Dime, anciana, ¿qué es eso que profetizas acerca de mí?

Los ojos de aquella mujer, de un intenso color gris, se clavaron en Creonte.

—Despiadado Creonte, tu final está cercano. Has desafiado a los dioses y eso lo pagarás muy caro. Seis guerreros de tierras lejanas y de mundos distintos devolverán la libertad a Tebas y a toda Grecia. Cuando ellos comprendan por qué la verdadera lejanía es uno mismo, también descubrirán aquel secreto que está oculto en el lugar más pequeño.

—¡Qué necias, incomprensibles y estúpidas palabras dices, anciana! —gritó Creonte fuera de sí.

Nadie estaba prestando atención a la reacción que aquellas palabras habían causado en Isócrates. De un salto, Isócrates se había puesto en pie y escuchaba con cada parte de su cuerpo como si le fuera la vida en ello.

«¡Esa anciana ha dicho cosas que me han recordado mi sueño!», pensó el derrocado gobernador. En aquel instante notó como un rayo de esperanza se abría paso entre las tinieblas en las que se hallaba sumergido su atribulado corazón.

—¿Qué hacemos con la anciana, señor? —preguntó el capitán de la guardia.

—Sácala de aquí, acaba con ella y deshazte de su cadáver. Solo es una anciana que ha perdido el sentido.

Creonte no podía permitir que aquel rumor que anunciaba su final se extendiera por Tebas en un momento en el que estaba empezando a planear su próxima coronación.

—Así lo haremos, le diré a uno de mis soldados que la ejecute.

—¡No! —gritó Creonte—. Hazlo tú con tu propia espada.

Una vez que Creonte hubo abandonado aquel lugar, el capitán de la guardia ordenó al carcelero que abriera aquella celda. El soldado entró en ella y, no sin cierta aprensión, agarró a la mujer, la sacó del cubículo y la llevó a empujones por el pasillo que conducía a una escalera de piedra a través de la cual se accedía al exterior del palacio.

Al pasar la anciana junto a la celda en la que se hallaba Isócrates, este, agarrando con fuerza los barrotes, empezó a increpar al capitán de la guardia.

—¡Tasos, qué crueldad es esa de acabar con la vida de una indefensa anciana! Si quieres sangre, toma la mía. ¿Qué te ha ocurrido? ¿Por qué te has convertido en alguien tan despiadado?

En ese momento, la anciana suavemente giró su rostro y miró a Isócrates. Él jamás antes había contemplado un rostro más bello. La transformación sucedió con tal rapidez, que el capitán de la guardia no fue ni siquiera capaz de percibirla. Las rodillas de Isócrates flaquearon ante la visión de un rostro que ya jamás olvidaría.

—¡Silencio, Isócrates! Ahora ya no eres nuestro gobernador, sino un vulgar prisionero. No me digas lo que he de hacer.

Que Tasos, el capitán de la guardia, no volviera y que no hubiera rastro de la anciana generó en Creonte una gran inquietud.

—¿Será posible que los dioses vayan a entrometerse en mis planes? No puedo permitirlo.

En ese momento, Creonte tomó dos resoluciones: haría un ritual para invocar a Cicno y mandaría a un hombre de confianza al oráculo de Delfos para que la pitonisa le descifrara el significado de aquella profecía.

15

LOS OJOS DE LA NOCHE

Cuando aquella lechuza vio como Cicno convertía en cenizas el olivo y le oyó pronunciar su nombre, emprendió de inmediato el vuelo para alertar a su dueña.

Palas Atenea, la diosa de los preciosos ojos grises, había nacido de la propia cabeza de Zeus. Su resplandeciente armadura, su yelmo, su lanza y su escudo hacían aún más impresionante su porte y su belleza. En su escudo estaba grabada la imagen de la gorgona Medusa. La gorgona Medusa era una deidad femenina monstruosa de cuya cabeza emanaban cientos de serpientes y cuyos ojos convertían en piedra a quien ella mirara.

Palas Atenea era la protectora de la ciudad de Atenas y era venerada en muchos lugares de Grecia. Sus símbolos eran una lechuza y un olivo, este último representando la paz. Palas Atenea era una diosa guerrera, pero, a diferencia de Ares, era una diosa sabia y justa. Para Palas Atenea, la fuerza nunca se tenía que utilizar para dañar, sino para evitar el daño. Los atenienses además la adoraban como diosa de las artes y el gran escultor Fidias había hecho múltiples estatuas para representarla. Palas Atenea y Ares mantenían una gran rivalidad, ya que ella no soportaba la manera en la que él utilizaba su poder.

La diosa de los ojos grises mantenía una estrecha relación con la diosa Artemisa y con el dios Apolo, hermano mellizo de Artemisa. Artemisa, hija de Zeus y de Leto, se desplazaba con frecuencia en un carro tirado por siete ciervos con cuernos de plata. Siempre la acompañaban sus ninfas y sus perros de caza. Artemisa era conocida por su asombrosa puntería. Sobre su espalda portaba su famoso arco y sus flechas de plata.

Su hermano Apolo era un profeta veraz e infalible. Solo él era capaz de penetrar en la mente de su padre Zeus y de conocer sus secretos y su voluntad. Era esto lo que con frecuencia revelaba a los humanos a través del oráculo de su templo en Delfos. Portador de una lira y de un arco, era además el dios protector de la medicina. Su hijo Asclepio, el dios de la medicina, llegó a poseer tal poder sanador, que podía devolver la vida a los muertos. Los griegos habían erigido varios santuarios en su nombre. El más importante de ellos lo habían construido en Epidauro, en la región del Peloponeso. Allí existía una conocida escuela de medicina dirigida por Hipócrates, un médico que, al parecer, descendía directamente del dios Asclepio.

—¡Que Cicno se ha entrometido en los asuntos de los mortales! No lo puedo permitir. Además, ¿cómo se atreve a destruir un olivo, el mismo árbol que me representa?

Palas Atenea estaba fuera de sí ante las revelaciones de su lechuza.

—¿Qué más escuchaste, Glaucopis?

Todos saben que las lechuzas ven muy bien en la noche, pero pocos conocen la finura de su oído. En plena oscuridad, una lechuza puede escuchar el ruido que hace un ratón bajo la nieve. Si una lechuza vulgar tiene tales capacidades, ¡qué no tendría Glaucopis, la lechuza de la diosa Palas Atenea!

Gracias a aquellos ojos y a aquellos oídos capaces de penetrar en la oscuridad de la noche, Atenea conoció los planes de Cicno.

—Cicno es demasiado estúpido para haber urdido este plan, es cruel, sí, pero también bastante estúpido. No tengo ni la menor duda de que Ares, mi eterno enemigo, está tras ello. Podría informar a Zeus, pero ya hay demasiada rivalidad en el Olimpo y no me gustaría que pudiese estallar una guerra como la que libraron Zeus y sus hermanos contra los titanes. Esto es algo que he de resolver con precaución y sigilo. Por eso, lo primero que tengo que hacer es hablar con Apolo y Artemisa y solicitar su consejo y su ayuda.

Atenea surcó los cielos en busca de Apolo, al cual encontró protegiendo a un rebaño del ataque de unos lobos. Los pastores adoraban a Apolo, porque sabían que protegía con sus flechas a las ovejas que pastaban en los verdes pastos de Grecia.

—¿A qué debo tanto honor? —preguntó Apolo.

—Vengo a pedir tu consejo y tu ayuda. No desconoces el gran amor que profeso a los humanos. Un amor que tú también compartes. Ambos sabemos que todo lo que puede destruirles ya lo llevan dentro y hay alguien que está despertando precisamente eso, lo peor que hay en ellos.

—¿Quién es ese ser tan vil? —preguntó Apolo con gran enfado.

—Estoy convencida de que es Ares y está actuando a través de Cicno. Lo sé gracias a Glaucopis. Cicno ha buscado a un tebano llamado Creonte para que, a modo de cizaña, vaya endureciendo los corazones de sus conciudadanos. Además, va a dividir al ejército para que se produzca una guerra entre hermanos. Si no actuamos rápido, me temo lo peor. Al principio pensé en hablar con Zeus, pero ya conoces lo inestable de su comportamiento y cómo se enfada cuando nos entrometemos en los asuntos de los hombres, aunque él lo esté haciendo constantemente. Por otra parte y en lo que a Ares se refiere, sabes el respeto que Zeus le tiene y por eso no me extrañaría que prefiriera mirar hacia otro lado, a fin de no tener que enfrentarse a él. Esto es algo que hemos de resolver entre nosotros. ¿No lo crees así, Apolo?

—Verás, Atenea, hay algo que es importante que sepas. Dos tebanos llamados Orestes y Phylades han acudido a mi templo en Delfos y ante la gran pitonisa Diotima han consultado el oráculo. Trajeron una importante ofrenda para honrar mi nombre y tenían urgencia por conocer el significado de un extraño sueño. Al parecer, el gobernador de Tebas, Isócrates, había recibido un mensaje en sueños y había tenido la sensación de que algo terrible iba a ocurrir en su ciudad. En medio de su sueño, Isócrates escuchó estas palabras: «La verdadera lejanía es uno mismo. Los más grandes secretos están siempre ocultos en los lugares más pequeños. Aquellos que no creen en la magia, jamás los descubrirán». Al escuchar lo que Diotima me transmitía, decidí entrar en los rincones más ocultos de la mente de Zeus y allí pude ver algo.

—¿Qué es lo que viste? —preguntó exaltada Palas Atenea.

—Te diré primero lo que oí. Oí una voz que no fui capaz de reconocer y que parecía proceder de un lugar muy lejano. Aquella voz dijo: «Seis guerreros de tierras lejanas y de mundos distintos devolverán la libertad a Tebas y a toda Grecia. Cuando ellos comprendan por qué la verdadera lejanía es uno mismo, también descubrirán aquel secreto que está oculto en el lugar más pequeño». Después vi que se abría una de las puertas del tiempo y que seis personas con extrañas vestimentas penetraban por ella. En ese momento, Zeus empezó a despertar y tuve que salir rápidamente de su mente.

—Gracias, Apolo. Me has sido de gran ayuda.

Atenea consideró que de momento era preferible no actuar, esperaría a ver si el conflicto bélico finalmente estallaba, y si al enterarse de ello, Zeus se posicionaba de alguna manera. Como habían pasado semanas y Zeus parecía desentenderse de lo que estaba sucediendo en la ciudad de Tebas, la diosa Atenea decidió intervenir.

—Voy a visitar a Creonte y a sembrar el miedo en su corazón. También me encargaré de que Isócrates sepa que no está solo.

Fue así como Palas Atenea, transformada en una anciana de aspecto sucio y cochambroso, entró en la ciudad de Tebas. Generaba tanta repugnancia a su paso que las personas que se cruzaban con ella se apartaban fingiendo no verla. Glaucopis, su lechuza, la acompañaba, surcando con su vuelo aquel triste y oscuro cielo tebano.

Sacada de la celda a golpes por aquel capitán de la guardia, Atenea, ahora transformada en anciana, pasó junto a Isócrates y le hizo saber que no estaba solo. Después fue llevada a un descampado que había a las afueras del palacio y en el que existía un pozo de gran profundidad que se encontraba vacío. En aquel solitario lugar, el capitán primero la mataría y después tiraría su cuerpo al interior de aquel pozo.

—¡De rodillas, anciana! —gritó el capitán. Aquella anciana permaneció en pie, su rostro mirando fijamente al suelo—. Muy bien, si así lo prefieres. A mí me da igual acabar contigo estés de pie o de rodillas.

El soldado sacó su espada. Aquella arma de sólido hierro terminaba en una empuñadura con un tope a ambos lados de ella para que sujetara los dos bordes de la mano que la blandía. La hoja, de gran longitud, tenía en su comienzo una marcada estrechez que progresivamente se ensanchaba.

—Piensa bien lo que vas a hacer —dijo súbitamente la anciana.

—¿De qué hablas, loca? —contestó el capitán de la guardia.

—Hablo de que las cosas muchas veces no son lo que parecen y si quieres seguir viviendo, esta es la ocasión para que me dejes partir en paz.

—¿Y desafiar las órdenes de Creonte? Tú, anciana, no sabes lo que dices.

—Y tú no sabes el poder de quien te habla.

—¡Calla ya! —dijo el capitán, dejando caer su espada sobre el cuello de la anciana.

Al entrar en contacto la espada con la piel de aquella mujer, el hierro se partió en mil pedazos y frente al militar apareció Palas Atenea en todo su esplendor. La imagen de Medusa grabada en su escudo tomó vida, sus ojos se ilumi-

naron y dos haces de luz transformaron a aquel soldado en
una estatua de piedra. Bastó un golpe del escudo de la diosa para que aquella estatua se convirtiera en un simple
montón de piedras. Nadie podría reconocer en ellas al que
había sido en una ocasión el capitán de la guardia.

16

Viajar a través del tiempo

Al no encontrar ni rastro del capitán de su guardia ni de la anciana, y llevado por una creciente inseguridad, Creonte comenzó a invocar a Cicno. Para ello, golpeó repetidamente con una maza aquel escudo que el dios le había entregado para protegerle durante la batalla. Creonte había quitado el cuero negro que cubría el escudo y aquel resplandeciente metal, salido de la fragua del mismo Hefesto, empezó a emitir un atronador sonido. Tal era la vibración que salía de él, que algunas ánforas que estaban en aquella sala empezaron a saltar en pedazos.

En Grecia, todos sabían que los instrumentos y los animales que pertenecían a los dioses estaban íntimamente unidos a ellos. Por consiguiente, no podía haber mejor manera de contactar con Cicno que haciendo sonar aquel escudo. No pasó mucho tiempo hasta que el dios se manifestó de nuevo disfrazado con ropas de pastor. Creonte le vio salir de detrás de una de las columnas de piedra que había en aquella espaciosa sala.

—¿Por qué me importunas, mortal? ¿Cómo te has atrevido a convocarme?

Creonte se arrojó al suelo y, sin levantar la mirada, empezó a hablar con voz temblorosa.

—Gran señor, perdona mi insolencia, pero tenía que hacerte partícipe de algo que me tiene muy preocupado.

—Habla, pues —lo instó Cicno.

Cicno escuchó el relato de Creonte, lo que le había dicho la anciana y la desaparición de ella y del capitán de su guardia.

—Descríbeme a la anciana —pidió Cicno—. Dime cómo era.

—Pues era una mujer de muy avanzada edad, con un pelo blanco y sucio que le caía sobre los hombros. Su rostro estaba surcado de arrugas y cuando me miró con sus ojos grises y me dijo...

Creonte no pudo terminar, porque Cicno le había parado en seco.

—¡Háblame de esos ojos, Creonte, descríbemelos en detalle!

—Eso no es difícil, gran dios. Eran unos ojos de un color gris intenso, que parecía que te perforaban el alma. Cuando la anciana me miró, sentí un escalofrío que me recorrió el cuerpo entero. Disimulé como pude porque no quería que el capitán de mi guardia pensara que la presencia de aquella indefensa anciana me asustaba.

—¡Atenea! —exclamó Cicno—. Esa anciana a la que tú trataste con tanto desprecio era la poderosa diosa Palas Atenea, la diosa de los ojos grises y una enemiga feroz de mi padre y, por tanto, también enemiga mía. No sé qué la ha hecho venir a este lugar, pero no me gusta en absoluto. Desconozco si ella sabe que Ares y yo estamos detrás de lo que ha ocurrido en Tebas, pero tengo que averiguarlo.

—Y de la profecía, ¿qué hay de la profecía que ella me anunció? ¿Quiénes son esos seis extranjeros que me quieren privar de mi reinado?

—Hay puertas que conectan dos mundos —respondió Cicno—. El mundo que es y el mundo que puede llegar a ser. Cuando alguna de estas puertas se abre, seres humanos del futuro pueden venir a nuestro presente y vosotros, mortales, podéis viajar al futuro.

—¿Dónde están esas puertas del tiempo? —preguntó Creonte con desesperación.

—Sabemos que al menos hay tres —respondió un pensativo Cicno—. Yo solo sé dónde está una. La localización de la segunda únicamente la conoce Apolo, con el cual mantengo una gran enemistad. De esta segunda puerta del tiempo sé que se abre en muy contadas ocasiones nada más, y una de ellas es cuando Selene, la diosa luna, tapa a Helios, el sol.

—¿Y la tercera? ¿Dónde está? —insistió Creonte—. Yo puedo enviar a un grupo de despiadados mercenarios a que las vigilen. Al menos tendremos dos de ellas cubiertas y tan solo nos quedará la que únicamente conoce Apolo.

—Ningún dios conoce el paradero de la tercera puerta del tiempo, aunque algunos de nosotros llevamos mucho tiempo buscándola.

—¿Cómo es esto posible? —preguntó Creonte sorprendido—. Si no lo sabe ningún dios, ¿quién posee ese conocimiento?

—El Guardián de la Verdad, aquel que existe más allá del tiempo y del espacio, es el único que lo sabe —contestó Cicno, que parecía profundamente turbado tras mencionar aquel nombre.

—Pero, gran dios, excelso Cicno. Si tú al menos sabes dónde está una de las puertas, ¿por qué no la vigilamos y nos aseguramos de que nadie entra por allí?

Cicno soltó una carcajada.

—¡Ignorante mortal, esa puerta del tiempo está en el pecho de Cronos!

Cronos pertenecía a la generación de los titanes. Era hijo de Gea, la Tierra, y de Urano, el Cielo. Cronos derrocó a su padre Urano y gobernó durante la llamada edad dorada. Después fue derrocado por sus propios hijos Zeus, Hades y Poseidón con la ayuda de los cíclopes y, finalmente, encadenado en el Tártaro.

El Tártaro era un lugar de castigo y sufrimiento. Situado en el lugar más profundo del Inframundo, era utilizado como una prisión para los titanes.

—Y si eso es así, si solo conocemos dónde está una de las tres puertas del tiempo, y más les vale que no entren por ella, ¿podemos al menos saber si es verdad la profecía, si van a venir a destronarme seis guerreros del futuro?

—Lo puede saber Cronos porque él puede viajar a través del tiempo —respondió Cicno, tras un instante de reflexión—. He de sobornar a Minos, el juez que guarda la entrada de los dioses al Tártaro, para que me deje acercarme a Cronos. Cronos no ha olvidado que su hijo Zeus fue uno de los que le encerró allí y, por eso, sus deseos de venganza son enormes. Le prometeré que, si me ayuda, yo le liberaré. A mi padre, Ares, le encantaría que yo liberara a Cronos, así él despertaría a Tifón, un ser capaz de destruir al mismo Zeus.

En efecto, Tifón era un colosal y espeluznante monstruo alado. Podía vomitar fuego y crear huracanes y terremotos moviendo sus alas.

Fue así como Cicno penetró en el Tártaro, un lugar maldito para muchos dioses. Una densa niebla azulada rodeaba aquella caverna en las entrañas de la tierra. En su interior, con los brazos y las piernas sujetos por inmensos grilletes, estaba el titán Cronos, el hijo de la Tierra y el Cielo.

—Te saludo, oh, gran titán Cronos —dijo Cicno, bajando la cabeza ante su presencia. Cronos no contestó—. He venido a hacer un trato provechoso para ambos. —Cronos, amarrado por el metal, se mantuvo inmóvil—. Soy consciente de la traición de tus hijos y sobre todo de Zeus, que ahora ocupa tu puesto.

Un espantoso gruñido hizo temblar las paredes del Tártaro.

—Dime lo que quieres —respondió Cronos, el titán que había sido encarcelado por sus propios hijos.

—Quiero pedirte que viajes con tu mente al futuro y veas si seis extranjeros pueden penetrar por una de las puertas del tiempo y, si los ves, que hagas algo para impedirlo.

—¿Acaso no sabes, hijo de Ares, que el mundo del futuro tiene sus reglas y yo no puedo manejarlas a mi antojo?

—Pero habrá algo que puedas hacer, gran Cronos —insistió Cicno.

—Yo puedo viajar cientos, miles de años en el futuro y ver si alguien penetra por una de las tres puertas del tiempo, aunque, como muy bien tú sabes, Cicno, no podré averiguar dónde están las otras dos. Solo podré saber si se han utilizado porque yo soy sensible a todo lo que se mueve en la dimensión del tiempo —dijo Cronos.

—¿Qué me sugieres que haga, gran Cronos? Si no puedo controlar las otras dos puertas del tiempo porque ninguno sabemos dónde están, ¿de qué manera puedo deshacerme de esos mortales?

—Busca un humano, Cicno, un sacerdote del templo de Ares, y tráemelo. Cuando hayas vuelto, habré viajado cientos de años hacia el futuro. Si encuentro a esos insensatos de los que tú me hablas y les veo penetrando por alguna de las puertas del tiempo, entonces podrás enviar a alguien para que lo evite antes de que eso ocurra. Sin embargo, recuerda, Cicno, hijo de Ares, que lo único que podrá hacer aquel al que envíes a su encuentro será alterar sus mentes, pero no podrá dañar sus cuerpos. Esa es la ley a la que estamos sometidos incluso nosotros los titanes y los dioses.

—Así lo haré —dijo Cicno—. Estaré de vuelta muy pronto.

No fue fácil sobornar otra vez al poderoso Minos para que le dejara entrar de nuevo en el Tártaro y además acompañado, en esta ocasión, por un humano. Fue necesario que Cicno le entregara una voluminosa ánfora llena de ambrosía. La ambrosía era la bebida de los dioses y, dada su escasez, era enormemente valorada por estos. Minos la encontraba sencillamente irresistible y Cicno lo sabía.

Aquel sacerdote que acompañaba a Cicno procedía del templo de Ares que estaba situado en la parte norte del ágora de Atenas, junto al altar de los doce dioses. Su aspecto era peculiar, ya que se trataba de un hombre de ojos pequeños y muy juntos. Sus cejas estaban densamente pobladas y una de ellas, la izquierda, era sensiblemente más corta que la otra. Su rostro era afilado y terminaba en una perilla. Su nombre era Agathon.

—Cicno —dijo Cronos—, seis personas de un futuro lejano viajarán a nuestras tierras y, si no lo evitas, entrarán por una de las puertas del tiempo. Escúchame lo que te voy a decir, porque es importante que lo sepas. No sé cómo lo han logrado, pero dos humanos de nuestro mundo localizaron una de las puertas y ya han viajado a ese mismo futuro.

Cicno se volvió a Agathon y le dio una bolsa llena de monedas de oro.

—Quiero que viajes al mismo futuro en el que ha estado la mente del gran Cronos. Durante el viaje incorporarás de forma instantánea muchos elementos de su lengua, sus conocimientos, sus costumbres y su cultura. Viste como ellos y pasa desapercibido. Utiliza estas monedas de oro para construir una trampa en la que caigan esos humanos. Espera pacientemente como espera una araña a que cualquier incauto mosquito caiga en su telaraña. Es entonces cuando harás que tomen esto. —En ese momento, Cicno le entregó a Agathon un extraño hongo de color pardo que tenía un tallo largo y terminaba en forma de campana—. Lo que contiene este hongo —prosiguió Cicno— es una potente sustancia que puede llegar a hacer enloquecer al que la consuma. Hemos de alterar sus mentes sin dañar sus cuerpos. Asegúrate de cumplir bien tu labor y a tu regreso serás ampliamente recompensado.

—Ahora, si quieres que yo te siga ayudando en tus planes —dijo Cronos—, has de jurarme que me liberarás de estas cadenas.

—Lo juro por mi padre, el gran dios Ares, y por mi madre, la diosa Pirene.

En ese instante, se abrió el inmenso pecho de Cronos y, por una de las puertas del tiempo, se introdujo Agathon con una única misión, la de perturbar las mentes de aquellos extranjeros y anular así cualquier posibilidad de que viajaran a su mundo.

17

Seres de la oscuridad

Cicno salió del Tártaro y convocó a Hipólita, reina de las amazonas e hija de Ares y de la reina amazona Otrera. También en aquella reunión fue convocada Hécate, la que obra desde lejos, la que representa el temor a la oscuridad. La diosa apareció con sus tres cuerpos y sus tres cabezas con serpientes entrelazadas alrededor del cuello.

—Hipólita y Hécate, os he convocado porque quiero que os unáis a mí en un plan muy ambicioso, un plan que creará un nuevo orden en nuestro universo. Ya es hora de que Nux, la noche, sustituya a Helios, el sol. Ya es momento de sumergir a este mundo en las tinieblas. ¡Ha llegado nuestro momento, ha llegado nuestra gran oportunidad!

Tanto Hipólita como Hécate escuchaban a Cicno con gran atención. Ellas sentían envidia de dioses como Atenea, Apolo o Artemisa, que parecían gozar del favor de Zeus. Además, aunque los humanos habían construido santuarios para adorar a Hipólita y a Hécate, lo habían hecho porque las temían. Ellas sabían que a Palas Atenea, a Apolo y a Artemisa, los humanos les querían y eso ellas no lo podían soportar. Por otra parte, veían a Zeus como un ser arrogante y soberbio que imponía a los otros dioses exigencias que él mismo nunca cumplía. Sin embargo, Zeus era demasiado poderoso para enfrentarse a él. Los castigos que imponía eran siempre terribles. Todos los dioses recordaban el castigo que Zeus había impuesto a Prometeo por haber robado el fuego del Olimpo y habérselo llevado a los hombres.

Prometeo era un titán, hijo de Jápeto y Clímene. Para vengarse de él, Zeus hizo que le llevaran al Cáucaso, donde fue encadenado por Hefesto con ayuda de Bía y Cratos. Zeus envió un águila para que se comiera el hígado del titán. Siendo este inmortal, su hígado le crecía de nuevo cada noche, y el águila volvía a comérselo cada día. Este castigo había de durar para siempre, pero fue Heracles quien le liberó disparando una flecha envenenada al águila. Prometeo fue después perdonado, aunque debía llevar siempre con él, y como recuerdo de aquel castigo, un anillo unido a un trozo de la roca a la que fue encadenado.

—Háblanos de tu plan —dijo Hipólita.

—Quiero que alcancemos un poder y una relevancia como jamás hemos tenido. Quiero que Zeus y toda esa cohorte a la que él tanto valora se postren ante nuestra presencia. Quiero que en el mundo de los humanos reine la violencia, el sufrimiento y el terror. Quiero hundirlos en la más profunda sensación de impotencia y de desesperanza. —Cicno apretaba sus puños con fuerza y sus ojos expresaban un odio difícil de igualar—. Cuanto más sufran ellos, más placer obtendremos nosotros.

—¿Qué dice de esto Ares? —preguntó Hipólita.

Cicno palideció. Él no quería, bajo ningún concepto, ceder el protagonismo de aquello a su padre.

—Nuestro padre no ha de saber de momento nada —dijo Cicno—. Ya sabéis ambas la rivalidad que existe entre Zeus y él. Zeus le tiene continuamente vigilado y por eso no podemos por ahora hacerle partícipe de este complot. Más adelante, cuando nuestro plan esté más avanzado, yo mismo se lo contaré.

—Muy bien, Cicno, sigue hablando —le instó Hipólita.

—Ya he creado el germen de la discordia en Tebas y de ahí se extenderá a toda Grecia. Cuanto más espacio ocupe la violencia y el odio en la mente y en el corazón de los humanos, más creceremos nosotros y más fuertes seremos.

»Vosotras sabéis que Zeus castiga severamente al que intervenga en muchos temas de los humanos. Él creerá que es cosa de ellos y no sospechará que detrás estamos nosotros. He utilizado a un mortal llamado Creonte para que aparezca como el instigador del conflicto. Nosotros aprovecharemos que Zeus estará distraído observando a los humanos para liberar al titán Cronos de su prisión en el Tártaro. Una vez liberado, este despertará a la bestia.

—¡Liberar a Cronos y despertar a Tifón! Tú estás loco —exclamaron al unísono Hipólita y Hécate—. No sabes de lo que hablas. Las cadenas que aprisionan a Cronos fueron hechas por Hefesto y no hay fuerza humana ni divina que pueda romperlas. Además, sabes que si esas cadenas fueran partidas, el que las creó, Hefesto, lo sabría inmediatamente y avisaría a Zeus. Y en caso de que todo tu plan saliera bien y Cronos fuera liberado, ¿quién podría contener a Tifón una vez que este hubiera despertado?

Cicno sonrió como aquel que espera tales preguntas y está preparado para responderlas con precisión.

—Escuchadme, porque he elaborado este plan con gran detalle.

Hipólita y Hécate le prestaron atención con marcado escepticismo.

—He hablado con Hipno, el dios del sueño, y cuando yo vaya a romper las cadenas que aprisionan a Cronos, él dormirá a Hefesto. Le visitará en su fragua con algún pretexto y le dormirá antes de que Hefesto se dé cuenta de que Cronos está siendo liberado. A Hipno le atrae nuestro plan porque él sabe que solo de una conciencia dormida puede surgir la violencia. Cuanto menos conscientes sean los humanos de que los estamos manipulando como a peleles, más grande se hará él.

—¿Y las cadenas? ¿Cómo romperemos las cadenas?

—Cuando Hefesto las construyó, hizo algo sin que Zeus lo supiera. Hefesto conoce a Zeus y sabe que en un momento de ira puede castigar a cualquier dios y encerrarle como hizo con su propio padre Cronos. ¿Por qué, en un momento de furia, Zeus no iba a encadenarle a él, al mismo Hefesto, con las cadenas que él mismo hubiera forjado? Por eso, al metal con las que las fabrica le ha añadido algo, una extraña sustancia que reacciona violentamente cuando se le añade el jugo de una extraña raíz que solo Hefesto conoce y que crece en el robledal de Lodona. La combinación de ambos elementos desprende un calor de tal magnitud que el metal se derrite. Hefesto guarda el jugo de esa raíz en un pequeño recipiente azul que cuelga de una cadena de oro que lleva alrededor de su cuello.

—¿Cómo lo sabes? —preguntó Hipólita.

—Vosotras sabéis que Zeus casó a Hefesto con la bella Afrodita y que Afrodita fue la amante de mi padre Ares. También sabéis que Apolo les descubrió y les delató a Hefesto. Por esa razón, mi padre odia tanto a Apolo. Afrodita le contó a mi padre lo que yo os he contado y fue mi padre el que a mí me confió ese secreto.

—¿Y quién le quitará ese recipiente para liberar con él a Cronos? Hefesto es muy inseguro y suspicaz y si le visita Hipno dos veces, una para quitárselo y otra para que no sienta cómo las cadenas de Cronos se rompen, sin duda sospechará.

—No, no será Hipno, sino Peito, la diosa de la persuasión. Ya sabéis lo hábil que es con las palabras y con las manos. Ella se aproximará a Hefesto con encantos y seducciones, y aunque Hefesto tiene una gran fealdad, le hará sentirse hermoso. Sus manos acariciarán su rostro y bajarán por su cuello. Hefesto solo estará pendiente de sus bellos halagos y en ese momento, Peito cambiará el recipiente por uno similar, pero que solo tiene jugo de higo. Afrodita explicó a mi padre con gran riqueza de detalles cómo era aquel recipiente y es igual a este. —Cicno mostró a las dos diosas un pequeño recipiente de color azul que colgaba de una cadena de oro—. Hefesto no notará la diferencia.

—Nos tienes sorprendidas —admitió Hécate—. Perdónanos, pero hasta ahora te habíamos considerado bastante estúpido.

—Parecer estúpido sin serlo puede ser en ocasiones una gran ventaja —contestó Cicno, esbozando una irónica sonrisa.

—¿Y Tifón?, ¿cómo nos protegeremos de él?

—Si Cronos está de nuestro lado, como creo que lo estará si somos nosotros los que le liberamos, solo Zeus y sus amigos han de temer. Si por el contrario, Cronos decidiera traicionarnos, tendríamos que arrebatarle su escudo a Palas Atenea. Solo la gorgona Medusa que tiene grabada en él puede petrificarlo con su mirada. Hipólita, necesito que convoques a tus amazonas y las dispongas para la batalla. Y tú, Hécate, has de poner de nuestro lado a Quimera y a las arpías.

Quimera era un ser monstruoso, hija de Tifón y Equidna.

Las arpías eran tres, Aelo, Ocípete y Celeno. Tenían rostro de mujer, cuerpo de ave y garras de león, extraordinariamente grandes y afiladas. Ellas no respetaban los dictados de Zeus y vivían muy alejadas del Olimpo.

Y así fue como el complot más extraordinario que jamás el mundo hubiera conocido se puso en marcha sin que en el Olimpo Zeus se enterara.

Tan poderoso se sentía Cicno que se olvidó por completo de aquellos seis humanos, de aquellos extranjeros de los que hablaba la profecía.

¿Por qué preocuparse si Agathon se iba a ocupar de ellos?

¿Por qué preocuparse si además eran simples hombres y no grandes dioses?

18

EL LENGUAJE DEL ALMA

Ramón, Ana, José, Pablo e Isabel salieron del hotel Arion Athens, donde estaban alojados, en dirección al restaurante Xenios Zeus, situado en Mnisikleous 37 Plaka.

—Este es un buen sitio porque, como pueden apreciar, se ve desde muy cerca la Acrópolis —dijo Ramón cuando llegaron al restaurante.

La noche era espléndida y brillaba una preciosa luna llena. El Partenón se elevaba ante ellos con gran majestuosidad y se podían distinguir con mucha claridad sus enormes columnas perfectamente iluminadas.

—Este es mi amigo Agafon, que en griego significa bueno. Trabaja en este restaurante y nos va a cuidar muy bien. Si me permiten, yo voy a ordenar la comida porque quiero que prueben las cosas típicas de mi país —dijo Ramón.

Todos saludaron a Agafon, un hombre de aspecto simpático y de gran envergadura.

—¿Podremos probar la *moussaka*? —preguntó Pablo.

—Claro que sí, Pablo —respondió Ramón—. La de aquí es excepcional y les aseguro que no van a poner en ella nada «original».

Estas palabras las dijo con la intención de tranquilizarles tras la experiencia que habían tenido con la anterior *moussaka* en el restaurante Ares de Madrid, una *moussaka* a la que habían añadido el alucinógeno psilocibina.

—¡Qué maravilla de luna! —exclamó Isabel.

—¿Saben ustedes que pasado mañana va a haber un eclipse?

—¿De verdad? —se interesó Pablo.

—Sí —dijo José—. Lo leí en el periódico antes de salir de España y se va a poder ver especialmente bien aquí, en Grecia.

—Efectivamente —contestó Ramón—, lo vamos a ver muy pero que muy bien.

En aquella terraza cubierta en la que se mantenía una agradable temperatura gracias a cuatro calentadores que habían instalado en las esquinas, Ramón empezó a hablar del viaje.

—Me gustaría sugerirles que durante nuestra estancia visitemos mañana, aparte de la Acrópolis y el Museo de la Acrópolis, algunos otros monumentos relevantes en Atenas. Esto nos ocupará todo el día y así, pasado mañana, nada más desayunar, empezaremos lo que es propiamente nuestro viaje. Partiremos hacia Delfos para conocer el templo de Apolo.

—Ah, «el lugar donde los hombres hablan con los dioses» —dijo Ana, recordando el cartel que había visto en el escaparate de la agencia Nuevos Horizontes y que había sido el origen de aquel viaje.

—Justamente, Ana —contestó Ramón—. Es un lugar único en Grecia. Según los relatos de la época, Zeus lanzó dos águilas al vuelo y donde ellas se posaron, los hombres construyeron un santuario dedicado al dios Apolo. Allí una pitonisa entraba en trance y comunicaba a los visitantes lo que los dioses le decían. Según la tradición, aquellos griegos que habían visitado el oráculo buscando la orientación de los dioses recibían la respuesta de estos en forma de enigma y luego ellos, los hombres, tenían que ser capaces de descifrarlo.

—¿A cuánto está Delfos de aquí? —preguntó José.

—Delfos está a unos ciento ochenta kilómetros de Atenas. Calculo que si salimos a las diez de la mañana, podemos estar allí alrededor de las doce del mediodía.

—¿Y veremos el eclipse? —quiso saber Pablo.

—Claro que sí, Pablo, llevaré unos filtros especiales para que podáis verlo sin dañaros los ojos —contestó Ramón.

—¡Qué preparado viene usted! —dijo Isabel sonriendo.

—Anticiparse es clave —contestó Ramón, devolviéndole la sonrisa.

—¿Qué más sitios visitaremos? —preguntó José—. Ya sabe que tengo especial interés en visitar Epidauro, donde ejerció la medicina Hipócrates.

—Muy bien, iremos a Epidauro —contestó Ramón—. También visitaremos lo que queda de la antigua ciudad de Tebas. Tebas fue la ciudad natal del mítico héroe Heracles, al que los romanos posteriormente llamarían Hércules. También nacieron allí personajes brillantes, como los poetas Hesíodo y Píndaro. Tebas ha jugado un papel predominante en la vida de la Grecia antigua, tal y como atestiguan los numerosos restos arqueológicos hallados en la zona.

—¿De verdad que visitaremos el lugar donde nació Heracles? —dijo Pablo, recordando con entusiasmo lo que les había contado su profesor de historia acerca de los héroes.

—Claro que lo visitaremos, Pablo, y seguro que te encantará —contestó Ramón.

—Oye, Ramón, ¿qué tal si nos cuentas algunas cosas de Heracles? —sugirió Pablo.

—Claro que sí, tú ve comiendo y mientras tanto yo hablo.

Ramón comenzó su explicación:

—Heracles era hijo de Zeus y de Alcmena. En nuestra tradición, Zeus tuvo muchos amoríos con mujeres y los hijos que se engendraron fueron llamados héroes y, por consiguiente, Heracles era un héroe.

»La mujer de Zeus, llamada Hera, estaba harta de que Zeus la engañara, y cuando supo que Alcmena estaba esperando un hijo de él, decidió acabar con ella. Gracias a que Galantis, la sirvienta de Alcmena, despistó a Hera, Alcmena pudo tener a sus dos hijos, Heracles e Íficles. Curiosamente, Íficles era humano. Hera persiguió a Heracles a lo largo de toda su vida. Dice también la leyenda que, en un ataque de locura, Heracles mató a su mujer Megara y a sus hijos.

—¡Qué horror! —exclamó Isabel.

—Bueno —prosiguió Ramón—, hay una versión más moderada que dice que quien mató a Megara y a sus hijos fue Euristeo, que fue quien le arrebató la corona. Al parecer, Euristeo drogó a Heracles y cuando este se despertó, creyó que él les había matado con sus propias manos. El hecho es que Heracles huyó de aquel lugar sumido en la tristeza y la desesperanza. En el camino se encontró con su hermano Íficles y le pidió consejo. Este le sugirió que fuera a Delfos y consultara al oráculo para saber qué castigo le imponían los dioses. La sibila délfica, que era la pitonisa de aquel lugar, le dijo que acudiera a Euristeo e hiciera lo que este le dijera. Euristeo aprovechó para encargarle doce trabajos que, incluso para alguien de la fortaleza de Heracles, parecían imposibles de realizar. —Ramón se paró y se dirigió a Pablo, que le escuchaba con la boca abierta totalmente embelesado—: Algunos de estos trabajos seguro que te suenan, Pablo, como matar al león de Nemea y despojarle de su piel, matar a la Hidra de Lerna, capturar al jabalí de Erimanto o limpiar los establos de Augías en un solo día.

Pablo pensaba que si en su colegio le explicaran las cosas con la pasión y el cariño con el que lo hacía Ramón, disfrutaría mucho más de sus estudios.

—Dime, Pablo, ¿por qué te interesan tanto los héroes? —quiso saber Ramón.

—Porque yo soy lo opuesto a ellos —contestó Pablo, bajando la mirada.

—Yo no estaría tan seguro de eso —comentó Ramón—. Déjame que te recite una poesía que escuché en una ocasión. Como tú ya sabes, la poesía es el lenguaje del alma. Tal vez al principio te cueste un poco entenderla, pero, si te gusta, luego te la escribo para que reflexiones sobre ella, ¿te parece?

—Me parece —asintió Pablo con una sonrisa.

—Pues ahí va, ojalá que te agrade. Se titula: *La verdadera lejanía es uno mismo.*

> *La verdadera lejanía es uno mismo.*
>
> *Todo tiene un límite en esta vida y cada encuentro es un límite con algo ilimitado, justo porque somos al mismo tiempo limitados e ilimitados.*
>
> *En el último momento, cuando ya no se puede más, llega el todo y todo lo cambia. Lo que pesaba se hace vuelo y llega la ayuda inesperada, siempre sorprendente pero nunca extraña.*
>
> *El peso, la dificultad, la prueba, en el límite muestran su sentido. Es entonces cuando se hunden las defensas del yo superficial acorralado.*
>
> *Una vez rotos los barrotes de su jaula, el pájaro vuela, y volando es feliz porque es lo que siempre estuvo llamado a ser: ¡LIBRE!*

En el momento en el que Ramón empezó a recitar aquella poesía, fue como si todo él se transformara. Lo que transmitía no eran solo palabras, sino profundas experiencias y emociones.

Al terminar Ramón, se produjo un gran silencio y fue entonces cuando todos se dieron cuenta de que Pablo estaba llorando. De alguna manera, las palabras de aquel hombre habían hecho estremecerse, una vez más, las cuerdas que vibraban en aquel corazón humano.

—¿Estás bien, hijo? —preguntó Ana, acariciando la cabeza de Pablo.

—Sí, mamá, estoy bien; de hecho, nunca he estado mejor. —Pablo, con los ojos llenos de lágrimas, miró a Ramón y le dijo—: Gracias, Ramón, gracias de todo corazón.

Cuando terminaron de cenar ya estaba bastante entrada la noche y, en lugar de caminar, llamaron a un taxi grande para que les llevara de vuelta al hotel. Durante el viaje, no hablaron porque nadie quería romper la magia de aquellos momentos vividos.

Cuando llegaron al hotel, Ramón se acercó y pidió en la recepción dos hojas de papel. En una de ellas escribió la poesía que había recitado en el restaurante y en la otra escribió un mensaje.

—Toma, Pablo, esta es la poesía —dijo Ramón, entregándole una de las hojas—. Cuantas más veces la leas, más cosas te dirá porque sus palabras irán resonando en estratos cada vez más hondos de tu persona. Toma también esta otra hoja y en la habitación lees lo que he escrito en ella. —Luego, dirigiéndose al grupo, les dijo—: Mañana les despertarán a las ocho de la mañana, a las nueve abajo desayunando y a las diez salimos a visitar la Acrópolis.

Cuando Pablo llegó a su habitación, nada más encender la luz abrió la hoja que le había dado Ramón. En ella pudo leer unas inspiradoras palabras: «Aunque camines por un desierto de soledad, haciendo cosas que no te salen y planteándote si vale la pena seguir cuando parece que nunca vas a llegar, sigue, no abandones. Ser campeón no es una meta, es una actitud en la vida».

19

Una historia viva

Al día siguiente todos visitaron la Acrópolis. Ramón era capaz de hacer que «hablaran» hasta las mismas piedras. No solo es que supiera mucha historia, es que parecía como si hubiera estado allí en la época en la que aquel conjunto de edificios había sido construido. No comentaba únicamente cosas sobre lo que quedaba, es que además hablaba de lo que ya no estaba porque con el paso del tiempo y los conflictos bélicos había sido destruido. De alguna manera, Ramón tenía en su mente una imagen de cómo había sido aquel lugar en su momento de máximo esplendor. La visita que les hizo fue tan impresionante que los cinco no pudieron evitar que se les unieran cada vez más turistas que quedaban fascinados por la manera en la que Ramón describía las cosas. Más de un turista le pidió el teléfono para contratarle como guía. En todos los casos y con gran amabilidad, él rehusó.

Después de visitar la Acrópolis, bajaron al museo siguiendo un agradable paseo entre preciosos olivos. El edificio, de gran belleza arquitectónica, contenía algunas de las piezas más valiosas y mejor conservadas de la escultura y de la cerámica griegas.

En el vestíbulo, Ramón se detuvo frente a un busto de mármol de Alejandro Magno esculpido tras la batalla de Queronea, y empezó a comentar lo que aquel busto representaba.

—Alejandro Magno fue hijo de Filipo II, rey de Macedonia, y de Olimpia, princesa de la casa real de Epiro. A los trece años fue puesto al cuidado de Aristóteles, un hombre de extraordinaria sabiduría. Aristóteles fue discípulo de Platón, que, a su vez, lo fue de Sócrates. Alejandro Magno dirigió en Queronea la caballería. La batalla, que se libró contra una alianza de ciudades griegas, acabó en una victoria decisiva de los macedonios. Es célebre una frase de Alejandro Magno: «No tengo una sola parte de mi cuerpo, por lo menos enfrente, que no tenga cicatrices; no hay arma, que se use de cerca o que se lance desde lejos, de la cual no lleve la marca». Tal vez —prosiguió Ramón— esto nos recuerde que a lo largo de la vida todos sufrimos heridas y que transformar una herida en crecimiento personal a veces requiere mucho trabajo interior. Por eso, Alejandro Magno nos hace ver que el más fuerte no es el que no cae, el que no es herido, sino el que es herido, el que cae y, a pesar de todo, sabe levantarse.

Ana se quedó pensativa al escuchar aquellas palabras.

Después de recorrer el vestíbulo, todos subieron en el ascensor a la primera planta del museo. Ramón quería mostrarles dos cosas: la primera de ellas era el frontón de la Hidra, hecho en piedra caliza y de cincuenta y ocho centímetros de longitud. Empezó a explicarles el significado de ese frontón.

—Estamos ante un bajorrelieve que representaba uno de trabajos de Heracles, el segundo de ellos, y que consistió en matar a la Hidra de Lerna. La Hidra era un monstruo que vivía en el lago Lerna, en el golfo de la Argólida. Ahí habitaba este ser de múltiples cabezas con forma de serpiente.

»Tras llegar al lago, Heracles y su sobrino Yolao se cubrieron sus bocas y narices con una tela para protegerse del aliento venenoso de la Hidra. Cada vez que Heracles cortaba una de las cabezas del monstruo, en su lugar se regeneraban dos.

—¿Qué es lo que hizo Heracles para matar a la Hidra si cada vez que le cortaba una cabeza aparecían dos? —preguntó Pablo.

—Su sobrino Yolao le ayudó quemando el cuello de cada cabeza cortada para que así no renacieran más. Al final, la Hidra murió sin cabezas y Heracles mojó las puntas de sus flechas con la sangre para que así fueran mortíferas para quienes hiriese —contestó Ramón—. El trabajo en equipo es muy importante, Pablo, ni el mismo Heracles, a pesar de su enorme fuerza y su destreza con la espada, podría haber acabado con la Hidra si hubiera actuado él solo. La verdadera unión es la que hace la fuerza.

—Yo me imagino —comentó Isabel— que para Heracles y Yolao habría un momento en el que habrían pensado que era imposible matar a semejante monstruo.

—Fíjese, Isabel —contestó Ramón—, estoy convencido de que, a pesar de la enorme dificultad a la que se enfrentaban, ellos estaban abiertos a una posibilidad.

—¿A qué posibilidad estaban abiertos? —preguntó Isabel.

—A la posibilidad de que lo que a veces nos parece imposible también puede ocurrir. Heracles empezó sus trabajos dispuesto a terminarlos y ese compromiso hizo que siempre buscara opciones y que jamás se diera por vencido. La historia dice que cumplió tan bien sus primeros diez trabajos que Hera, la mujer de Zeus, que, como les he dicho, lo odiaba, descalificó dos de sus trabajos y le impuso otros dos. Por eso algunas veces oirán hablar de los diez trabajos de Hércules y otras de los doce trabajos. Como ven, Hera no había comprendido algo importante.

—¿Qué es lo que no había comprendido Hera? —preguntó Ana.

—Pues no había comprendido que el que nos hayan hecho sufrir en el pasado no nos da derecho a que nosotros hagamos sufrir a otros en el presente o en el futuro. Hay seres humanos que castigan, desprecian y humillan a los demás para sentirse más importantes. En el fondo, muchas veces lo que tratan de hacer es «curar» heridas de la niñez que se produjeron cuando ellos no se sintieron suficientemente queridos, acogidos y valorados. Necesitan cariño y, sin embargo, lo que generan es rechazo, frustración y miedo. Y cuando nosotros les rechazamos, aumentamos el tamaño de esas heridas. Conectar con ese sufrimiento oculto y no reaccionar ante la provocación que nos hacen es la clave para ayudarles a sanar sus heridas. Ese es el verdadero significado de la palabra compasión.

—Pero eso no es fácil, Ramón, hay personas que hacen mucho daño a otras y parece que disfrutan con ello —contestó Ana. El tono de su voz parecía reflejar que se sentía un poco molesta ante el comentario del guía.

—Claro que sí, Ana, es fácil de explicar, pero bien sé que no es fácil de aplicar. Para lograrlo hay que ser verdaderamente señor de uno mismo y esto pide fe, ilusión, dedicación, esfuerzo, persistencia y paciencia. No es algo que se suela lograr de un día para otro, sino que más bien es parte de un proceso que fundamentalmente lleva primero a conocerse, después a comprenderse y finalmente a superarse. Ya nos lo recordaba Proclo, uno de nuestros grandes filósofos: «El punto de partida de todo perfeccionamiento debe ser el conocimiento de nosotros mismos».

»También en el pronaos, que era el espacio arquitectónico situado delante de la sala principal del templo de Apolo en Delfos, y que visitaremos mañana, había una inscripción que decía: "¡Oh, tú que deseas sondear los misterios de la Naturaleza, que si no hallas dentro de ti mismo aquello que buscas, tampoco podrás hallarlo fuera! Si tú ignoras las excelencias de tu propia casa, ¿cómo pretendes encontrar otras excelencias? En ti se halla oculto el tesoro de los tesoros. ¡Oh, hombre! Conócete a ti mismo y conocerás el universo y a los dioses".

—El conocimiento de uno mismo es muy importante —intervino José—, pero a veces no resulta nada fácil. Es como si estuviera escondido en un lugar muy profundo y no supiéramos cómo llegar a él.

20

EL ESPÍRITU ESPARTANO

También en la sala del primer piso, Ramón condujo al grupo hacia una parte del museo donde habían colocado una extraña cabeza de mármol.

—Ahora les quiero presentar a un personaje nuevo del que no hemos hablado todavía y que es la gorgona Medusa. Como ven por la placa que hay abajo, esta cabeza es del siglo VI antes de Cristo. Es decir, que esta escultura tiene unos dos mil seiscientos años de antigüedad. Si observan con atención, verán que de su cabeza surge un montón de serpientes. Sus ojos muestran tristeza y su boca está medio abierta reflejando una gran desolación.

»La gorgona era un ser muy temido en la Grecia antigua. Hay algunos relatos que dicen que había tres gorgonas, aunque, de ser así, aquí tenéis a la más temida de todas, Medusa. Fue Palas Atenea la que, en castigo por algo que había hecho, transformó sus cabellos en serpientes. El dominio de Palas Atenea sobre Medusa se ve reflejado en el hecho de que en algunas esculturas de la diosa aparece grabada en su escudo la cabeza de este monstruo.

A lo largo de dos horas más, visitaron las otras salas del museo, deteniéndose en aquellas piezas que Ramón consideraba que podían ser de más interés para ellos. No hubo ninguno al que se le pasara por alto la cabeza de mármol de un hombre de cabeza grande, cara ancha, frente despejada y un enorme bigote que caía hasta encontrarse con una tupida barba.

—Creo que todos han adivinado de quién se trata: estamos ante el gran filósofo Sócrates —informó Ramón—. He de decirles que el oráculo de Delfos declaró a Sócrates el hombre más sabio que había en toda Grecia. Cuando él se enteró, exclamó: «Yo solo sé que no sé nada, y aun así, sé más que los que esto ignoran».

»De alguna manera, Sócrates nos quería transmitir que en la vida hay que mantener un espíritu curioso y explorador. Eso solo lo puede lograr quien es consciente de que no lo conoce ni lo sabe todo y por eso mantiene vivo su deseo de aprender y su capacidad de asombro.

Cuando ya se acercaba la hora de comer, Ramón llevó al grupo a una sala del museo donde había una curiosa pieza de cerámica que representaba a una lechuza.

—Estamos ante Glaucopis, la lechuza de Palas Atenea, la diosa que, como he comentado en alguna otra ocasión, da nombre a esta ciudad.

Aquella pieza de cerámica estaba pintada en colores ocre y negro. Los grandes ojos de la lechuza de forma cóncava estaban coloreados en negro y en su centro había dibujado un círculo ocre cuyo interior también era negro. Pequeñas rayas verticales, también de color negro, rodeaban el borde de aquellos enormes ojos. La cabeza, el cuello y el pecho estaban pintados en negro con puntos intercalados de un tono ocre. Sus alas combinaban plumas pintadas igualmente en ocre y negro.

Ramón prosiguió con su explicación.

—Glaucopis representa la mirada profunda, la que es capaz de ir más allá de lo superficial y llegar a descubrir lo que está oculto. Es también la mirada con alcance, la que ve lejos, la que se anticipa. Es importante que sepan que Glaucopis no solo era capaz de ver en plena oscuridad, sino que tenía asimismo un fino oído. Ella captaba lo que se decía, y lo que no se decía pero se sentía. No es pues de extrañar que Palas Atenea la tuviera en tan alta estima. Bueno, se está haciendo tarde —concluyó Ramón—. Vamos a buscar un buen restaurante que esté cerca del museo que seguro que todos tienen un gran apetito.

Iban los cinco camino del ascensor para bajar hasta la salida cuando Ramón se detuvo bruscamente. Isabel, que en ese momento iba a su lado, observó que algo le había causado un gran impacto. Sus ojos estaban brillantes como si le embargara una gran emoción. Fue entonces cuando él empezó a caminar en dirección a un busto. Sus pasos eran lentos y precisos. Al llegar a aquella escultura de piedra, aquel hombre empezó a declamar unas extrañas palabras.

—«Los héroes han perdido la gloria. Los sabios, a sus discípulos. Las gestas, si no existe un pueblo lo bastante noble para escucharlas, no son más que un golpe violento sobre una frente sorda, y las palabras elevadas, si no resuenan en almas elevadas, son como la hojarasca cuyo murmullo se ahoga en el lodo».

Nadie sabía qué hacer en ese momento. Fue Pablo, tal vez por la confianza que le generaba Ramón, el que empezó a hablar.

—¿Qué representa esta escultura?

Ramón miró al joven con extraordinaria ternura mientras dos lágrimas le caían por la mejilla.

—La escultura de piedra que ven representa a un guerrero espartano —explicó—. Como pueden apreciar, no tiene ni hombros ni brazos. En su torso podemos distinguir claramente tanto los pectorales como los abdominales. Los espartanos eran los mejores guerreros de toda Grecia. Su valor y su sentido del honor eran indiscutibles. No solo eran sumamente hábiles en el uso de la espada y la lanza, sino que dominaban el *pankrátion*, que era la lucha cuerpo a cuerpo. Con o sin armas, resultaban temibles para sus enemigos. Como ven, este guerrero está sonriendo y es que el espartano era capaz de sonreír en presencia del miedo y de no echarse para atrás, no importaba el tamaño del desafío. De hecho, cuando los guerreros espartanos iban al combate, entonaban un himno que ahuyentaba de sus mentes toda duda, toda ansiedad, toda preocupación y todo miedo.

—¿Cuál es ese himno, Ramón, se lo sabe? —preguntó Isabel.

—Naturalmente que me lo sé. ¡Cómo no me lo iba a saber si lo he cantado tantas veces! —Aquella respuesta les dejó a todos un poco perplejos—. Este es el himno espartano —dijo Ramón, mirando a lo lejos y echando los hombros hacia atrás como si fuera a emprender una marcha—: «Sé que el miedo llama a tu puerta como llamó a la mía cuando me enfrenté en el combate guerrero. / He tenido el privilegio de defender los valores a lo largo de estos años llenos de oscuridad sin saber si podría lograr lo que tenía que lograr. / Pero este es tu momento guerrero y yo cuento contigo para que estés a la altura del desafío y de lo que se te pide. / Tu libertad, tu destino y el de tu pueblo dependen de cómo hagas frente al reto y de que hagas de este combate tu momento más glorioso».

Ramón parecía que había entrado en una especie de trance. A los pocos instantes, siguió hablando:

—Cuando un espartano iba al combate y cantaba el himno, era como si llevara junto a él a un espíritu, a alguien que le recordaba cómo había de comportarse en esos momentos de desafío. Como ven, el guerrero lleva el clásico casco espartano. En los lados, el casco se extiende con unas lengüetas que protegen el cuello y las mejillas. La parte anterior del casco tiene una prolongación que protege la nariz. El penacho tiene forma de media luna, comienza por encima de la frente y termina a la altura de la nuca. En la vida —prosiguió Ramón— tenemos que estar siempre preparados para la batalla. Hay oponentes que los tenemos fuera y hay otros que los tenemos dentro. Siempre suele ser más fácil ver los oponentes que tenemos fuera y nos cuesta más descubrir los que hay dentro.

—¿A qué se refiere, Ramón? ¿Cuáles son los oponentes de dentro? —preguntó Ana.

—A veces son pensamientos y creencias que nos limitan. Es entonces cuando nos tenemos que enfrentar a nuestros sentimientos de incapacidad, impotencia y desesperanza. Otras veces son enfermedades a las que hemos de hacer frente. Para combatir a todos estos oponentes, creo que es muy bueno desarrollar un verdadero espíritu espartano, algo a lo que nosotros llamamos *philotimo*.

José estaba encantado con el discurso de Ramón y le recordó la exposición «El secreto de los griegos» a la que había asistido con Isabel. Pensó que a Isabel le estaba viniendo muy bien todo esto porque ella, sin duda, estaba librando una gran batalla.

Después de comer en un restaurante cercano, los cinco se dirigieron en taxi al Hefestión, un templo dedicado a Hefesto y a Palas Atenea. También visitaron el ágora de Atenas, el centro de la actividad política, administrativa, comercial y social de la ciudad antigua, su foco religioso y cultural, y el lugar donde se impartía justicia.

Todos llegaron al hotel agotados y bajaron al restaurante a cenar. Cuando estuvieron todos sentados en la mesa, Ramón les preguntó acerca de cualquier reflexión que quisieran compartir y que les hubiera sugerido lo que habían visto durante ese día.

José empezó con la suya.

—Para mí, y recordando cómo Heracles mató a la Hidra de Lerna, a pesar de que esta parecía imposible de vencer, mi reflexión sería doble: por una parte, que un límite puede ser real, pero también puede ser imaginario; y, por otra, que tal vez no podamos conseguir todo lo que queramos, pero sí mucho más de lo que imaginamos.

—¡Qué bárbaro, papá, me has dejado impresionada! —exclamó Ana.

—Y para usted, Ana, ¿cuál es su reflexión de hoy? —preguntó Ramón.

—Cuando nos ha contado usted el odio que sentía Hera por Heracles, he pensado que se puede vivir desde el temor, pero que también se puede vivir desde el amor.

—¿A qué te refieres, mamá? —indagó Pablo.

—Verás, hijo, he pensado en lo que nos contó Ramón acerca de las personas que hieren porque se sienten heridas y cómo estas personas generan en nosotros rechazo y miedo. Esta reacción nuestra, lejos de ayudarlas, agranda el tamaño de sus heridas. Por eso, yo puedo aprender a elegir el tratarlas como si las quisiera, aunque no sienta afecto hacia ellas. Para mí esto también puede ser tal vez una forma de amar.

—Sin duda que lo es —afirmó Ramón—, y en griego, a eso se le llama *agape*, que quiere decir amor no como emoción, sino como elección. Se elige tratar a alguien como si de verdad se le quisiese, aunque no se sienta afecto hacia esa persona.

Pablo fue el siguiente en hablar.

—A mí me ha hecho pensar lo que has dicho de los espartanos y me ha impresionado lo que se puede aprender a través de las obras de arte porque veo que tienen mucho que enseñar. Así que mi reflexión sería: ¡haz de tu vida una gran obra de arte!

Aquella reflexión tan profunda y de alguien tan joven generó un aplauso espontáneo.

—Muy bien, Pablo —dijo José—, me parece admirable lo que has dicho.

—Gracias, abuelo.

—Y usted, Isabel, ¿cuál es su reflexión de hoy? —preguntó Ramón.

—Yo no estoy pasando por un momento fácil en mi vida, Ramón, usted no lo sabe, pero estoy enferma. Sin embargo, y no sé por qué, hoy en la Acrópolis y en el museo he experimentado sentimientos muy profundos, algo así como si viera las cosas con una perspectiva nueva, y por esa razón con lo que me quedo de hoy es con una idea: nacemos en la Tierra, pero nuestro destino no es morir en ella.

José rodeó con un brazo a Isabel y la besó en la frente.

Aquel fue un momento muy especial para todos.

—¿Y tú, Ramón? ¿Cuál es tu reflexión de hoy? —preguntó Pablo.

—Todo lo que hemos visto hoy me ha inspirado a mí y os ha inspirado a vosotros. Hubo algunas personas a lo largo de la historia que hicieron grandes cosas en beneficio de la humanidad. Aunque tal vez fueron pocos, ayudaron a muchos. Por eso, mi reflexión sería esta: miles de velas pueden ser encendidas por una única vela y la vida de esta no se acorta.

—¡Qué chulada! —dijo Pablo.

—Bueno, muchas gracias a todos por sus reflexiones y comentarios. Para mí ha sido un gran privilegio acompañarles en la visita a esta gran ciudad.

—¿Naciste tú en Atenas? —preguntó Pablo.

—No, no, Pablo —contestó Ramón—. Yo nací en Esparta. Bueno, ya es hora de irse a dormir, mañana nos levantaremos a la misma hora que hoy y saldremos a las diez camino de Delfos. Por cierto, tengo una sorpresa para todos. En nuestra visita al templo de Apolo, nos va a acompañar alguien a quien ya conocen, es Agafon, la persona que nos atendió ayer en el restaurante en el que cenamos. No conozco a nadie tan experto como él para mostrarnos algunas de las cosas más sorprendentes del templo de Apolo en Delfos.

Aquel día, José, Ana, Pablo e Isabel se acostaron pensando que ese viaje que en realidad acababan prácticamente de comenzar, ya les estaba cambiando.

Tercera parte

Entrar en
un nuevo mundo

21

EL SABOR DEL RETO

A las nueve de la mañana, todos estaban desayunando y Agafon se unió a ellos.

—Buenos días a todos, me alegro de verles de nuevo —dijo Agafon.

Todos le saludaron con gran cordialidad.

—¿De qué parte de Grecia eres tú, Agafon? —preguntó Pablo para romper un poco el hielo.

—Yo nací en el mismo lugar que Ramón, yo también soy de Esparta.

—¿Se conocen desde hace mucho? —preguntó José.

—Claro que sí, desde que éramos niños.

Después de desayunar, todos subieron a sus habitaciones y bajaron con sus mochilas. Ramón les había dicho que llevaran la cantimplora llena y algo de ropa de abrigo. Él se encargaría de llevar la comida.

A las diez salían del hotel en un minibús rumbo al templo de Apolo en Delfos. Durante el camino hablaron de todo y disfrutaron del paisaje a medida que iban penetrando en la Grecia central.

El santuario de Apolo en Delfos estaba al pie del monte Parnaso en medio de las montañas de la Fócida y a unos setecientos metros sobre el nivel del mar. La vista desde allí era espectacular. Había muchos pinos, cipreses y arbustos, y de las rocas de la montaña, brotaban varios manantiales que formaban distintas fuentes. La más conocida de ellas era la fuente de Castalia que se encontraba junto a un pequeño bosque de laureles también dedicado al dios Apolo. No era de extrañar que los griegos hubieran construido aquel templo en semejante lugar. Con tales vistas era fácil elevarse de plano, tomar una nueva perspectiva sobre las cosas.

De lo que había sido dos mil quinientos años atrás un impresionante conjunto de edificios, ahora solo quedaban en pie unas cuantas columnas, algunos muros y montones de piedras.

El lugar estaba lleno de turistas porque, además, aquel iba a ser sin duda un lugar magnífico para observar el eclipse. Agafon empezó a contarles algunos datos sorprendentes de aquel lugar.

—El sitio en el que ahora nos encontramos fue de enorme importancia para la cultura griega. El oráculo de Delfos influyó en gran manera en la colonización de parte de Italia y de Sicilia y llegó a ser el centro religioso del mundo helénico.

»Las pitonisas eran las doncellas encargadas de transmitir el oráculo de los dioses, esto es, la respuesta que estos daban a los hombres, y parece ser que al hacerlo entraban en una especie de trance. Por esa razón, hace quince años, un equipo de investigadores norteamericanos decidió comprobar la veracidad de tal relato. Viajaron hasta aquí, hasta Delfos, y encontraron una serie de cuevas subterráneas por debajo del templo. Y descubrieron que allí, justo debajo del edificio, en el lugar en el que se sentaba la pitia o pitonisa griega sobre una singular banqueta de madera, existía una emisión de un gas alucinógeno. Este hallazgo parecía corroborar, según ellos, que las pitonisas del templo de Apolo efectivamente entraban en un tipo de trance. Desde que se descubrieron aquellas cuevas, el Ministerio de Turismo griego ha ocluido la entrada a ellas con unos tablones de madera y ha colocado varias señales prohibiendo el paso.

Todos juntos fueron recorriendo las distintas ruinas que formaban aquel conjunto de monumentos, la mayor parte de ellos casi completamente derruidos. Al igual que el día anterior, José, Ana, Pablo e Isabel habían quedado impresionados por la manera en la que Ramón les había descrito la Acrópolis de Atenas, ahora no estaban menos asombrados de las explicaciones que Agafon les estaba dando de aquel lugar.

—Oiga, Agafon —dijo José—, habla usted de una manera tal que parece como si hubiera conocido este lugar cuando estaba en su momento más álgido. ¿Realmente tenemos datos históricos de que las cosas eran como usted las cuenta o, por el contrario, está usted usando su imaginación para que la explicación resulte un poco más atractiva? No es que me importe mucho, sencillamente es que me gustaría saberlo.

Aquel comentario tenía todo el sentido del mundo, porque José era un hombre de ciencia y, para él, más importantes que las opiniones eran los datos. Él solía repetir cuando era jefe de cardiología: «No me cuentes tus opiniones como si fueran datos, dame los datos y déjame a mí sacar mis propias opiniones».

Sin embargo, aquel comentario inocente de José tuvo un gran impacto en Agafon, el cual miró a Ramón. Este asintió con la cabeza y dijo:

—Sí, ha llegado el momento.

—¿El momento de qué? —preguntó Ana.

—El momento de que tengamos una importante conversación. Síganme por favor.

José, Ana, Isabel y Pablo se miraron desconcertados y siguieron a Ramón y a Agafon hasta un lugar que se encontraba a cierta distancia de donde estaban todos los turistas. En el suelo había algunas piedras grandes que habían sido parte de algún edificio, así como varios cipreses y algunos arbustos.

—Por favor, siéntense en esas piedras —les pidió Ramón.

Los cuatro lo hicieron, Agafon permaneció de pie junto a Ramón y frente a ellos.

Todos estaban expectantes ante lo que les iba a comunicar, algo que sin duda parecía bastante importante.

—Quiero contarles algo que les va a parecer demasiado increíble como para ser cierto. Es algo que va a desafiar por completo lo que hasta ahora todos ustedes han dado por lógico, sensato y verdadero. No piensen que estoy loco, solo les pido que primero me permitan completar mi historia y que luego me acompañen para que les muestre algo que va a romper todos sus esquemas —dijo Ramón—. Mi nombre no es ni Ramón ni Raymóndos. Mi nombre es Orestes, y mi amigo del alma, la persona que está a mi lado, no se llama Agafon, sino Phylades. Ambos nacimos hace dos mil quinientos años en Esparta y visitamos con mucha frecuencia Atenas. Esa es la razón por la que yo pude describir la Acrópolis como lo hice, porque yo estuve allí cuando todos los edificios estaban en pie. Phylades y yo éramos parte de la guardia del gobernador de Tebas, un extraordinario hombre llamado Isócrates.

»Un día, Isócrates nos pidió que visitáramos este lugar, el mismo lugar donde ahora estamos, y consultáramos el oráculo. Al parecer, nuestro gobernador había tenido una serie de sueños premonitorios que anunciaban que algo terrible iba a ocurrirle a Tebas. El mentor de Isócrates, el sabio Metón, le sugirió que mandara a sus dos hombres de más confianza a este sitio portando una importante ofrenda al dios Apolo. Phylades y yo éramos esas dos personas y teníamos que pedirle al dios Apolo, a través de la pitonisa Diotima, que nos ayudara a interpretar el sueño.

José, Isabel, Ana y Pablo tenían la boca abierta y a Pablo se le empezaba a caer la baba. Orestes prosiguió con su relato.

—Diotima nos transmitió dos revelaciones del dios Apolo. La primera fue en forma de enigma y nos hablaba de unos extranjeros que vendrían de tierras lejanas y de mundos distintos y que devolverían la libertad a Tebas y a toda Grecia. Ni Phylades ni yo sabíamos quiénes eran esos extranjeros, pero estábamos decididos a averiguarlo porque pensábamos que tenían una gran relación con el sueño de nuestro gobernador. La segunda revelación —prosiguió Orestes— fue la del lugar donde se encontraba una de las puertas del tiempo, algo que solo revela el mismísimo dios Apolo. Nosotros sabíamos que una se encontraba en el pecho de Cronos, pero desconocíamos dónde estaban las otras dos a las que se hacía referencia en algunos de nuestros textos sagrados.

—¿Adónde conducen esas puertas? —preguntó José, que estaba totalmente descolocado.

—Esas puertas conectan distintos momentos del tiempo —contestó Phylades—. Durante los meses que Orestes y yo hemos pasado en su dimensión temporal, hemos leído en algunos de sus libros que culturas antiguas describían contactos con gentes de otros planetas. Al parecer, hay una losa en México, la losa de Palenque, que pertenece a la cultura maya, en la que aparece una figura de lo que ustedes llaman un astronauta. Ustedes siempre han pensado que esos seres, de existir, se habrían movido a través del espacio, pero nunca se les ha ocurrido pensar que tal vez no se movían a través del espacio, sino del tiempo. Por ese motivo, y gracias a nuestro venerado Apolo, supimos donde estaba la segunda puerta del tiempo.

—¿Y dónde estaba? —preguntó Pablo, completamente ensimismado.

—Está justo debajo de nosotros —contestó Phylades—. Los científicos norteamericanos descubrieron la emanación de gas alucinógeno de la que les hablé y que según ellos ponía en situación de trance a la pitonisa. Lo que no vieron, porque está muy oculto, es el lugar donde se encuentra la segunda puerta del tiempo. Esta puerta la pudimos abrir con un conjuro y por eso pudimos entrar en su mundo.

—¿Cómo nos localizaron? —preguntó Isabel.

—La puerta nos permitía llegar hasta donde estaban aquellos de los que hablaba el oráculo —afirmó Phylades—. Entonces la atravesamos. Aparecimos en el mismo sitio, pero en otra época, esta en la que ahora estamos.

—Pero ¿cómo se adaptaron a una época tan distinta a la suya? ¿Cómo es que no se volvieron locos viendo cosas como coches y aviones en lugar de caballos? —quiso saber Isabel.

Orestes tomó la palabra:

—Cuando uno atraviesa esta puerta, no solo cruza una barrera en el tiempo y aparece en otro momento de la historia. La puerta hace algo más.

—¿Qué es lo que hace? —preguntó Ana.

—Facilita una adaptación inmediata a la otra cultura —respondió Phylades—. No es solo el cuerpo el que viaja, sino que también lo hace la mente. Al viajar, la mente absorbe lo que ustedes llaman memes y que uno de sus más afamados psiquiatras, el suizo Carl Gustav Jung, denominaba el inconsciente colectivo, es decir, el conjunto de conocimientos que la humanidad ha acumulado a lo largo de los años. Nosotros adquirimos de manera inmediata no solo su lengua, sino también el conocimiento de muchos de sus avances tecnológicos y culturales.

»Yo me quedé en Atenas preparando una parte de su viaje y Orestes fue a su ciudad y abrió la agencia de viajes. Sabíamos que algo en ella les atraería. Todos nosotros estábamos ya conectados por aquel oráculo.

—Por eso —dijo Orestes—, cuando me hablaron de que les habían intentado envenenar en un restaurante griego llamado Ares, inmediatamente supe que alguien más había penetrado en su mundo utilizando una de las tres puertas del tiempo.

—Pero ¿cómo salieron adelante? ¿De dónde sacaron el dinero? —insistió Ana.

—Nosotros viajamos a su mundo con una bolsa llena de monedas de oro —contestó Phylades—. Imagínese, Ana, el dinero que se puede obtener, en la época en la que ahora estamos, con una simple moneda de oro que tiene una antigüedad de dos mil quinientos años y que además está en perfecto estado.

—¿Cómo se atraviesa la puerta? —preguntó Isabel.

—Para viajar de nuestro mundo al suyo tuvimos que utilizar un conjuro —dijo Orestes—. Sin embargo, para que ahora podamos viajar de esta época a aquella de la que partimos, necesitamos que el conjuro sea pronunciado en el momento en el que tenga lugar un eclipse. Esta es la razón por la que hoy estamos aquí, precisamente en este día.

José se levantó y se dirigió a Orestes en un tono desafiante.

—¿Han terminado?

—Sí, José, hemos terminado —contestó Orestes con gran calma y serenidad.

—Miren, Ramón, Raymóndos, Orestes, Agafon, Phylades o como puñetas se llamen. ¿Nos han tomado ustedes por imbéciles? Yo soy un hombre de ciencia y siento que se está insultando a nuestra inteligencia si se nos habla como si fuéramos unos estúpidos. ¿De verdad piensan que nos vamos a creer semejantes cuentos?

En ese mismo momento empezó a producirse el eclipse.

—Comprendo muy bien su reacción —dijo Orestes—. Por favor, si me acompañan, les mostraré que todo lo que les he dicho es cierto.

Ni José ni Ana ni Isabel sabían qué pensar o decir. Fue Pablo el que se acercó a Orestes y le dijo:

—Orestes, yo sí creo que Phylades y tú sois dos valientes guerreros espartanos. Ni entiendo muy bien lo que has dicho ni me es fácil aceptarlo, pero aun así algo dentro de mí me dice que todo es verdad. Desde que te conozco, Orestes, noto que algo en mi interior está cambiando y yo necesito realmente que ese cambio continúe. Sé que tan solo tengo dieciséis años y posiblemente poco que ofrecer, pero lo que te ofrezco aquí y ahora es el seguirte a donde tú vayas.

Ni Ana ni José habían visto jamás tal determinación en Pablo. Orestes se acercó a él y, poniendo las manos sobre sus hombros, le dijo mientras le miraba fijamente a los ojos:

—Pablo, tú todavía no lo sabes, pero estás llamado a hacer grandes cosas.

—De acuerdo —dijo súbitamente Ana—, yo también les acompaño.

José miró a Isabel y también ellos se unieron.

Los seis caminaron alrededor de unas pequeñas ruinas y llegaron a un lugar apartado en el que había unos tablones de madera y un letrero que prohibía el paso. Sin tener que hacer grandes esfuerzos, Orestes y Phylades arrancaron aquellos maderos.

Antes de entrar en el interior de la cueva, Orestes se paró y sacó de su mochila uno de los filtros que había traído y, dándoselo a Pablo, le dijo:

—Toma, Pablo, mira el eclipse a través de este filtro. Te dije que lo verías y mi honor me exige cumplir siempre lo que digo.

Después de unos breves segundos en los que Pablo pudo observar el eclipse, le devolvió el filtro a Orestes.

—Adelante, pues, vamos dentro —dijo Orestes.

El lugar estaba muy oscuro, pero Orestes y Phylades llevaban unas linternas en sus mochilas. Todos siguieron los dos haces de luz que iluminaban el camino. El suelo estaba formado por multitud de piedras de forma hexagonal y las paredes, también de piedra, estaban llenas de cortantes aristas. Después de recorrer unos cien metros de túneles por debajo del templo, Orestes se detuvo frente a un trozo de pared que tenía una extraña señal que apenas ya se veía. Fuera del túnel, el eclipse era ya total. En ese momento, Orestes se puso delante de aquella pared y empezó a recitar unas extrañas palabras. Ante los ojos de todos ellos, la pared empezó a cambiar. Primero se hizo translúcida y luego se transformó en una especie de remolino azul que daba vueltas.

—Observen —dijo Orestes, acercando su mano a la pared. Ante los ojos atónitos de José, Ana, Isabel y Pablo, aquella mano desapareció por completo. Era como si Orestes tuviera ahora un brazo sin mano. A continuación, movió su brazo hacia atrás y apareció de nuevo la mano.

—¡Sabía que era verdad! —gritó Pablo—. ¡Lo sabía!

—Miren —dijo Orestes—, ahora les toca a ustedes tomar una decisión: la de si quieren entrar en mi mundo o quedarse en el suyo. Si deciden no saltar con nosotros, lo entenderemos perfectamente. El ómnibus les estará esperando hasta dentro de dos horas, esa es la instrucción que tiene su conductor. Cuando lleguen a Atenas, en la recepción del hotel les entregarán un sobre a su nombre que contiene cuatro billetes de avión con destino a Madrid y con fecha de mañana y una determinada cantidad de dinero como compensación por todas las molestias que hayamos podido ocasionarles. Sin embargo —continuó Orestes—, si por el contrario deciden acompañarnos, pueden hacer un gran bien a mucha gente y tal vez lo que logren pueda mejorar mucho su sociedad del futuro. No sé a los riesgos a los que los seis nos vamos a tener que enfrentar, de lo que sí estoy convencido es de que solo con su ayuda podremos llevar a cabo con éxito nuestra misión.

»Phylades y yo seremos los primeros en cruzar por la puerta del tiempo. Elijan en libertad si nos quieren seguir o no. Solo puedo decirles que, una vez crucen este umbral, no habrá retroceso.

—¿Quiere decir que ya nunca volveremos a casa? —preguntó Ana.

—No, al menos a través de esta puerta.

—Adiós, Pablo; adiós, José; adiós, Isabel; adiós, Ana.

Orestes se despidió de cada uno de ellos y Phylades hizo lo mismo. Cuando se quisieron dar cuenta, los dos amigos habían atravesado la puerta y estaban ahora en el mismo lugar, pero en otro tiempo.

Una voz en el corazón de Pablo le susurró: «Atrévete a pesar de tu miedo y te sentirás valiente».

Pablo miró a su familia y les dijo:

—Mamá, abuelo, Isabel, nunca olvidéis lo mucho que os quiero.

Incapaces de actuar con suficiente rapidez como para poder llegar a pararle, José, Isabel y Ana vieron como Pablo atravesaba la puerta del tiempo y desaparecía ante sus ojos. No hizo falta que pasara ni tan siquiera un minuto para que ellos hicieran lo mismo.

22

MÁS ALLÁ DEL HORIZONTE

Cuando José, Ana e Isabel traspasaron la puerta del tiempo, se encontraron a Pablo abrazado a Orestes y a Phylades.

—¡Mamá, Isabel, abuelo!

Pablo no cabía en sí de la alegría. Todos se abrazaron.

Orestes tomó la palabra:

—Gracias por su valentía, gracias por su confianza y muchas gracias por su extraordinaria generosidad. Ha sido su comportamiento el que mejor ha definido cuáles son sus verdaderos valores. Tanto Phylades como yo juramos ante el dios Apolo, en cuyo santuario estamos, que, si fuera necesario, daremos sin dudarlo nuestras vidas para proteger las suyas.

—Oye, Orestes —dijo Pablo, dirigiéndose a él, pero mirando a todos—, ya que somos compañeros, que estamos juntos en una gran misión, ¿qué os parece si nos tuteamos?

Aquel pequeño gesto logró en un instante reducir parte de la tensión del momento y estrechar aún más los lazos de afecto que existían ya entre ellos. No hay nada que frente a la incertidumbre ayude más que el sentirse acompañado.

—Claro que sí —contestaron de forma unánime todos.

Orestes entonces se dirigió a sus compañeros:

—Cuando salgamos de esta cueva, estaremos en el mismo sitio —anunció Orestes—, en Delfos y ante el templo de Apolo, pero todo será diferente. Quiero que lo sepáis y estéis preparados para ello. Tampoco sabemos lo que nos vamos a encontrar y, como bien dicen algunos de nuestros más destacados marinos, «en aguas sin mapas necesitamos una gran capacidad de reacción y maniobra». Ignoramos lo que puede haber ocurrido desde que abandonamos Tebas, pero tendremos que averiguarlo. Podemos encontrarnos con gente amable que nos ayude y también con gente hostil que quiera incluso acabar con nuestras vidas. De ahí que tengamos que aprender a cuidar unos de otros.

Todos comprendieron que para poder cuidar unos de otros, tenían que aparcar sus egoísmos y sus intereses particulares y enfocarse en el bien común.

—Vamos —dijo Orestes.

Los seis salieron de aquella cueva cuya entrada bastante escondida ya no tenía ninguno de los tablones de madera que hacía tan solo unos minutos habían estado bloqueando su acceso.

Orestes y Phylades se adentraron en una zona boscosa y el resto les siguió. Allí habían ocultado su coraza, su escudo, su casco, su lanza, su arco y su espada.

La impresionante imagen de ellos vestidos como guerreros trajo de inmediato a la mente de Pablo la escultura del espartano sin brazos que habían visto en el Museo de la Acrópolis en Atenas.

—Vamos hacia el templo de Apolo —dijo Orestes.

Después de caminar unos ciento cincuenta metros, apareció ante ellos y con todo su esplendor el templo de Apolo. No había ni una sola piedra que no formara parte o bien de una columna o bien de alguna de las paredes de aquellos edificios. Parecía como si hubieran entrado en un plató en el que se estuviera rodando una película histórica.

—¡Ahora lo entiendo! —dijo José, dirigiéndose a Phylades—. Ahora entiendo por qué describías todo con tanto detalle y precisión cuando nos explicaste este lugar. Te ruego que, por favor, disculpes mis dudas y mi escepticismo.

—No, no hay nada que disculpar, José, y sí mucho que agradecer. Gracias por estar aquí con nosotros, gracias por acompañarnos.

—¡Todos al suelo! —gritó de repente Orestes.

Los seis se lanzaron a tierra ocultándose tras unos arbustos. Un grupo de soldados montados a caballo se dirigía hacia el templo principal. Orestes y Phylades vieron que era una patrulla que enarbolaba el distintivo del ejército tebano. Aun así, decidieron proceder con cautela.

Orestes y Phylades se miraron.

—Vamos a acercarnos —dijeron al resto—. Tenemos que averiguar quiénes son y lo que ha podido pasar en Tebas. Además, necesitamos caballos. Quedaos aquí, volveremos pronto.

—Pablo —dijo Orestes—, toma este arco y estas flechas y, si fuera necesario utilízalos para defender a tu familia.

—Toma, José, coge tú mi lanza —dijo Phylades.

Un grupo de diez soldados se había parado en la entrada del templo y después de bajar de sus caballos, cuatro de ellos se habían quedado fuera vigilando y seis habían entrado. Al mando de aquella patrulla iba un hombre de gran corpulencia y de aspecto feroz, que nada más entrar en aquel espacioso edificio, ordenó a sus hombres que registraran aquel lugar. Buscaban a la pitonisa, buscaban a Diotima.

Uno de aquellos soldados la encontró en una sala haciendo una ofrenda al dios Apolo y, agarrándola con violencia de un brazo, la llevó ante su comandante.

—Comandante, aquí está Diotima —dijo aquel soldado, empujando a la adivina hasta hacerla caer al suelo.

—¿Qué es lo que quieres de mí? —preguntó la pitonisa.

Aquella mujer de intensos ojos azules y que tenía su pelo negro azabache recogido formando una larga coleta era de una belleza extraordinaria. Cubría su cuerpo con una túnica de color azul celeste que le llegaba hasta los tobillos dejando tan solo al aire su hombro derecho, y llevaba en los pies unas sandalias de cuero con unos cordones trenzados y hechos con una mezcla de seda azul y oro.

—Sabes, Diotima, que nuestro gobernador, el gran Creonte, está preocupado por el significado de una profecía que le reveló una anciana y, a pesar de todo, tú te negaste a recibir a la persona que él te envió para que consultaras el oráculo. ¿Quién te crees que eres para desafiar sus órdenes? ¿Pensaste que Creonte no haría nada ante tu desprecio y que se quedaría con los brazos cruzados? Si no has querido colaborar por las buenas, ahora tendrás que hacerlo por las malas.

En ese momento, Kreon, el comandante en jefe del ejército tebano y que era quien había ido al templo mandando aquella patrulla, sacó su espada y se la acercó a Diotima.

—Mira esta espada, pitonisa, porque puede ser lo último que veas en esta vida.

—¿Y tú de verdad crees, comandante, que matándome a mí, te saldrás con la tuya? ¿Acaso no sabes que estoy al servicio del dios Apolo y que toda vejación que hagas conmigo también se la haces a él? —dijo Diotima, mirándole fijamente con sus bellos ojos azules.

—Ni me importas tú ni tengo miedo a Apolo. Consulta el oráculo o en este mismo instante perderás la vida.

—¡Alto, detén tu espada! —gritó alguien con voz potente.

Cuando Orestes y Phylades acudieron al templo para consultar el oráculo siguiendo las órdenes de Isócrates, Diotima no solo les reveló la profecía, sino que además les indicó dónde estaba una de las tres puertas del tiempo, aquella que solo revelaba el mismísimo dios Apolo.

Escondida en el interior de uno de los túneles que se encontraba bajo aquel templo, hallarían una pared con una inscripción. En ella aparecía la localización de la puerta del tiempo. Orestes y Phylades habían de pronunciar un conjuro tras revelar ante dicha inscripción el contenido de la profecía. Entonces la puerta se abriría y les llevaría a donde ellos querían.

Diotima les había guiado hasta una trampilla en el suelo, que, oculta bajo una alfombra roja, permitía descender a través de una pequeña escalera de madera al interior de aquella galería subterránea.

Al ver que seis soldados de aquella patrulla tebana habían entrado en el interior del templo dejando a cuatro de ellos fuera de vigilancia, Orestes y Phylades corrieron en dirección a la cueva y después de recorrer uno de aquellos túneles, subieron por la escalera de madera y entraron así en el edificio. Ambos se escondieron detrás de una de las enormes columnas que existían en aquel lugar. Desde allí vieron como aquel soldado arrojaba a los pies de Kreon a Diotima. También supieron que algo grave había sucedido en Tebas y que había un nuevo gobernador llamado Creonte.

—Orestes y Phylades, ¿qué hacéis aquí? ¿De dónde habéis salido?

Kreon, el comandante del ejército tebano, había reconocido de inmediato a los dos mejores soldados de la guardia personal de Isócrates.

—¿Qué ha sido de vosotros? ¿Qué os ha transformado? ¿Cómo es que os habéis convertido en seres tan crueles? —preguntó Orestes.

—Hay un nuevo orden en Tebas, Orestes —contestó Kreon—, y nuestro nuevo gobernador será espléndido si os unís a él como hemos hecho nosotros. Él sabrá recompensar con creces vuestra lealtad.

—¿Lealtad a qué? —repuso Phylades—. ¿Al poder y al dinero? Nosotros solo tenemos lealtad a nuestros valores.

—Sois unos estúpidos y lo pagaréis caro —respondió Kreon—. ¡Guardias, acabad con ellos!

Poco pudieron hacer aquellos soldados para hacer frente a dos guerreros espartanos de la talla de Orestes y Phylades. Tras una breve pero encarnizada batalla, los cinco soldados de aquella patrulla y su comandante yacían muertos en el suelo.

Orestes se acercó a Diotima.

—¿Estás bien, te han hecho daño?

—Estoy bien, gracias, amigos. Si no hubiera sido por vosotros, estaría ya traspasando las puertas del Inframundo.

—Antes de que nos cuentes con detalle lo que ha ocurrido en Tebas y quién es ese tal Creonte, Phylades y yo tenemos algo más que hacer, hay cuatro soldados de guardia fuera del templo, si no ven que sus compañeros salen, entrarán ellos. Es mejor atacarles por sorpresa. Cuantos menos riesgos innecesarios corramos, mucho mejor.

Los cuatro soldados que permanecían en el exterior apenas pudieron reaccionar ante la sorprendente rapidez con la que fueron atacados.

Orestes y Phylades fueron entonces a buscar a sus amigos y les guiaron al interior del templo. Allí conocieron a la joven Diotima. Pablo, al ver su extraordinaria belleza, se quedó sin habla.

—Y este es Pablo —dijo Orestes, mientras les presentaba uno a uno a Diotima—. En mi paso por el futuro, no he encontrado a un joven más valiente que él.

Aquella forma en la que Diotima le miró dejó una profunda huella en el corazón de Pablo porque jamás ninguna chica le había mirado de aquella manera. A Pablo le hubiera gustado decirle: «Yo quiero ser como tú me miras».

Después de las oportunas presentaciones, Diotima les contó con toda suerte de detalles lo que había sucedido en Tebas. El cruel Creonte era el nuevo gobernador de la ciudad y mandaba con puño de acero.

Creonte poseía un sorprendente escudo que le dotaba de una extraordinaria fuerza y cuyo origen era oscuro. Aunque ella no podía saberlo porque el dios Apolo no se lo había revelado, pensaba que había tras él algún poder oculto que se había aliado con Creonte.

—No podemos asegurártelo, Diotima —dijo Orestes—, pero tal vez el mismo Ares esté metido en ello.

Orestes recordaba cómo se llamaba el restaurante en el que habían intentado envenenar a sus amigos.

—Si es así —contestó Diotima—, que Zeus, Apolo y todos los dioses del Olimpo nos protejan.

—No te angusties, Diotima —dijo Orestes—, ¿acaso no recuerdas la profecía? Estas cuatro personas que nos han querido acompañar desde el futuro también nos ayudarán a devolver la libertad a Tebas. Sin duda, Apolo es favorable a nuestra causa, porque, de lo contrario, él no te hubiera revelado a ti la profecía ni nos habría ayudado a llegar hasta ellos.

—Tienes razón, Orestes —admitió Diotima—, tiene mucho sentido lo que dices.

—Diotima, ¿sabes algo del sabio Metón, el consejero de Isócrates? —preguntó Phylades.

—Llegó a mis oídos que los secuaces de Creonte le estaban buscando. Está oculto y nadie conoce su paradero.

—Yo creo que tal vez podamos saber dónde está —contestó Orestes, mirando a Phylades—. Isócrates y Metón se reunían en ciertas ocasiones en el bosque sagrado, el robledal de Lodona. Aunque, como sabes, es un bosque grande, Isócrates y él siempre se encontraban en el mismo lugar, en el estanque de Narciso.

—¡Qué! —exclamó Pablo—. ¿De verdad que ocurrió lo de Narciso?

—Naturalmente que sí —afirmó Diotima, mirando a Pablo con gesto de sorpresa.

Pablo no se atrevió a hacer más comentarios.

—Solo Phylades y yo conocemos el lugar —prosiguió Orestes—, ya que éramos los únicos que acompañábamos a Isócrates en aquellas reuniones secretas. Isócrates no era desconfiado, pero sí lo suficientemente previsor como para esperar lo inesperado. Prefería que el lugar de aquellas reuniones lo conocieran pocos. Vamos a dirigirnos allí y a buscar a Metón, ojalá que la diosa de la fortuna nos acompañe. ¡Vamos, pues, al robledal de Lodona!

—Un momento, Orestes, tengo que ir a buscar algo —dijo Diotima.

—Muy bien, pero no te retrases.

—José, ¿qué te pasa? —preguntó Phylades al ver que este se encontraba apartado del grupo y con expresión seria y distante.

—Estoy preocupado, Phylades —contestó José—, preocupado de convertirme en una carga para todos vosotros. He cumplido ya setenta y cinco años y lo único que voy a hacer es dificultar aún más vuestra misión.

Phylades le miró directamente a los ojos y puso sus enormes manos sobre los hombros de José.

—José, tú no eres mayor, simplemente te ves mayor, y eso está a punto de cambiar.

Entonces apareció Diotima. Llevaba en las manos algo alargado que estaba envuelto en lo que parecía una gran piel de serpiente.

Todos montaron en los caballos y partieron hacia el bosque sagrado, hacia el robledal de Lodona.

23

EN EL BOSQUE DE LAS NINFAS

La distancia entre el santuario de Delfos, en la Fócida, y la ciudad de Tebas, en Beocia, era de unos noventa kilómetros.

A medio camino había un extraordinario robledal conocido como el robledal de Lodona. Para los griegos, aquel era un bosque sagrado porque allí habitaba un grupo de ninfas llamadas las náyades.

Los árboles, muchos de ellos de un enorme tamaño, se asemejaban a esculturas vivas. Algunos de los más viejos tenían en su tronco grandes agujeros y sus arrugadas cortezas parecía que estaban pintadas con una mezcla de colores grises, blancos y pardos. Las raíces que sobresalían de la tierra y de la parte baja del tronco estaban cubiertas por una densa capa de musgo mullido y verde. Las hojas estrechas y con bordes aserrados mostraban todo tipo de colores: amarillos, azules, verdes, rojos y ocres. A las ninfas les gustaban así y, por ese motivo, a los robles de aquel bosque no se les marchitaban ni caían las hojas como ocurría en otros bosques de Grecia.

Pocas personas se atrevían a adentrarse en aquel robledal, no solo por respeto a las bondadosas ninfas, sino porque algunos de los habitantes de Tebas que habían ido al bosque jamás habían regresado.

El suelo de aquel bosque estaba cubierto de musgo, de hierba y de flores. También había grandes piedras, pero al estar casi por completo revestidas de musgo, parecían como grandes jorobas que emergían caprichosamente de la tierra.

Durante la cabalgada desde el santuario de Apolo en dirección al bosque, Orestes, Phylades y Diotima se habían tenido que detener en varios momentos para que sus compañeros pudieran hacerse mejor con los caballos. A lo largo de todo el camino, Orestes y Phylades, que eran grandes jinetes, les fueron dando instrucciones y les ayudaron para que se sintieran más cómodos sobre sus monturas.

Antes de entrar en el bosque sagrado, Orestes hizo una señal para que se detuvieran.

—Vamos a entrar ahora en este bosque y tenemos que hacerlo en silencio. Iremos al paso con los caballos. Primero iré yo abriendo camino. Detrás de mí irán primero Pablo y después Ana. A continuación de Ana, irá Diotima y, tras ellos, José y luego Isabel. Cerrará el grupo Phylades. Phylades y yo tenemos experiencia en el combate. Yo protegeré la cabecera y él la retaguardia.

Orestes encabezó al grupo en dirección al estanque de Narciso. Cuando por fin llegaron a él, la tarde estaba ya dando paso a la noche.

—Nos detendremos aquí y nos ocultaremos. Sé que hace frío, pero no podemos encender un fuego y arriesgarnos a que alguien nos vea. Poneos las ropas de abrigo que lleváis en las mochilas.

—¿Y Diotima? —preguntó Pablo—. Ella no tiene mochila.

—No te preocupes, Pablo —contestó ella—. Me cubriré con una piel que he traído. Muchas gracias por cuidar de mí.

Después de encontrar un lugar próximo al estanque de Narciso, un lugar a cubierto bajo las copas de dos grandes robles, todos se dispusieron a dormir al menos durante unas pocas horas. La zona que eligieron para tumbarse estaba cubierta de una mullida capa de musgo. Orestes haría la primera guardia y Phylades después le reemplazaría.

La noche era oscura y el silencio era absoluto. Súbitamente se escuchó un batir de grandes alas. Orestes las divisó e inmediatamente sacó su espada. A Phylades, acostumbrado a tener un sueño ligero, aquel extraño sonido ya le había despertado. Los dos actuaron con rapidez y tapando uno a uno la boca de sus compañeros a fin de que no pudieran emitir ningún ruido, les alertaron.

Por encima de ellos sobrevolaban unos grandes ojos amarillos que acompañaban aquel batir de alas.

—Arpías —dijo Phylades. Orestes afirmó con la cabeza.

Cuando se hubieron ido, Orestes, susurrando, se dirigió al grupo:

—Son arpías, y parece que buscan algo.

En efecto, después de la conversación que Cicno había tenido con Hipólita y con Hécate en la que les había revelado sus planes para liberar a Cronos, derrocar a Zeus y crear un nuevo orden en el mundo, las dos diosas habían tenido otra conversación a la que Cicno no había sido invitado.

—No me fío de Cicno, Hipólita —dijo Hécate.

—Yo tampoco, hermana.

—No me extrañaría que una vez que le hubiéramos ayudado en sus planes, Cicno nos quisiera traicionar encadenándonos en el Tártaro como hizo Zeus con Cronos. En caso de que nos sorprendiera y lo hiciese, tenemos que estar preparadas. Hemos de encontrar esa raíz que crece en el robledal de Lodona y que Hefesto utiliza para obtener el líquido que disuelve sus cadenas. Voy a mandar a mis tres arpías Aelo, Ocípete y Celeno al bosque sagrado para que localicen esa raíz y nos la traigan.

—Pero, Hécate, ¿cómo van tus arpías a encontrar la raíz si crece bajo tierra y solo Hefesto sabe dónde está?

—Querida Hipólita —prosiguió Hécate—, las ninfas que habitan allí seguro que sí conocen el lugar porque tú bien sabes que ellas son curiosas y están atentas a todo lo que ocurre en su bosque. No creo que les haya pasado desapercibida la presencia de Hefesto. Y como ellas bien conocen, a Hefesto no le gusta alejarse ni de su fragua ni de la isla de Lemnos donde vive. Eso habrá incrementado aún más su curiosidad.

—Pero, Hécate, las ninfas temen a Hefesto y nunca hablarán, aunque las torturemos.

—Una sí hablará si el cebo que le ponemos es lo suficientemente apetitoso —contestó Hécate con una maliciosa sonrisa—. La ninfa Eco sí hablará. Una de mis arpías le dirá que si nos dice dónde ha visto a Hefesto recoger la raíz, Hera anulará el hechizo que lanzó Némesis, la diosa de la justicia, sobre el joven Narciso y le sacará de las profundidades del Inframundo. Así, lo que ahora tan solo es una flor, se transformará de nuevo en su gran amor.

»Sin duda, Narciso se sentirá agradecido y Eco, que se consumió ante su desamor, al sentirse correspondida, recuperará su cuerpo y aparecerá con todo su esplendor ante él. Además, Hera levantará la condena que impuso a Eco, para que ya no tenga que repetir más lo que oiga y así se escuche de nuevo su auténtica voz. ¿No te parece que el cebo es lo suficientemente apetitoso, Hipólita?

—Pero ¿y si no cree a la arpía? ¿Y si pide una prueba de que Hera, la reina de los dioses, está a su favor? —preguntó con ansiedad Hipólita.

—Entonces, mi arpía le enseñará esto.

Hécate le mostró a Hipólita un mechón de pelo que resplandecía como el oro.

—Es de Hera. Hace tiempo que lo tengo. Todos sabemos lo obsesiva que es Hera con su cabello porque es sin duda lo que más valora de su cuerpo. Un día, mientras ella dormía, le corté este mechón sabiendo que en algún momento me podría ser útil. Si Hera obsequiara a alguien con un mechón de su cabello, ¿habría mejor forma de demostrar el favor de la diosa? —preguntó Hécate a Hipólita mientras sus tres cuerpos se hinchaban de orgullo.

—¡Qué astuta eres, Hécate!

Y así fue como Aelo, Ocípete y Celeno volaron hacia el robledal de Lodona en busca de la ninfa Eco.

24

Un vil engaño

—Orestes, ¿qué son las arpías? —preguntó Pablo.

Todos estaban tumbados en el suelo y ocultos bajo los dos grandes robles.

—Las arpías son seres con rostro de mujer, cuerpo de ave de rapiña y unas poderosísimas garras. Hay tres: Aelo, Ocípete y Celeno. La más peligrosa es Celeno. Obedecen a una diosa llamada Hécate. Tenemos que descubrir por qué están aquí y qué es lo que buscan.

—¡Silencio! —dijo Phylades.

De nuevo escucharon un batir de alas que se acercaba desde la distancia y las oyeron exclamar:

—Eco, Eco, Eco, ¿dónde estás? No nos tengas miedo. Solo queremos saber en qué parte de este bosque has visto al dios Hefesto.

Las tres arpías se quedaron dibujando círculos por encima del estanque de Narciso. Sus voces eran suaves pero a la vez tenebrosas.

—Eco, si nos oyes, haznos saber dónde estás porque como no tienes cuerpo no te podemos ver.

Pablo, José, Isabel y Ana recordaron inmediatamente lo que Orestes les había contado referente a la historia de Narciso y Eco en el salón Areté del hotel en el que habían estado alojados en Atenas.

—Hera te saluda y quiere mostrarte su favor —dijo una de las tres arpías—. Estamos aquí para hacer que vuelvas a reencontrarte con el amor de tu vida, que recuperes tu espléndido cuerpo y tu verdadera voz.

Eco no pudo resistirse ante semejante tentación.

—¿Qué dices, Eco, cerramos el trato?

—Trato, traatooo, traaatooo —escucharon con claridad todos los que allí se encontraban.

—La voz viene de ahí abajo —dijo Ocípete, señalando con una de sus garras un lugar al borde del estanque.

Las tres arpías descendieron y se posaron junto a una flor, un narciso que estaba junto al agua.

Celeno tomó la palabra:

—Eco, aunque las tres sabemos que estás aquí, no podemos verte, pero sí podemos seguir el rastro de tu voz. Nosotras hablaremos y tú, repitiendo lo que digamos, nos guiarás a través de este bosque hasta el lugar donde has visto a Hefesto. ¿Estamos de acuerdo?

No hubo respuesta alguna.

—No se fía —le dijo Aelo a Celeno.

—Mira, Eco —dijo Celeno—, quiero darte una prueba de que lo que te decimos es verdad, que si nos dices dónde has visto a Hefesto, Hera te devolverá a Narciso y además recuperarás tu cuerpo y tu voz. Piensa en la preciosa historia de amor que a partir de ese momento viviréis los dos. Aquí puedes ver un mechón del cabello de Hera como muestra de que todo lo que te he dicho es verdad.

En medio de la noche, algo pequeño resplandeció. Con una garra, Celeno había sacado de una pequeña bolsa tejida con hilo de oro el mechón de Hera.

—¿Nos crees ahora?

—Ahora, ahoraaaa, ahoraaaaaaaaa.

—Vamos —susurró Celeno a las otras arpías—. ¡Se ha creído nuestro engaño! Nos conducirá con su voz hasta el lugar donde está la raíz que utiliza Hefesto.

Y así fue como Eco guio con su voz a las tres arpías, repitiendo lo que ellas decían. También Orestes empezó a seguir el rastro de aquella voz, mientras Phylades se quedaba protegiendo al resto del grupo.

Llegó un momento en el que Eco, aunque seguía repitiendo lo que las arpías decían, ya no se movía.

—Debe de ser aquí —dijo Celeno, y las tres arpías se posaron en el suelo. Con sus garras empezaron a escarbar la tierra y así extrajeron fragmentos de un material que emitía una delicada luz azul fosforescente.

Las tres arpías llenaron las dos pequeñas bolsas que portaban Aelo y Ocípete.

Entonces emprendieron el vuelo y a escasos metros del suelo, dirigiéndose al lugar donde se había detenido Eco, gritaron:

—¡Estúpida! —Y emprendieron el vuelo para encontrarse de nuevo con Hécate y hacerla partícipe del gran éxito alcanzado en el cumplimiento de la misión que ella les había encomendado.

Una voz en aquel lugar repetía sin parar: estúpida, estúúúpidaaa, estúúúúúúpidaaaaaaa.

«No sé todavía para qué sirven, pero sin duda esas raíces han de tener un gran valor», pensó Orestes, hundiendo su espada en la tierra y extrayendo nuevos pedazos de la misma. Cogió un buen número de aquellos fragmentos fosforescentes y los introdujo en una bolsa de cuero que llevaba en la cintura.

Cuando iba a partir de nuevo hacia donde estaban sus compañeros, se paró en seco y recordó algo que en una ocasión le había dicho Isócrates: «Aprovecha cualquier ocasión que tengas para hacer el bien».

Entonces se dio la vuelta y le habló a Eco.

—Eco, aunque yo no te veo, yo sé que tú sí me oyes. Quiero que sepas que a mí no me es indiferente tu pena. Todavía no sé cómo ayudarte, pero si encuentro la manera de hacerlo, volveré, te lo prometo. Hasta pronto.

—Pronto, proontooo, prontoooooooo —respondió Eco.

25

El encuentro con las náyades

Empezaba a amanecer en el robledal de Lodona y los rayos del sol se filtraban entre los árboles, resaltando los mil colores de sus hojas y formando parches de luz en el suelo. Las infinitas tonalidades de aquellos árboles volvían a la vida tras haber superado con éxito la oscuridad de la noche. Aquel día el estanque de Narciso tenía un particular esplendor. Las ramas de los árboles se reflejaban en la superficie del agua como si ellas, conscientes de su belleza, quisieran contemplarse en aquello que siendo agua, más parecía un espejo.

Entre la hierba y las flores que rodeaban aquel estanque, había una flor que destacaba por su blancura y su belleza. Solo en ella parecían apreciarse unas gotas de rocío, cualquier poeta hubiera dicho que aquel narciso estaba llorando.

El primero que se despertó fue José, seguido por Ana, Isabel y Pablo. Orestes, Phylades y Diotima llevaban ya un rato sentados en el borde del estanque y debatiendo acerca de cuáles serían sus próximos pasos.

Diotima, al ver al resto del grupo acercarse, se puso en pie y les saludó.

—Buen día, amigos, hoy Apolo nos regala su mejor sonrisa. Mirad cómo su luz nos bendice.

—Tengo hambre —dijo Pablo—, ¿por qué no cazamos algo? Tenemos arcos y flechas.

—No podemos, Pablo —contestó Diotima—. Estamos en el bosque en el que habitan un grupo de ninfas que se llaman las náyades. Ellas odian el mal y cuidan de los animales y de los árboles. Cuando algún animal está herido, ellas tienen ungüentos para curarles. Su canto es tan prodigioso que no hay animal que se les resista e inevitablemente, cuando cantan, los animales acuden donde están ellas.

—¿Son diosas? —preguntó Pablo.

—No, Pablo, ellas no son diosas y pueden morir, aunque a veces han tenido hijos con dioses. Sus hijos sí son inmortales.

Subidas a los árboles, cuatro náyades les observaban y no tardaron mucho en aparecer ante ellos. Se trataba de cuatro jóvenes de extraordinaria belleza y que iban cubiertas con una capa hecha de hojas y flores. Sobre sus cabezas llevaban una guirnalda de margaritas y su pelo rubio ondulado les llegaba hasta los hombros.

—No temáis —dijo una de ellas—, ayer vimos el gesto de compasión que tuvo uno de vosotros con nuestra pobre hermana Eco y hemos venido a ayudaros y a deciros que ningún gesto de amor queda jamás sin recompensa. Yo me llamo Yanira y mis hermanas son Cimo, Actea y Yera. —Cimo, Actea y Yera sonrieron—. Os hemos traído esta canasta con frutos del bosque para que recuperéis vuestras fuerzas. También os queremos regalar este ungüento para curar las heridas —dijo Yanira.

—Gracias, muchas gracias —dijeron todos.

—¿Hay algo más en lo que os podamos ayudar? —preguntó Yera.

—Buscamos a un hombre de avanzada edad —dijo Orestes—, de corta estatura y con una espesa barba. Se llama Metón.

—¿Y para qué le buscáis? —preguntó Yanira.

—El sabio Metón era el consejero de Isócrates, el gobernador de Tebas —explicó Phylades—. Algo terrible ha ocurrido en la ciudad y sabemos que por eso Metón huyó de ella. Necesitamos encontrarle para asegurarnos de que está bien y de que no sufre daño alguno. Y quizás pueda también explicarnos lo que ha sucedido en Tebas.

—¿Por qué lo buscáis en este bosque? —quiso saber Cimo.

—Porque Orestes y yo acompañamos en varias ocasiones a Isócrates para que se reuniera con Metón precisamente aquí, junto al estanque de Narciso.

—Conocemos a Metón y sabemos dónde está —dijo inesperadamente Yanira—. Le encontramos vagando por el bosque en un terrible estado. No paraba de decir incoherencias y por eso cuidamos de él y le escondimos.

—Por favor, llévanos junto a él —dijo Orestes—. Pero si aun así tuvieras dudas acerca de nosotros o de nuestras intenciones, háblale de nosotros, bella ninfa, dile que Orestes y Phylades están aquí para protegerle.

—Venid con nosotras —dijo Yanira—. Confiamos en vosotros.

Los siete cogieron sus caballos, que estaban atados no lejos de allí, y siguieron a las náyades que saltaban de árbol en árbol con extraordinaria agilidad. Finalmente llegaron a una zona muy tupida del bosque desde donde se escuchaba un gran estruendo.

—Dejad los caballos aquí —dijo Actea—. Ellos no pueden ir a donde nosotros vamos.

Todos continuaron a pie, abriéndose paso entre los árboles, las piedras, las plantas y los arbustos.

Fue entonces cuando descubrieron el origen de aquel estruendo. Había una grandiosa cascada que se precipitaba sobre un lago cuya agua era de un precioso color verde esmeralda. La imagen era sobrecogedora porque no caía un único chorro de agua, sino cinco separados. La altura de la catarata era de unos veinte metros y la cortina de agua no permitía ver la pared de piedra, musgo y plantas que sin duda existía tras ella.

—Metón está ahí —dijo Yanira, señalando hacia la cascada.

El grupo siguió a las náyades, las cuales empezaron a bordear el lago en dirección a la cascada. Cada vez se oía con más intensidad el estruendo que producía el caer del agua. Llegaron hasta el borde mismo de la cascada. Y allí vieron que había un pequeño espacio entre aquellos cinco enormes chorros de agua y la pared de roca que había tras ellos.

—Tal vez os mojéis un poco, pero ya veréis que no es para tanto —dijo alegremente Yera.

Todos comenzaron a caminar por detrás de aquella enorme cortina de agua y pronto se dieron cuenta de que aquella pared de roca no era compacta del todo, sino que en ella existía una pequeña gruta. Cuando entraron, vieron a un hombre de avanzada edad sentado junto a un fuego.

—¡Metón! —exclamaron a la vez Orestes y Phylades.

26

La silente epidemia

—¡Orestes! ¡Phylades! ¡Benditos sean los dioses! —gritó
Metón, al ver a los bravos guerreros en los que Isócrates
siempre había confiado—. ¿Qué ha sido de vosotros? Tanto tiempo sin saber de vuestro paradero. Decidme, ¿cómo
me habéis encontrado?

—Sabio Metón, vamos a sentarnos junto al fuego y te lo
contaremos todo y será para mí un honor presentarte a
nuestros valientes compañeros —dijo Orestes, señalando
a Diotima, Isabel, José, Ana y Pablo.

—Bella Diotima —dijo Metón, reconociendo a la pitonisa—, ¿también tú estás aquí? ¿Qué es lo que ha hecho que
te alejes del santuario de nuestro querido dios Apolo?

—Yo también te lo contaré, amigo Metón —contestó la
pitonisa—, cada uno de nosotros viene portando su propia
historia.

Orestes y Phylades relataron a Metón lo que había
acontecido en sus vidas desde que abandonaron Tebas
hasta ese momento del reencuentro. Diotima, por su parte,
le contó el interés que tenía Creonte en que ella consultara
el oráculo e interpretara la profecía que le había revelado
aquella anciana. Ana, José, Isabel y Pablo escuchaban aten-
tamente.

—Bueno, amigos —dijo Metón—, ha llegado mi turno.
Todo empezó hace escasos meses, precisamente al poco
tiempo de partir vosotros. Cuando yo iba a la ciudad a
comprar algo o simplemente a dar un paseo por sus calles,

me fui dando cuenta de que algo extraño estaba pasando. Primero, lo noté en las miradas duras de algunos de los comerciantes. Al poco tiempo, empecé a ver pequeñas discusiones por cualquier sitio por donde yo me movía. Era como si la gente estuviera enfadada por algo que a mí se me escapaba. En algunos sitios les pregunté inocentemente si todo marchaba bien y cómo iban las cosas. Me sorprendió ver que aquellas personas a las que yo preguntaba se molestaban mucho conmigo por hacerles tales preguntas. Era como si una invisible epidemia se estuviera extendiendo por toda Tebas endureciendo los corazones de sus habitantes. Decidí comunicárselo a Isócrates para que se mantuviera alerta, teniendo en cuenta lo que él me había relatado acerca de su sueño.

»Isócrates me dijo que él intentaría averiguar qué era lo que estaba pasando entre los habitantes de Tebas. Después, me pidió encarecidamente que permaneciera en mi casa en las afueras de la ciudad, que no saliera de ella y que esperara sus noticias. Compré algunas cosas, sabiendo que con esas provisiones y los productos de mi huerta podía aguantar varios días, al menos hasta que Isócrates me informara del resultado de sus investigaciones.

»Sin embargo, al llegar a mi casa, me pareció que yo tenía que hacer algo más. Permanecer en una actitud pasiva y esperar a que aquello se resolviera solo o a que alguien lo solucionara, desde luego que no iba conmigo, y a pesar de la insistencia de Isócrates para que no me moviera de casa, decidí no renunciar a mi responsabilidad y hacer algo con la única información que en aquel momento tenía. Aquella misma noche regresé a Tebas.

»Yo conozco a todos los soldados que vigilan la entrada a la ciudad y siempre han sido muy cordiales conmigo.

Entonces Metón se dirigió a Isabel, José, Pablo y Ana para explicarles cómo era su ciudad.

—Tebas es una ciudad completamente amurallada. Hay un camino de tierra que conduce a la parte frontal, que es donde está la mayor de sus dos entradas. Una vez que se ha traspasado el gran portón, se pasa por un corredor que se encuentra delimitado por dos muros de piedra. Da la impresión de que la muralla se mete hacia dentro. Este corredor lleva hasta el otro extremo de la ciudad, que es donde se encuentra la segunda puerta en la parte posterior de la muralla. El corredor, como veis, divide a la ciudad en dos mitades. —Mientras lo explicaba, Metón iba haciendo un dibujo con un palo en el suelo de arena de aquella gruta—. El muro izquierdo del corredor tiene dos puertas, una para entrar en la mitad izquierda de la ciudad y otra para salir de ella. Lo mismo ocurre en el muro derecho, que es el que conecta con la otra mitad de Tebas.

—¿Por qué es un diseño tan complicado? —preguntó José.

—Quienes la construyeron —contestó Metón— pensaron que con ese diseño se favorecía la defensa de la ciudad. Si algún enemigo conseguía penetrar por el portón principal, en lugar de encontrarse dentro de la ciudad, se hallaría en medio de un corredor. Nuestros guerreros, subidos en lo alto de los dos muros, podrían desde ahí disparar sus flechas. Además, si quisieran acceder a cualquiera de las dos partes de la ciudad, tendrían que atravesar otras nuevas puertas que son las que las conectan con el corredor. En la mitad derecha de la ciudad, aparte de casas y calles, está nuestro teatro, el lugar donde nuestros grandes dramaturgos representan sus maravillosas obras.

—Metón, ¿qué tipo de obras representan en vuestro teatro? —preguntó con gran interés Ana.

—Son obras en las que se escenifican no solo guerras como la de Troya o las de Tebas, sino también las proezas de nuestros grandes héroes, héroes como Heracles que nacieron en nuestra tierra. Estas obras sirven para que los espectadores, al verlas, reflexionen sobre sus propias vidas y descubran qué es lo que tienen que hacer para mejorarlas.

»En la parte izquierda de nuestra ciudad —prosiguió Metón—, además de algunas casas, de la pira funeraria donde honramos a nuestros difuntos y de una gran explanada para juegos, se encuentra en un alto el templo de la Concordia, donde rendimos culto a nuestros dioses. Además está el ágora, que es la plaza de nuestra ciudad-estado. Ese es el centro del comercio, la cultura y la vida política de Tebas y se encuentra rodeada de pórticos con columnas, así como de los edificios públicos y privados más importantes. En la parte más alta de la ciudad está el palacio del gobernador, que está completamente amurallado.

Después de explicar su ciudad, Metón prosiguió a narrarles lo que había acontecido aquella noche.

—Como os decía, aquella misma noche fui a Tebas y cuando saludé a los guardias que estaban en la entrada de la puerta principal, vi que hablaban algo entre ellos. Sin darle más importancia, entré por el corredor que os he comentado. Decidí ir a la parte derecha de la ciudad para ver si notaba algo extraño. Al cabo aproximadamente de una media hora, tuve la sensación de que alguien me estaba siguiendo. Aceleré discretamente el paso como si tuviera prisa por llegar a algún sitio y, al llegar a una esquina, aprovechando la oscuridad de la noche y que todavía había bastante gente por la calles, me oculté rápidamente detrás de unos grandes toneles que estaban a la entrada de un almacén. Tuve el acierto de doblar la esquina en una calle que llevaba a una pequeña plaza de la que emergían a su vez otras cuatro calles, algo así como si fueran los radios de una rueda —explicó Metón, mirando al grupo—. Si, efectivamente, como yo pensaba, alguien me estaba siguiendo, yo podría verle desde ahí y él, a su vez, podría pensar que me había podido meter por cualquiera de aquellas estrechas calles.

—¿No pasaste miedo, Metón? ¡Qué valiente eres! —intervino Pablo.

Metón le miró con dulzura.

—La valentía no es la ausencia de miedo, Pablo, sino el atreverse a hacer lo que uno tiene que hacer a pesar de sentir miedo. Verás, una cosa es tener miedo y otra muy distinta es vivir asustado. No se puede ser libre y vivir asustado.

Aquel comentario sacudió a Pablo hasta las entrañas, porque sentirse libre es lo que él más quería. En ese momento tomó una firme resolución, la de nunca más volver a vivir asustado.

Metón siguió relatando los hechos.

—En aquel momento le vi. Al pasar cerca de mí pude ver una cicatriz en su mejilla derecha. Aquella cicatriz era inconfundible y supe inmediatamente que aquel hombre era Creonte, un hombre solitario y huraño del que nunca me he fiado.

Todos en aquel grupo sabían ya quién era Creonte, el nuevo gobernador de Tebas, el que había sustituido a Isócrates. Sin embargo, lo que estaban ahora escuchando era, ni más ni menos, el comienzo de aquella extraordinaria historia.

—¿Qué hiciste entonces tú? —preguntó Diotima.

—Decidí ser yo quien le espiara. Con la máxima cautela y a suficiente distancia fui siguiendo sus pasos. Al no encontrarme, decidió dar la vuelta y se dirigió hacia el teatro. Ya no había prácticamente nadie en la calle. Me costaba entender para qué iba allí si a esas horas estaría completamente vacío. ¿Habría tal vez quedado allí para verse con alguien? Al llegar cerca del teatro y como no veía ningún sitio para ocultarme, decidí observarle a cierta distancia.

—¿Qué es lo que viste? —preguntó Pablo.

—Vi que aparecía Kreon, el comandante en jefe del ejército de Tebas, y también vi como Creonte le entregaba una bolsa. Kreon la abrió y parece que quedó satisfecho, pero yo no pude ver su contenido. En aquel momento, supe que se estaba urdiendo algún tipo de complot y que tenía que avisar inmediatamente a Isócrates. Pero me sorprendió ver que, una vez que Kreon se hubo marchado, Creonte no se movía del teatro. ¿Tendría tal vez ahí alguna otra reunión secreta?

»En ese instante vi algo extraordinario. Apareció, como si hubiera surgido de la nada, un pastor y le entregó a Creonte un extraño objeto que se asemejaba a un escudo. Me pareció que era de color negro y de forma diferente a los que usan los soldados de Tebas.

—¿Seguiste al pastor? —preguntó Diotima.

—No —contestó Metón—. No fue necesario porque por increíble que parezca, aquel pastor desapareció ante mis ojos con la misma velocidad con la que previamente había aparecido.

—Es un dios —dijo la ninfa Yanira—. Solo un dios puede hacer eso. Nosotras somos muy hábiles escondiéndonos, pero no podemos aparecer y desaparecer a nuestro antojo. Por eso sé que es un dios, un dios ha pactado con el malvado Creonte.

—¿Y qué podemos hacer si hay como parece un dios implicado? —preguntó Metón a la ninfa.

—Tenemos que hablar con Artemisa —contestó Yanira—. Ella es la reina de todas las ninfas y siempre nos ha cuidado con sus perros, su arco y sus flechas. En una ocasión, varios humanos acudieron a este bosque para profanarlo. No solo mataron dos ciervos y un oso, sino que deslumbrados por la belleza de Yera, la atraparon con una red. Entonces pedimos el auxilio de Artemisa.

—¿Qué es lo que pasó? —preguntó Isabel.

—La diosa apareció rodeada de su ninfas cazadoras y montando a su ciervo Abaris. Ella, con sus flechas de plata, acabó con los profanadores.

—Metón, prosigue por favor —solicitó un pensativo Orestes.

—Partí hacia la segunda mitad de la ciudad con la intención de ir al palacio del gobernador e informar a Isócrates de lo que había visto.

—¿Y qué ocurrió? —preguntó Phylades.

—Como os he comentado, había más guardias de lo habitual en los muros de entrada y no me cabe duda de que cuando alguno de ellos, que seguramente había sido ya sobornado por Creonte, me vio pasar, sospechó que iba al palacio del gobernador e hizo una señal para que me dieran el alto. Yo salí corriendo, aunque sabía que me alcanzarían antes de llegar al palacio. A diferencia de lo que hubiera ocurrido antes, ninguna persona a la que imploré auxilio quiso ayudarme.

—¿Cómo lograste escapar? —preguntó José.

—En una ocasión, Isócrates me mostró un pasadizo subterráneo que discurre por debajo de la ciudad, pasa por debajo de la muralla y lleva al pequeño bosque que se encuentra a unos ciento cincuenta metros de la urbe, cerca de donde yo vivo.

—¡Esa información es de extraordinaria importancia, Metón! Nos permitiría el acceso a la ciudad sin ser vistos —dijo Orestes—. Pero, por favor, valiente amigo, prosigue con tu relato.

—El pasadizo está situado junto a la pira funeraria donde rendimos culto a nuestros difuntos. Hay una losa en el suelo junto a la pira y esta se puede mover con una pequeña barra de metal que está oculta bajo una piedra. Conseguí despistar a mis perseguidores, levanté la losa con la barra y me introduje en el pasadizo. Primero caí sobre agua, lo cual amortiguó mi caída. Todo estaba a oscuras y aunque allí debía de haber antorchas, yo no llevaba nada con qué encenderlas. Nadé un poco a ciegas hasta que encontré una especie de hueco por el cual me introduje. Era estrecho, pero lo suficientemente amplio como para que cupiera de pie una persona. Avanzando a tientas, finalmente llegué a un lugar donde aquel pasadizo terminaba y toqué una escalera que parecía de metal. Empecé a subir por ella y me topé con algo que no me dejaba avanzar. Empujé aquello con todas mis fuerzas y levanté una trampilla. Aparecí en un pequeño claro en el bosque, desde el cual se veía entre los árboles la ciudad. Corrí a mi casa para coger algunas provisiones y, como nunca he tenido caballo, salí lo más rápido que pude hacia este bosque, sabiendo que pocos se atreverían a entrar en él. Después de varios días de caminar, habiendo consumido toda el agua y las provisiones que llevaba, llegué a este lugar ya sin fuerzas y al parecer delirando. Fue cuando vi que unas suaves manos me cogían para que no cayera al suelo desplomado. A mis queridas náyades les debo yo la vida y sin embargo...

—¿Y sin embargo qué? —preguntó Orestes.

—Sin embargo, he fracasado, no he podido avisar a Isócrates.

—Llegaste muy enfermo —dijo Yera—. Tuvimos que cuidarte semanas para que te recuperaras. Creo que actuaste muy valientemente.

—¡Estoy completamente de acuerdo con Yera! —dijo súbitamente Pablo—. Tú, Metón, podías haber hecho lo que te ordenó Isócrates, quedarte en tu casa y esperar que otros resolvieran las cosas. Pero decidiste hacer algo con los medios que tenías. Descubriste primero el complot que estaba urdiendo Creonte. Y, gracias a ti, sabemos ya con seguridad que hay un dios implicado y que además le ha dado algo a Creonte, tal vez un escudo. Intentaste avisar a Isócrates dirigiéndote a su palacio, pero te descubrieron. Tuviste la suficiente inteligencia como para darte cuenta de que te capturarían antes de llegar al palacio del gobernador. Despistaste a los guardias, recordaste lo que te había dicho Isócrates acerca de la existencia de un pasadizo. Te metiste por él sin tener muy claro lo que te encontrarías, avanzaste a tientas por un sitio oscuro, saliste al bosque y de nuevo comprendiste que lo más inteligente que podías hacer era escapar porque te estarían buscando por todas partes. Por si esto fuera poco, se te ocurrió venir a un lugar en el que casi nadie se atreve a entrar. Gracias a ti, sabemos muchas cosas que antes desconocíamos por completo. Creo que puedes sentirte muy orgulloso de lo que has hecho. Yo te he conocido hoy, pero no te puedes ni imaginar lo mucho que ya te admiro.

Los ojos de Metón se llenaron de lágrimas y acercándose a Pablo le abrazó.

—Gracias, amigo Pablo, gracias.

Orestes se puso en pie y mirando a Yanira le hizo una petición:

—Hermosa y noble ninfa, por favor, háblale de nuestra causa y pídele ayuda a Artemisa. Nosotros hemos de entrar en Tebas y saber si Isócrates está aún vivo. Él nos necesita y nosotros no vamos a abandonarle. Liberarle no será nada fácil, y aunque vamos a correr un gran riesgo, no estamos dispuestos a sacrificar libertad por seguridad. Si luchamos, podemos perder; pero si no luchamos, ya estamos todos perdidos.

»Os pido permiso para permanecer en este bosque durante tres días —solicitó Orestes—. Phylades y yo necesitamos ese tiempo para entrenar a nuestros amigos y transformarlos en auténticos guerreros. Si no los adiestramos en el combate, no podrán sobrevivir cuando entremos en Tebas.

—Permiso concedido —dijo Yanira—. Nos encargaremos de que todos los días tengáis frutos del bosque y agua cristalina del arroyo. Como las noches son frías, os proveeremos con unas mantas hechas con las fibras de un árbol. Tomad esta caracola y si necesitáis que alguna de nosotras acuda donde estáis vosotros, no tendréis más que hacerla sonar e iremos.

De la parte más ancha de aquella caracola de colores blanco y marrón emergían cinco prolongaciones en forma de pincho. La caracola se unía en su parte más estrecha a una cadena de oro.

—¡Qué curioso! —pensó Pablo—. Cinco chorros de agua en la cascada, cinco pinchos en la caracola y cinco ninfas. —Y entonces, él también se acordó de Eco.

27

Donde nacen los héroes

Aquella noche la pasaron dentro de la gruta junto al calor del fuego. Al día siguiente, todos se relajaron bañándose en el precioso lago de agua color verde esmeralda sobre el que caía aquella impresionante cascada. El frescor del agua les ayudó a despejarse. Aquel iba a ser, para la mayor parte de ellos, un día muy especial, su primer día de entrenamiento para convertirse en auténticos guerreros. Después de secarse al sol y desayunar abundantes frambuesas, fresas silvestres, nueces y moras, todo el grupo emprendió la marcha en dirección a una pradera, un gran claro que existía en aquel tupido bosque. Orestes y Phylades les habían dicho a las ninfas que necesitaban un lugar abierto para poder hacer ejercicios a caballo y después de coger de nuevo sus monturas, siguieron a las cuatro náyades.

La pradera a la que llegaron estaba rodeada de robles cuyas hojas tenían una mezcla de colores dorado y ocre. Allí podrían entrenar con toda libertad. El día era muy soleado y la luz hacía más llamativos los colores de los árboles y de la hierba de aquella hermosa pradera.

Yanira, Cimo, Actea y Yera vigilarían cualquier movimiento sospechoso que se produjera dentro de aquel bosque. Y los animales las avisarían si algún ser divino o humano hiciese su aparición en aquel lugar.

Orestes y Phylades sabían que tenían ante sí un gran reto, el de adiestrar a un joven y cinco adultos en las técnicas de defensa personal y en el arte del combate. De que ellos dos lo hicieran con maestría y lograran que sus alumnos aprendieran iba a depender no solo el cumplimiento de su misión, sino que pudieran salir todos vivos de ella.

—Amigos —dijo Orestes—, quiero que comprendáis la naturaleza del entrenamiento que vamos a comenzar y su importancia. Phylades y yo os vamos a adiestrar en el arte del combate. Es fundamental que entendáis que el verdadero guerrero no se distingue solo porque sepa manejar con destreza su escudo, su espada, su lanza o su arco. Tampoco porque sea un hábil jinete. El verdadero guerrero se distingue sobre todo por su fortaleza mental y emocional. Es esta fortaleza la que hará que nosotros sigamos luchando cuando todo parezca perdido, cuando parezca que ya no hay esperanza. Recordad que un ganador es un perdedor que jamás se dio por vencido. Por eso tenemos que celebrar la emoción de la victoria, pero también soportar la agonía de la derrota sin por ello abandonar. Los guerreros que abandonan nunca vencen y los guerreros que vencen es porque nunca abandonan. Quien abandona una gran batalla, también está renunciando, muchas veces sin saberlo, a la posibilidad de una gran victoria.

»Cometeremos errores, pero aprenderemos poco a poco de ellos. La grandeza no la define el no cometer errores, sino el no desanimarse, el no abandonar a pesar de ellos. Por consiguiente, el fracaso será nuestro maestro y aceptaremos el dolor como nuestro compañero y nuestro amigo. Siempre hemos de tener presente que la piedra ha de ser fundida para que aparezca el oro y que el dolor es temporal, pero el orgullo es eterno.

»Este es el momento de redefinir quiénes queremos ser y cómo queremos vivir.

»Ningún verdadero guerrero hace un pacto con la mediocridad porque sabe que está llamado a la grandeza. Un verdadero guerrero, alguien con auténtico espíritu espartano, siempre está orgulloso, pero nunca satisfecho. Nosotros no nos enfocaremos en cómo las cosas son, sino en cómo podrían ser. La pregunta no ha de ser nunca: "¿Puedo con esto?", sino: "¿Cómo puedo con esto?".

»Nuestra fe, nuestro compromiso y nuestra disciplina serán constantemente puestos a prueba, pero nunca fracasaremos si nuestra determinación por triunfar es lo suficientemente grande.

»En el combate, nuestra mente ha de mantenerse firme, confiada y serena. Un espartano jamás se queja ante la dificultad de su desafío, sino que lo ve todo como una oportunidad para crecer y contribuir a marcar una diferencia. ¡Lo imposible para nosotros no existe! Por ello, hemos de luchar sin temor a morir. Las circunstancias no hacen a la persona, simplemente revelan quién es y los valores que la mueven. Un verdadero guerrero vive de acuerdo a las elecciones que hace y no de acuerdo a las emociones que siente o a las circunstancias en las que vive. No estamos aquí reunidos para encontrarnos con un posible futuro, sino para construirlo. Así que, si vamos a dudar de algo, de lo único que vamos a dudar es de nuestros límites.

»Esperad siempre lo mejor durante el combate y nunca dejéis de creer en vuestras posibilidades. Encontraremos un camino para triunfar y si no lo encontramos, ¡lo crearemos!

»¡Somos guerreros!, y a diferencia de aquellos que se creen víctimas de sus circunstancias e incapaces de hacer nada para cambiarlas, los auténticos guerreros sabemos que siempre podemos hacer algo para transformarlas.

»Si nos hieren en el combate, nos levantaremos con entusiasmo y confianza renovados. ¡Nuestra resolución ha de ser incuestionable! Nuestro grito ha de ser: "¡Dame la libertad o dame la muerte!".

»Durante el combate, tenemos que ser capaces de llevarnos hasta el límite porque solo así emergerá lo mejor que todos llevamos dentro. No existe honor ni orgullo en tomar el camino de menor resistencia. Cuanto mayor sea la resistencia más creceremos. Hoy todos estamos llamados a sacar lo mejor que hay dentro de nosotros. ¡Ha llegado el momento de la verdad y nosotros estamos diciendo sí a su llamada!

Aquel inspirador discurso fue recibido con grandes ví-tores. Orestes, con sus palabras, había plantado en la mente y en el corazón de los que lo escucharon las semillas de la victoria más importante, aquella que no se logra fuera, sino dentro.

—Acercaos, amigos —pidió Orestes—, vamos a entre-naros en la lucha con espada, lanza y cuerpo a cuerpo. También aprenderéis a ser diestros con el arco y la flecha y compartiremos con vosotros las técnicas más avanzadas de equitación que solo se enseñan en Esparta.

Se hicieron dos grupos. Uno sería adiestrado por Orestes y otro por Phylades. En el grupo de Orestes estaban Pablo, Ana y Metón y en el de Phylades, José, Isabel y Diotima.

Y así, a lo largo de tres intensos días, los seis discípulos de Orestes y Phylades aprendieron a esquivar los golpes de espada y de lanza y a contraatacar con extraordinaria rapi-dez y contundencia. Inicialmente utilizaron ramas de ma-dera talladas como si fueran espadas. Aguantaron con en-tereza los múltiples golpes y moretones y también las duras caídas. El discurso de Orestes actuaba como una fuerza que les levantaba del suelo y les ayudaba a seguir practicando sin quejarse a pesar de los dolores.

En la lucha cuerpo a cuerpo aprendieron a desplazarse con gran velocidad a los lados y a contraatacar con golpes demoledores a la cabeza, al cuello y al tórax. También se les entrenó en barridos para poder derribar con rápidos movimientos a sus oponentes. Sus manos, sus codos y sus rodillas se transformaron en terribles armas capaces de golpear certeramente cualquier punto vital del cuerpo.

Cuando estaban extenuados y después de descansar du-rante unos breves instantes, volvían al entrenamiento. El espíritu espartano ya estaba en ellos. Orestes y Phylades eran unos excepcionales y firmes instructores que jamás aflojaban el ritmo hasta que sus alumnos manejaban con suficiente maestría las técnicas que ellos enseñaban.

Orestes y Phylades les enseñaron cómo dominar a los caballos. Los dos espartanos eran respetuosos con las diferentes edades de los miembros del grupo, pero solo hasta un cierto punto, pues había demasiado en juego.

Construyeron cuatro dianas con ramas y pajas y practicaron sin parar, hasta que fueron capaces de clavar con precisión sus flechas en ellas. Cualquiera que les hubiera visto entrenar con la dedicación y la pasión con la que lo hacían, sin aferrarse a excusas como una supuesta avanzada edad o una heredada torpeza, no habría podido evitar el sentir una profunda admiración hacia ellos.

Al final del tercer día, y sabiendo que cuando volviera a amanecer se enfrentarían al mayor desafío que jamás habían tenido en sus vidas, Orestes los reunió para dirigirse de nuevo a ellos.

—Sabio Metón, quiero decirte lo orgullosos que nos sentimos todos de ti y de lo que has hecho. Tienes el cuerpo lleno de golpes, pero en ningún momento te has quejado. Gracias por esa entereza y ese ánimo que a lo largo de estos tres días nos has mostrado.

»Audaz Pablo, compañero del alma, tú no has parado de dar pasos para convertirte en señor de ti mismo. A pesar de tu juventud, nos has enseñado que la madurez no depende de la edad y que tú has empezado este viaje para llegar hasta el final. Eres la mejor expresión de que ser libre es una conquista diaria y de que la plenitud de una persona es fruto de su libertad.

»Valiente Ana, tú has comprendido que los senderos rectos no crean conductores habilidosos y por eso yo te doy las gracias, por dejar tan claro que cuando se tiene un poderoso motivo, antes o después, se acaba encontrando un camino.

Metón, Pablo y Ana sintieron un inmenso orgullo al escuchar aquellas palabras de reconocimiento, agradecimiento y felicitación. Ellos se habían dado cuenta de que estaban en presencia del mejor equipo que podrían haber encontrado jamás y sabían con absoluta certeza que estarían dispuestos a dar sus vidas por cualquiera de sus compañeros.

Phylades se dirigió a aquellos a los que él personalmente había entrenado.

—Hermosa y dulce Diotima, tú nos has mostrado lo acertada que fue la elección de Apolo para convertirte en su pitonisa. Has sido para todos nosotros un ejemplo de que cuando algo es verdaderamente importante para uno, se emprende una acción en lugar de buscar una excusa.

»Alegre Isabel, tú nos has transmitido a lo largo de estos días que lo importante, tanto en el entrenamiento como en la vida, es no ser espectador sino actor y que solo una persona puede impedirnos llegar a lo alto y esa persona nos mira todos los días en el espejo. Tú has conseguido que el espejo en el te has mirado te haya siempre devuelto una noble imagen de ti misma. Tu permanente sonrisa en medio del dolor y de la dificultad ha sido siempre una inspiración para nosotros.

»Generoso José, tú eres la viva imagen de lo que significa hacer algo por los que tal vez en algún momento pensaron que no podrías. Te has abierto humildemente al asombro y al aprendizaje y eso es propio de las almas grandes y nobles.

El espíritu de unión, solidaridad y mutuo compromiso que se había creado era la mejor prueba del éxito que se había alcanzado al final de aquellos tres días. Lo que ninguno de ellos todavía sabía, era si aquello que habían aprendido sería suficiente para cumplir con éxito su misión.

Orestes se dirigió de nuevo al grupo:

—Amigos, mañana avanzaremos hacia Tebas y liberaremos a Isócrates. Entraremos por la noche a través del pasadizo y llegaremos hasta el palacio del gobernador. Bajo él, en las mazmorras, tal vez todavía le encontremos vivo. Recordad todos que nuestra misión es únicamente liberar a Isócrates y a cualquiera que haya sido encerrado por su misma causa y escapar de allí por donde entramos. Tenemos que actuar con sigilo y rapidez y solo disponemos de dos espadas, dos lanzas y dos arcos.

—Yo tengo también un arco y flechas —intervino Diotima, exhibiendo el saco de piel de reptil que había cogido cuando huyeron del templo de Apolo en Delfos y abriéndolo. En su interior había un extraño arco con un carcaj lleno de flechas.

—¿Qué arco tan extraño es ese? —preguntó Metón.

—Es el arco de Heracles y sus flechas están impregnadas de la sangre de la Hidra de Lerna —contestó Diotima—. Fue un regalo que él hizo al oráculo al completar sus trabajos. Estas flechas pueden matar a cualquier criatura, salvo a aquellas que son de origen divino. Creo que debemos conservarlas por si nos fueran necesarias.

—Estoy de acuerdo —contestó Orestes—. Sigue llevándolas contigo porque las podemos necesitar durante la entrada en la ciudad. —Orestes prosiguió con su plan—: Por lo que hemos estado observando Phylades y yo acerca del manejo que tenéis de las armas con las que os hemos entrenado, cada uno de vosotros llevará aquella con la que consideramos que estará mejor protegido. Pablo y José portarán los dos escudos y nuestras lanzas espartanas. Ana e Isabel llevarán nuestros arcos y Diotima, el arco de Heracles y las flechas envenenadas. Metón usará una de nuestras espadas y Phylades la otra.

—¡No hay más armas! —dijo Pablo—. ¿Qué llevarás tú, Orestes, para protegerte?

—Usaré mi cuerpo —contestó Orestes—. Mis manos, mis puños, mis codos, mis rodillas y mis pies serán mis armas. Vamos ahora a asignaros a cada uno un compañero. Actuaremos juntos, pero a la vez en equipos de dos, lo cual multiplicará nuestro poder. Cada uno es responsable no solo de defender su propia vida, sino también de proteger a su compañero. Pablo irá con Ana. José con Metón. Phylades con Diotima y yo con Isabel.

Y así fue como ocho guerreros, ocho héroes, después de despedirse de las cuatro náyades, partieron hacia Tebas.

—Adiós —dijeron todos, agitando sus brazos para despedirse de Yanira, Cimo, Actea y Yera.

En un lugar cercano de aquel bosque, se oyó el sonido de una triste voz:

—Adiós, adiióóós, adiiióóóóóóss.

28

EL RESCATE

Ocho valientes en siete caballos galopaban hacia Tebas. Metón y Diotima iban sobre la misma montura. Utilizaban caminos secundarios porque los principales estaban continuamente vigilados por patrullas de soldados que los recorrían en todas las direcciones. Después de cabalgar durante casi toda la noche y la mayor parte del día, subieron a una loma desde la que se veía a lo lejos la ciudad.

—Esperaremos a que se haga de noche —recomendó Orestes— y entonces nos dirigiremos al bosquecillo que hay en las afueras de la ciudad y donde está la entrada al pasadizo que nos comentó Metón. Usaremos las dos linternas que trajimos con nosotros al cruzar la puerta del tiempo y así podremos movernos con mayor soltura dentro del pasadizo. Durante el entrenamiento aprendimos a desplazarnos rápidamente y en silencio. Recordad que hay que tener ojos hasta en la nuca. Lo que tenemos que evitar a toda cosa es que se dé la señal de alarma porque estaríamos perdidos. Una vez que hayamos salido del pasadizo y estemos dentro de la ciudad, nos dirigiremos hacia el palacio del gobernador. Metón, Phylades y yo lo conocemos muy bien porque hemos estado allí muchas veces. Hay en el exterior del palacio un pozo que está vacío. Una vez que se traspasa el portón de entrada, se accede a un gran patio que comunica con lo que es propiamente el palacio. En ese patio hay una escalera de piedra que permite acceder a las mazmorras. No sabemos hasta qué punto el lugar estará vigilado, pero no creo que nos esperen. En cualquier caso, el elemento sorpresa aquí es esencial. Vamos a llevar las dos cuerdas que nos hicieron las náyades con las fibras del árbol porque las vamos a necesitar. Es importante recordar que en nuestro equipo no se abandona a nadie, o juntos vencemos o juntos morimos.

Todos querían oír aquellas palabras. Les recordaban quiénes eran y el compromiso que habían adquirido unos con otros. Esto era de especial importancia cuando estaban a punto de enfrentarse a un nivel tal alto de riesgo e incertidumbre.

Así fue como, al caer la noche, los ocho jinetes llegaron al pequeño bosque que había a las afueras de la ciudad. Metón les condujo hasta la trampilla de madera cubierta de arena y pequeñas ramas que ocultaba la entrada en el pasadizo.

Todos bajaron por la escalera de metal. El pasadizo era estrecho y tuvieron que avanzar uno detrás de otro. Hacía mucho frío y una gran humedad y dentro olía a tierra mojada. Orestes encabezaba el grupo con una de las linternas y lo cerraba Phylades con la segunda linterna. Con ella iba iluminando las paredes para facilitar parcialmente el avance del grupo. Por fin llegaron donde terminaba aquel oscuro corredor y empezaba el agua. Antes de meterse en ella, Orestes localizó la otra escalera metálica, la que subía desde la superficie del agua hasta la losa situada junto a la pira funeraria.

Orestes se lanzó al agua y nadando con los pies y manteniendo los brazos en el aire, agarró con la mano izquierda la escalera, mientras que con la derecha sostenía la linterna. Una vez que hubo subido los primeros peldaños, apuntó con su linterna al grupo para que uno a uno se fueran tirando al agua y empezaran a subir por aquella escalera. El último fue Phylades, que se aferró al último peldaño porque el resto de ellos estaban ya ocupados por sus compañeros. Entonces Orestes y Phylades apagaron sus linternas. La losa se desplazó suavemente bajo el empuje potente y sostenido del brazo de Orestes. Él fue el primero en salir. La noche era oscura y aunque había antorchas en lo alto de la muralla, al estar la trampilla situada justo detrás de la pira funeraria, quedaba bastante oculta por ella. Tras Orestes salieron Pablo, Ana, José, Isabel, Metón, Diotima y Phylades.

Por medio de señas, Orestes fue dando las respectivas indicaciones. Las parejas ya estaban formadas y así es como avanzarían hasta el palacio. Protegidos por las sombras de los grandes cipreses que había en esa parte de la ciudad y moviéndose a veces de cuclillas y otras arrastrándose, llegaron a la parte exterior de la muralla que rodeaba el palacio del gobernador. La ciudad de Tebas permanecía dormida. La mayor parte de los más de mil hombres que constituían en ese momento el regimiento tebano estaban acuartelados en un gran edificio situado en la parte izquierda de la ciudad, muy cerca del portón de entrada de la gran muralla. El resto de los soldados estaban vigilando a lo largo de todo el perímetro de la muralla y en el palacio del gobernador. Creonte había enviado a veinte patrullas de diez soldados a recorrer toda Grecia para que buscaran y reclutaran a los más despiadados mercenarios. Con todo el oro que tenía y del que le había provisto Cicno, podría al menos conseguir otros mil soldados. Con ello y tras su coronación, empezaría a atacar por sorpresa, una a una, todas las ciudades-estado de Grecia. Creonte conocía la desunión y la rivalidad que existía entre muchas de ellas. Solo Tebas, cuando gobernaba Isócrates, apostaba por una Grecia fuerte y unida.

En su plan, Creonte sometería primero Atenas, después Corinto y Argos. Finalmente iría contra Esparta. Para entonces estaba convencido de haber engrosado su ejército con el de los vencidos. Ni siquiera Esparta podría plantarle cara. Caída Esparta, la cuna de los más grandes guerreros, ninguna ciudad de Grecia se le resistiría. Tal vez incluso luego decidiera atacar Naucratis, la colonia griega en Egipto. Para alguien tan codicioso como Creonte todo le parecía poco.

Durante la guerra civil que había tenido lugar en Tebas, habían muerto la mayor parte de los soldados fieles a Isócrates. Sin embargo, en el segundo nivel de las mazmorras, estaban encerrados diez miembros de su guardia personal.

Por fin, los ocho llegaron sin contratiempos al pozo que se encontraba junto a la muralla que rodeaba al palacio. Junto al pozo había un montón de piedras. Si se hubieran fijado un poco, habrían visto que dichas piedras parecían los fragmentos de una estatua que representaba a un soldado. El realismo de aquella escultura, sin ninguna duda, les hubiera sorprendido.

En algunas partes de la muralla, había grandes antorchas que iluminaban la zona. Existía una garita en las dos esquinas que se veían. En cada una había un soldado apostado y provisto de una lanza. Ni Orestes ni Phylades sabían si en el interior del patio había más soldados. Además, el portón de entrada estaba cerrado. Para asegurarse de que no había soldados en el patio y abrir el portón, al menos uno de ellos tendría que escalar la muralla. El plan era arriesgado porque si le veían los soldados de alguna de las dos garitas, darían la voz de alarma. Si Orestes era quien subía, desde abajo, Phylades y Diotima podrían con sus flechas acabar con ellos. La puntería de ambos era excepcional. De todos modos, si había hombres vigilando el patio y vieran a sus compañeros caer, alertarían de inmediato al resto.

—Yo subiré por el muro —dijo Orestes, tras reflexionar unos instantes—. Cubriré mi espada con un paño para que al golpear con la piedra no meta ruido. La ataré al final de una de las cuerdas y la utilizaré como un gancho. Treparé por el muro y cuando esté arriba, os haré una señal. Si hago esto es que no hay nadie en el patio. Entonces tú, Phylades, y tú, Diotima, con vuestras flechas tenéis que acabar con los guardias de las dos garitas. Yo bajaré al otro lado del muro y os abriré el portón para que entréis y os reunáis conmigo. Si veo que hay soldados en el muro pero son pocos, os haré esta otra señal y Phylades subirá por el otro muro utilizando la otra espada y la otra cuerda que tenemos. Cuando le vea en lo alto, os haré una indicación y Ana e Isabel por un lado y Diotima por el otro, acabaréis con los centinelas. Phylades y yo usaremos las cuerdas por las que subimos para bajar al interior del patio y nos enfrentaremos a los soldados. Si, por el contrario, una vez que yo hubiera subido al muro, viera un gran número de soldados, anularíamos nuestro plan, saldríamos de aquí y tendríamos que esperar a encontrar una nueva oportunidad.

—Orestes, yo sé que esto lo haces por nosotros —intervino Pablo—. Tú y Phylades nunca os echaríais para atrás a la hora de liberar a Isócrates. Ninguno sabemos lo que le queda de vida. Tal vez mañana esté muerto. Déjame que te acompañe subiendo por la muralla. Me has entrenado para el combate y no temo a la muerte.

Orestes se sentía embargado por la emoción ante aquellas palabras de Pablo.

—Pablo tiene razón —interrumpió José—, además, Phylades y tú me habéis devuelto esa juventud que yo consideraba ya perdida. Durante los tres días en los que me entrenasteis, he sido capaz de hacer lo que me parecía imposible. Deja que Pablo suba contigo y que yo haga lo mismo con Phylades. Así seríamos cuatro para enfrentarnos a los soldados. Pablo y tú llevaréis una de las espadas y una de las lanzas y Phylades y yo la otra espada y la otra lanza. Diotima, Ana e Isabel empuñarán los arcos. Créeme, sus pulsos no temblarán, son conscientes de lo mucho que hay en juego. Metón también se quedaría abajo pendiente de tus señales para informar al resto.

Todos aguardaron en silencio la contestación de Orestes.

Orestes les miró e hizo con la cabeza un gesto afirmativo.

Ana e Isabel empuñaron sus arcos y Diotima el arco de Heracles. Ana e Isabel eliminarían al centinela de una de las garitas y Diotima al de la otra. Cada una se situó en posición.

Orestes y Pablo se dirigieron a la parte del muro donde se encontraba el portón y buscaron un sitio a suficiente distancia de los puestos de vigía para que Orestes empezara a escalar el muro.

Metón, escondido, esperaba atento las señales de Orestes para transmitírselas después a Pablo, Isabel y Ana. Esta se las pasaría a Diotima y ella, a su vez, a Phylades y a José que esperaban al pie del otro muro.

Protegida con paños para no hacer ruido, una espada atada al final de una cuerda voló por los aires. Después de algunos intentos, la espada quedó sujeta entre las piedras cuadradas que formaban la parte alta del muro. Orestes empezó a subir por uno de los muros. Al llegar arriba y asomarse al patio, vio que había quince soldados armados hasta los dientes. Algunos de ellos estaban charlando animadamente entre sí, mientras que otros, un poco más apartados, jugaban a los dados. Orestes siguió con el plan trazado e hizo una señal a Metón, indicándole que en el patio interior había un grupo numeroso de soldados. Metón pasó la señal a sus compañeros. Pablo, al comprender lo que aquella señal significaba, sintió cómo se le aceleraba el corazón y le temblaban las piernas. Sin embargo, él no estaba dispuesto a abandonar en ese momento a sus amigos y por eso, agarró con fuerza la cuerda y empezó a subir con determinación por ella.

Phylades lanzó su espada y su cuerda y cuando aquella quedó atrapada entre las piedras del muro, empezó a subir por ella. Cuando llegó arriba, le hizo una indicación a José para que subiera.

Los que estaban abajo sabían a lo que se iban a enfrentar sus cuatro compañeros. Ana sintió en ese momento una admiración por su hijo y por su padre como jamás antes había sentido. Por su parte, Isabel se reafirmó en que José era el hombre con quien quería pasar el resto de sus días.

Orestes envió una señal a Metón y este a su vez se la transmitió a Isabel y a Ana. Ana se la envió a Diotima. Instantes después, tres flechas surcaron el aire. Dos de ellas, las de Ana e Isabel, dieron en el mismo blanco y el centinela cayó dentro de su garita fulminado. La flecha lanzada por Diotima también dio en el blanco, pero a diferencia del impacto causado por las otras flechas, esta tuvo un sorprendente efecto, ya que la piel de aquel centinela había adquirido repentinamente una coloración verdosa. Él había sido alcanzado por una flecha envenenada con la sangre de la Hidra de Lerna.

Los soldados que había en el patio, entregados a su entretenida conversación y a su juego de dados, no se percataron de nada. Orestes y Phylades, cada uno por su lado, habían quitado el trapo a su espada y habían atado el extremo de la cuerda a una de las piedras cuadradas que había en lo alto del muro. Luego empezaron a descender sigilosamente hasta que sus pies tocaron el suelo del patio. En ese momento, uno de aquellos soldados vio a Orestes, que le lanzó la espada atravesando su pecho. Otro soldado corrió hacia él con su espada en la mano. En ese momento, una lanza le pasó a Orestes por encima de su hombro derecho. Era la de Pablo, que acabó con la vida de aquel soldado. Orestes recuperó su espada y Pablo su lanza. José y Phylades también estaban ya en el patio.

Orestes le hizo una indicación a Pablo para que abriera el portón. Un soldado le vio y se dirigió corriendo hacia él.

—Cuidado, Pablo —gritó José.

Su lanza atravesó la espalda de aquel soldado. Orestes y Phylades se enfrentaron con sus espadas al resto de los soldados protegiendo a José, que se había quedado desarmado. Rápidamente este cogió la espada de uno de los hombres que estaban en el suelo.

Finalmente Pablo abrió el portón y por él entraron Ana, Isabel, Metón y Diotima. Varias flechas surcaron los aires y, en breves minutos, aquel que había sido su primer combate también se había convertido en su primera gran victoria.

—¡Hemos de ser rápidos y encontrar a Isócrates antes del cambio de guardia! —dijo Orestes—. Tan solo tenemos una hora. ¡Vamos dentro!

Los ocho se dirigieron jadeando hacia la escalera. Siete de ellos empezaron a bajar por ella y Metón, siguiendo indicaciones de Orestes, se ocultó al comienzo de la misma, vigilando por si aparecía algún otro soldado en el patio. Aun así, aunque Metón alertara al resto, estarían todos perdidos, porque aquel lugar era una auténtica ratonera.

Poco pudo hacer el carcelero para protegerse del tremendo golpe en la cabeza que le propinó Orestes.

Las mazmorras ocupaban un amplio espacio. Había varias antorchas encendidas que le daban a aquel lugar un aspecto de lo más lúgubre. El hedor era espantoso.

—Isócrates, ¿dónde estás? —empezó a gritar Orestes.

—¿Quién eres? ¿Quién me llama? —contestó Isócrates con voz apagada.

—Viene de allí —dijo Phylades—. ¡Vamos!

Con las llaves que le habían quitado al carcelero, abrieron la celda en la que estaba Isócrates. Hubo una gran emoción en aquel encuentro. Orestes, Phylades, Diotima y cuatro extranjeros con raras vestimentas habían acudido a rescatarle.

—¿Hay aquí alguien más encerrado contigo? —preguntó Orestes.

—No lo sé —contestó Isócrates—. A mí me tenían aislado. No podíais haber llegado en mejor momento, mañana me iban a ejecutar.

Orestes y Pablo se miraron y sonrieron. Habían hecho muy bien en decidirse a liberar a Isócrates precisamente aquel día.

—Vamos a mirar en las otras celdas de este nivel y en las que hay en el nivel por debajo de este —dijo Orestes.

Orestes, Pablo, José y Ana buscaron en el piso superior y Phylades y Diotima buscaron en el inferior. Isabel se quedó con el gobernador. En el piso inferior, liberaron a los diez miembros de la guardia personal de Isócrates.

Al cabo de media hora, todos, ayudándose unos a otros, salieron por la escalera al patio principal. Isócrates se emocionó al encontrar ahí a Metón, su consejero y amigo.

En el patio, vieron a los quince soldados muertos.

—Coged sus armas y salgamos de aquí rápidamente —dijo Orestes.

Con gran dificultad y lentitud, dada la debilidad de Isócrates y de los soldados que habían estado allí encerrados, llegaron a la losa junto a la pira funeraria cuando solo quedaban quince minutos para el cambio de guardia.

Orestes levantó la losa con su espada.

—Bajad todos deprisa. Al llegar al final de la escalera, saltad sin miedo, caeréis sobre agua —les dijo.

Uno a uno fueron lanzándose por aquel agujero. Las armas eran necesarias, pero no facilitaban los movimientos. Orestes fue el último en bajar y, antes de hacerlo, volvió a colocar la losa en su sitio. Ayudados por las linternas, avanzaron por el pasadizo lo más rápido que pudieron. Cuando el último, Orestes, había subido por la escalera y salido al bosque, oyeron el inconfundible sonido de una trompeta. El cambio de guardia había tenido lugar y ya habían dado la voz de alarma. Dentro de la ciudad había mil soldados. Todos bajo la luna llena se miraron en silencio. Eran un grupo de diecinueve seres humanos, muchos de ellos débiles y agotados tras semanas de cautiverio. Además, tenían tan solo siete caballos. El bosque en el que se encontraban sería el primer lugar en el que los soldados buscarían. Todos eran conscientes de la crítica situación en la que se hallaban y de que si no salían de allí con rapidez, estarían perdidos.

Isócrates se puso de pie, se apartó un poco del grupo y se dirigió a todos:

—Hoy nos encontramos en esta situación límite porque algunos de vosotros habéis arriesgado vuestras vidas para salvar las nuestras. Como gobernador de Tebas os exhorto a que toméis vuestros caballos y huyáis de aquí antes de que lleguen los soldados. Es de noche, si huis ahora, al menos tendréis alguna posibilidad de salir con vida. De lo contrario, en este mismo bosque todos vosotros la perderéis.

Los diez miembros de la guardia personal de Isócrates que habían estado también encerrados en las mazmorras, moviéndose con dificultad por su extrema debilidad, se pusieron junto a su gobernador, señalando con aquel gesto que ellos también compartían aquella decisión.

—Gracias, amigos —dijo uno de ellos con una sonrisa—. Habéis hecho todo lo que se podía.

En lugar de pelearse unos con otros para hacerse con los caballos y escapar, los allí presentes estaban manifestando lo más grandioso que hay en el corazón de todo ser humano: el valor, la bondad, la generosidad, el honor, la solidaridad, el espíritu de sacrificio. Aquel grupo de personas tenían un compromiso tan alto con sus valores que estaban dispuestos a perder su vida por ellos.

Orestes, Phylades, José, Pablo, Metón, Ana, Isabel y Diotima se miraron y como si lo hubieran planeado previamente, dieron un paso adelante y se pusieron junto a ellos. Era su mejor forma de expresar que, o se salvaban juntos o morían todos.

Se oyeron nuevos sonidos de trompetas. Cientos de soldados portando antorchas salían al galope por el portón de la ciudad y se dirigían hacia donde estaban ellos. En aquel momento, en el que parecía que la vida llegaba a su fin, Pablo recordó aquellas mágicas palabras: «En el último momento, cuando ya no se puede más, llega el todo y todo lo cambia. Lo que pesaba se hace vuelo. Llega la ayuda inesperada, siempre sorprendente, pero nunca extraña».

29

ARTEMISA

Artemisa, la señora de los animales, era hija de Zeus y Leto. Cuando la diosa Hera supo de otra de las infidelidades de su marido, prohibió que Leto pudiera dar a luz en cualquier sitio donde iluminara el sol. Además, envió a la terrible serpiente Pitón para que acabara con ella en el mismo momento del parto.

Zeus, enterado del plan de Hera, envió al viento Bóreas para que recogiera a Leto y la condujera junto a su hermano Poseidón. El dios del mar la llevó a la isla Ortigia y cubrió el lugar con una bóveda formada por sus olas. Por eso Leto, en un lugar no iluminado por el sol, pudo dar a luz primero a Artemisa y después a Apolo.

Hera ni perdonaba ni olvidaba y durante la infancia de Artemisa la azotó varias veces. Ella solo encontraba refugio en los brazos de su padre.

En una ocasión en la que Artemisa tenía tres años y estaba sentada sobre las rodillas de Zeus, ella le pidió una serie de deseos. Quería ser una gran cazadora y necesitaba arco y flechas. Quería además tener veinte ninfas para cuidar de sus perros y de su arco cuando ella descansara.

A lo largo de su vida, Artemisa había despertado por su porte y su belleza el interés de dioses y hombres, pero ninguno de ellos había conseguido ganar su corazón.

La diosa se enorgullecía de que no había nadie que cazara mejor que ella. Los lobos corrían despavoridos cuando la veían aparecer en su carro tirado por siete ciervos de cornamenta plateada y acompañada por su jauría de podencos, su arco y sus flechas de plata.

Cuando los ocho jinetes en sus siete caballos abandonaron el robledal de Lodona en dirección a la ciudad de Tebas, las náyades llamaron a través de sus caracolas a las ninfas cazadoras de Artemisa. Ellas tenían que hacer llegar a la diosa la petición que Orestes le había hecho a Yanira en la gruta que había detrás de la cascada: «Hermosa y noble ninfa, por favor, háblale de nuestra causa y pídele ayuda a Artemisa».

Cuando Artemisa fue informada por sus ninfas, subió en su carro y fue hasta donde estaba Apolo. Le encontró subido en una nube.

—Hermano —dijo Artemisa—, las náyades del bosque sagrado me han pedido ayuda. Se trata de aquellos extranjeros que tú viste entrar por la puerta del tiempo en tu santuario en Delfos. Es posible que necesiten nuestro auxilio.

Apolo, el hermano mellizo de Artemisa, estaba pensativo. Él era una de las divinidades principales del Olimpo y venerado en toda Grecia. Se le identificaba con la luz de la verdad y protegía a los hombres desde lo alto de los cielos. Siempre portaba su lira y su arco. La lira se la había regalado Hermes, el dios olímpico mensajero, el dios de las fronteras y de los viajeros que las cruzaban. Con aquella lira, él convocaba a sus musas.

Apolo sabía que Hera le odiaba a él tanto como a su hermana. Ambos eran para ella el fruto de una infidelidad y deseaba acabar con ellos.

Tenían que ser muy cautelosos, porque el Olimpo era un lugar demasiado inestable. De los catorce dioses que componían el panteón olímpico, seis de ellos eran hermanos: Zeus, Poseidón, Hades, Deméter, Hestia y la propia mujer de Zeus, Hera. De todos ellos, los que habían conseguido un mayor poder eran Zeus, Poseidón y Hera.

Con un menor estatus estaban Dioniso, Hermes, Afrodita, Hefesto, Ares, Atenea, Artemisa y Apolo.

Apolo y Artemisa tenían una extraordinaria relación con Atenea y con Hermes. Sin embargo, todos, y especialmente Atenea, tenían una gran enemistad con Ares.

Hefesto iba a su aire. El más solitario entre este grupo de dioses, se encerraba en su trabajo que era el de fabricar cascos, escudos, corazas y armas para los dioses. También fabricaba las temibles cadenas con las que Zeus inmovilizaba a algunos de sus adversarios, a los cuales no podía destruir por ser inmortales.

A lo que los otros dioses llamaban obsesión, Hefesto lo llamaba dedicación.

La relación de Hefesto con Ares no era buena. Ares había seducido a su mujer Afrodita. Se lo reveló Apolo un triste día, y aun cuando le estaba agradecido por ello, tal vez hubiera preferido que nadie se lo hubiera dicho. Su madre Hera le miraba con desprecio porque le encontraba tremendamente feo. Arrastraba una cojera porque ella, al verle nada más nacer, le tiró contra el suelo. A pesar de ser un dios, se sentía avergonzado ante el resto de ellos y aplacaba su frustración golpeando constantemente aquel metal con su martillo.

Respecto a su relación con Zeus, la de Hefesto era distante. Él solo era hijo de Hera. Hera le concibió sola, celosa porque Zeus había dado a luz a Atenea, que le había brotado de la cabeza.

Dioniso era otro tema. Él era hijo de Zeus, pero no de Hera. Su madre había sido Sémele. Sémele era hija de Cadmo, rey y fundador de Tebas, y de Harmonía.

En aquel panteón olímpico había demasiadas muestras de las infidelidades de Zeus. Sin embargo, para Hera, Dioniso casi ni existía, porque al ser el dios del vino, siempre estaba beodo o perdido en una serie de ritos misteriosos.

Afrodita había surgido junto a la isla de Pafos de la espuma del mar. Cronos, padre de Zeus, había cortado durante la guerra de los titanes los testículos de su padre Urano y los había tirado al mar. De su blanca espuma emergió una joven, la bella Afrodita.

Debido a su gran belleza, Zeus, temiendo disputas entre los dioses por tenerla, la casó de inmediato con Hefesto, el dios del fuego y la fragua. Si bien Hefesto fue sumamente feliz desposándola, Afrodita jamás lo sería, y a pesar de las joyas y los regalos que este le hacía, buscaría en varias oportunidades la compañía de otros dioses y entre ellos la de Ares.

Tanto Zeus como Hera sabían que Afrodita, debido a su hermosura, podía ser fuente de disputas entre los otros dioses y siempre la tenían en mente por si había que inclinar la balanza en un sentido o en otro.

Ares era el más violento y conflictivo de todos. Anhelaba ocupar el puesto que Zeus tenía en el Olimpo. Despreciaba a Hefesto y se reía de su fealdad. No toleraba a Atenea ni a sus amigos Hermes, Apolo y Artemisa. Sabía que Poseidón no le respaldaría, pero Hera, harta de infidelidades por parte de Zeus, constituía su gran baza. También sabía que Hades odiaba a Zeus. Después de la lucha contra Cronos, los tres hermanos habían acordado en repartirse tierra, mar y cielo. Pero Zeus incumplió su compromiso y entregó a Poseidón el mar, quedándose él con la tierra y el cielo. Hades fue mandado al Inframundo donde se convirtió en el dios invisible temido por todos los hombres y no querido por ninguno.

El reino de Hades, el Inframundo, era sombrío y a él acababan yendo todos los mortales. Estos eran juzgados tras su muerte y se les recompensaba o se les castigaba con tormentos. Muy pocos mortales habían podido abandonar aquel lugar.

En el reino de Hades había varios sitios diferentes. Por una parte, estaba el Elíseo. Este era el lugar donde habitaban las almas inmortales de aquellos hombres virtuosos y de los guerreros heroicos. Allí pasarían una existencia dichosa entre verdes praderas.

También estaba el Tártaro, donde los condenados sufrían eternos tormentos.

Por último, estaban los Campos de Asfódelos, que era el lugar donde reposaban las almas de aquellos que tuvieron una vida equilibrada. Se trataba de una llanura de flores asfódelas, que eran la comida favorita de los muertos. En aquel lugar fantasmal, los habitantes no habían sido ni buenos ni malos, y allí realizaban sus monótonas tareas diarias.

La relación entre Zeus y Hera había llegado a una situación casi insostenible. Hera no le perdonaba a Zeus tanta infidelidad, pero le temía demasiado como para no atreverse a un enfrentamiento con él y por eso vertía su ira sobre el resultado de sus conquistas. Artemisa, Apolo, Heracles y tantos otros hijos de Zeus habían tenido que sufrir por ello.

Zeus temía a Hera y hacía lo que podía para proteger a aquellos hijos que había concebido fuera de su matrimonio. Ambos se callaban y ambos se temían.

Deméter y Hestia eran las otras hermanas de Zeus, de Hades, de Hera y de Poseidón. Hestia era una diosa pacífica que cuidaba del hogar, mientras que Deméter, la diosa de la agricultura, era también la protectora del matrimonio. Ninguna de las dos estaban interesadas en tener poder, solo pretendían la paz y la serenidad. Ambas sufrían al percibir la tensión que existía entre Zeus y Hera. Cada una por su lado intentaba bajar la tirantez hablando con el uno y con la otra, aunque obteniendo con mucho esfuerzo muy pobres resultados.

Para Ares, aquellas dos diosas representaban lo opuesto a lo que era él. Ares sentía hacia Deméter y Hestia un callado pero profundo desprecio. Además, a él, el dios de la guerra, no le interesaba que Zeus y Hera se llevaran bien. Solo si estallaba el conflicto, él podría hacer realidad sus aspiraciones de poder y dominio.

Después de reflexionar acerca de la situación en el Olimpo, Apolo se dirigió a Artemisa, que se había quedado en silencio al verle tan absorto.

—Hermana, hemos de ser cautelosos en nuestro proceder para no desatar la ira de Hera. Nadie es ajeno en el Olimpo a todas las atenciones que Ares tiene para con ella.

Si nos enfrentáramos a Ares y Hera le apoyara, sabes que nuestro padre Zeus intentaría protegernos, pero no haría nada contra ella. Poseidón haría lo que hiciera Zeus, y Deméter y Hestia no querrían saber nada en cuanto vieran que ha estallado un conflicto. Su intención es noble, pero les falta firmeza. No dudo que Hermes y Atenea se pondrían de nuestro lado, pero sabes que también ellos podrían ser castigados. Hera nos enviaría al Tártaro, donde está prisionero Cronos. Solo ella y Zeus pueden hacerlo. ¡Qué más querría Hera que vernos encadenados en aquel tenebroso lugar!

—Pero, Apolo —dijo Artemisa—, si aspiramos a que los hombres nos quieran, primero tenemos nosotros que quererles a ellos. No podemos permitir que el miedo a Hera nos pare si ellos necesitan nuestra ayuda. Si estamos en el Olimpo es para algo más grande que para centrarnos solo en nosotros mismos. No nacimos dioses para vivir con miedo. Esos humanos, aunque son mortales, están arriesgando sus vidas por las de otros. Ellos podían haber optado por comportarse como corderos y, sin embargo, se están comportando como leones. No nos podemos conformar con resignarnos al mundo que es, tenemos que tener el valor de transformarlo en como podría ser. Es cuando hay más peligro cuando más tenemos que alzarnos.

Había sido necesario que Artemisa le hablara a Apolo de esa manera. Por evitar el conflicto, también él se habría mantenido al margen. Después de lo que Atenea les había contado a Artemisa y a él, estaba dispuesto a intervenir, pero siempre que la diosa Atenea se moviera primero. Ahora, no obstante, su hermana le estaba dando un ejemplo de responsabilidad y de bravura. Por otro lado, sabía que entre aquellos mortales se encontraba Diotima. Aquella mujer, la pitonisa de su santuario en Delfos, había dedicado a su culto la vida entera.

—¡Muy bien, Artemisa, vamos, estoy contigo!

30

EXPERIENCIAS DE MUERTE QUE LANZAN
A LA VIDA

En el pequeño bosque frente a la ciudad de Tebas, diecinueve valientes esperaban la muerte. Pablo recordó a Sócrates y su serenidad al tomar aquella copa con cicuta. Él estaba agradecido a la vida. Era cierto que iba a perderla con tan solo dieciséis años, pero en este viaje había descubierto muchas cosas, y una, tal vez la más importante de todas, era que solo quien sabe vivir, también sabe morir. De pie, como un auténtico guerrero, entre su madre y su abuelo, Pablo sabía que la jaula en la que él había vivido durante tantos años ya se había abierto y ahora su alma libre podría emprender el vuelo. Si volviera a nacer, no habría elegido otro destino.

Ana, entre los dos hombres más importantes de su vida, se sentía afortunada de poder morir junto a ellos.

Isabel al lado de José, ambos cogidos de la mano y compartiendo destino. Juntos ese mismo día hablarían con la luna y contarían las estrellas.

Orestes y Phylades, con el cuerpo erguido, miraban al frente. Su vida no había sido fácil, pero había valido la pena.

Diotima estaba entre Metón e Isócrates. Metón había ofrecido al mundo su sabiduría, Isócrates su integridad y la pitonisa un puente para conectar la tierra y el cielo.

Los diez miembros de la guardia tebana, dispuestos a morir con el mismo honor con el que siempre habían vivido.

Todos ellos en posición de combate, con sus espadas, sus arcos y sus lanzas, preparados para librar la que sería su última batalla.

De repente y en plena noche, un viento fuerte empezó a soplar y a levantar la arena. Los caballos del ejército tebano se encabritaron. Algunos, llevados por el pánico, tiraron a sus jinetes, otros chocaron entre sí en su loca carrera.

La voz era real, todos la oyeron, procedía de una joven que, llevando una antorcha, les pedía que la siguieran.

—Por aquí, deprisa, dejad los caballos donde están y seguidme.

Todos siguieron a aquella joven y al poco tiempo vieron en su carro, tirado por siete ciervos con cuernos de plata, a la diosa Artemisa. A su lado, diecinueve ninfas subidas cada una sobre un ciervo. La ninfa que portaba la antorcha se dirigió al grupo:

—Subid a los ciervos y poneos detrás de mis hermanas.

Un grupo de veinte podencos esperaban las órdenes de su dueña.

—¡A por ellos! —ordenó Artemisa.

Los veinte perros emprendieron su carrera hacia donde estaba el ejército tebano. Los caballos, al sentir sus mordiscos en medio de la noche y de aquel remolino de arena, se asustaron aún más y tiraron al suelo a los pocos jinetes que quedaban en pie.

No habían pasado más de unos minutos cuando Artemisa tocó un extraño silbato hecho de hueso y los perros, al escuchar aquel sonido, dejaron de hacer presa en los caballos y corrieron hacia ella.

—¡Vamos! —dijo la diosa—. Nos espera un largo viaje.

31

LAS DIMENSIONES DE UNA LOCURA

—¿Cóóóómooooooooooo? —dijo Creonte fuera de sí—. No puede ser, es imposible. ¿Cómo es posible que un simple viento y unos pocos chuchos paren a mi ejército? ¿Acaso no os pago lo suficiente?

—Señor —dijo el nuevo comandante del ejército—. Os juro por todos los dioses que jamás he visto un viento como ese. Apareció de repente y levantó tanta arena que apenas se podía ver. Además, aquellos perros parecían lobos. Tendríais que ver cómo han destrozado las patas de algunos de nuestros mejores caballos.

Creonte no atendía a razones. Aquello para él no tenía ningún sentido. Empezó a buscar en los rincones de su mente cualquier justificación que le permitiera explicar satisfactoriamente lo ocurrido.

«Son unos verdaderos inútiles incapaces de controlar sus caballos. Todos sabemos que hay vientos fuertes que levantan un poco de arena. Seguramente ellos lo han magnificado todo. Además, está el tema de los perros. Seguro que hay algunos pastores cerca y han pensado que los soldados iban a atacar a las ovejas. Hay perros que son muy valientes en la defensa del ganado. También puede haber sido un grupo de lobos. Es de noche, ¿cómo puedo estar seguro de que los soldados han visto bien a esos animales? Recuerdo haber oído que en épocas de sequía ha habido lobos que han llegado a bajar de las montañas. Este año no ha llovido mucho. Todo tiene una explicación», pensó un

Creonte mucho más interesado en convencerse de lo que él quería que en saber lo que en realidad había sucedido.

A lo que realmente tenía Creonte miedo era a lo que haría Cicno si él le consultaba. Al dios no le gustaba que le preguntara un simple mortal. Parecía que a Cicno también le molestaba que le dijeran verdades incómodas. Cuando Creonte lo había convocado por la profecía y Cicno descubrió que aquella anciana de ojos grises era Palas Atenea, en lugar de felicitarle por su sagacidad, le hizo una terrible marca en el brazo izquierdo, una marca que Creonte, desde entonces, intentaba ocultar como podía.

—¡Estúpida escoria humana! ¡La próxima vez que me tengas que convocar por uno de tus imperdonables descuidos lo pagarás muy caro! —le había gritado Cicno.

Y a continuación el dios le había tocado con un dedo su brazo izquierdo dejándole aquella marca tan espantosa y que aún tanto le dolía. Cicno quería que a Creonte aquello jamás se le olvidara.

—Si yo le digo que han liberado a Isócrates delante de mis narices, lo pagaré muy caro. Y además el tema del viento y los perros puede tener muchas otras explicaciones diferentes a la intervención de algún dios. Yo mismo ya he descubierto varias de ellas. Cicno me ha dado una gran cantidad de oro y no quiero que me lo quite, o lo que sería peor, que intentara buscarme un sustituto.

En ese momento entró de nuevo el comandante del ejército.

—¿Qué es lo que quieres ahora? —preguntó Creonte.

—Señor, lamento importunaros de nuevo, unos soldados han encontrado siete caballos atados en el pequeño bosque que hay cerca de la ciudad. Hemos revisado las marcas y no hay duda, pertenecen a los soldados de la patrulla que enviamos al templo de Apolo en Delfos. Como ya os comentamos en su momento, son los mismos que encontramos muertos.

—¡Vete, déjame solo! —exclamó Creonte mientras se sentaba pensativo.

«Probablemente, los que mataron a los soldados de la patrulla que envié a Delfos son los mismos que han liberado a Isócrates y a los miembros de su guardia personal a los que yo también había encerrado. Fui tonto al no matarles a todos. Pensé que si mantenía encerrado a Isócrates, acabaría doblegando su voluntad y tal vez me dijera algún secreto que yo desconocía».

Creonte se levantó y empezó a recorrer aquella estancia del palacio que, en otro tiempo austera, ahora era un derroche de lujo. Las copas y las jarras eran de oro. Las sillas eran de ébano con incrustaciones de plata y oro. Las cortinas de color púrpura habían sido teñidas con un tinte que procedía de un caracol marino. El comercio de este tinte lo hacían los fenicios, los cuales pedían grandes cantidades de dinero por él. Creonte tocó aquellas cortinas, después acarició con sus dedos una jarra de oro y finalmente se sentó en una de aquellas extraordinarias sillas.

—Mío, mío, mío, todo, todo es absolutamente mío y no dejaré que nadie, nadie me lo quite —dijo, apretando con fuerza su mandíbula y sus puños.

Se puso en pie, abandonó la estancia y avanzó con paso rápido por un pasillo entre columnas. ¡Tenía que impresionar a Cicno! Si Cicno quería violencia y caos, no tendría que esperar para tenerlos. Los mercenarios tardarían días en llegar y él no podía esperar tanto. ¡Cicno tenía que ver resultados ya! Si llegaba a sus oídos lo que había pasado con su ejército, le quitaría todo lo que ahora era suyo. Creonte ya no concebía vivir sin su oro, sin sus cortinas, sin su silla, sin su poder, sin su palacio. Aquello ya se había convertido para él en todo lo que llenaba su vida.

Al llegar al final del corredor, entró en una pequeña sala donde estaba el comandante con dos de sus capitanes.

—Señor —dijeron los tres al verle, cuadrándose al momento.

—Comandante, capitanes, preparadlo todo. Mañana al amanecer partimos contra Atenas.

—Pero, señor, disculpadme —dijo el comandante—. Todavía no han llegado los mercenarios y sin ellos atacar Atenas sería una locura.

—¿Discutes mis órdenes, comandante? —replicó Creonte, dando un puñetazo en la mesa.

—No, señor, perdonadme —dijo el comandante, disculpándose como podía—. Solo quería deciros que no tendremos ni suficientes armas ni suficientes brazos para empuñarlas.

—Comandante, nuestra mejor arma será la sorpresa y nuestro brazo, el hambre de poder y la sed de oro.

Profundamente satisfecho, Creonte se dio la vuelta y volvió a su estancia para acariciar de nuevo su jarra, sus cortinas, su silla, su plata y su oro.

El comandante y los capitanes fueron a la guarnición para dar las oportunas órdenes. Al amanecer, la mayor parte del ejército tebano marcharía sobre Atenas.

32

UN TEMPLO POR ENCIMA DE LAS NUBES

Artemisa, en su carro tirado por aquellos siete ciervos con cornamentas de plata, se movía a una velocidad asombrosa. De hecho, ni las ruedas del carro ni las pezuñas de los ciervos tocaban el suelo. Detrás iba Abaris, que era el majestuoso jefe de la manada, seguido por otros diecinueve ciervos sobre los que iban montadas las ninfas y los guerreros. Las ninfas que iban de caza con Artemisa se llamaban las orestíades. Todas eran jóvenes y muy bellas, tenían el pelo de color cobrizo e iban vestidas de cazadoras. Las ninfas iban delante llevando las riendas y detrás, agarrados a ellas, iban los guerreros. Como era de noche, nadie de por allí les vio pasar. Atravesaron bosques, praderas y lagos. Finalmente llegaron al pie de una montaña y empezaron a subir por ella. El camino era ancho y estaba pavimentado con losas de forma hexagonal. La oscuridad de la noche dio paso a una espesa niebla y aunque no se veía absolutamente nada, aquello no detuvo la velocidad de su avance. Por último salieron de ella y les envolvió una luz anaranjada. Era como si estuviera amaneciendo. Uno de esos amaneceres que, por su belleza, jamás se olvidan. Abajo quedaba un mar de nubes, y desde donde estaban ellos, se veían grandes montañas cuyas cumbres se hallaban cubiertas de nieve. La vista era sobrecogedora. Se encontraban en medio de la cordillera de los Balcanes y una de aquellas montañas, la más alta de todas, era el monte Olimpo.

Un inmenso bosque les rodeaba. Los árboles tenían hojas de todos los colores, y en el valle que existía entre dos montañas se divisaba un precioso lago de un color azul intenso.

Finalmente llegaron a su destino. Ante ellos, majestuoso, apareció el templo de Artemisa.

Las columnas de ónix estaban cuajadas de incrustaciones de plata. Los escalones que permitían el acceso a aquel templo eran de un mármol de excepcional blancura.

A una señal de la diosa, toda la comitiva se paró. Artemisa bajó de su carro y subió las escaleras entrando en el templo.

Las ninfas se bajaron de los ciervos y ayudaron a bajar a sus acompañantes. Una de ellas, la que había portado la antorcha durante el rescate, la única que llevaba en su gorro de piel dos plumas rojas y que iba montada sobre Abaris, hizo un gesto y el resto les quitó a los ciervos sus riendas. Todos ellos siguiendo a Abaris, el jefe de la manada, desaparecieron en el bosque.

—Me llamo Cídipe —dijo la ninfa cazadora cuyo gorro tenía dos plumas rojas—. Por favor, seguidme.

Todo el grupo subió por aquellos peldaños de mármol blanco y entró en el templo. Allí, esperándoles, sentada en un trono de lapislázuli, estaba la diosa. Todos inclinaron la cabeza en señal de profundo respeto.

—Adelante, levantad vuestras cabezas y acercaos.

Aquel lugar estaba lleno de luz. Al fondo, sobre una pequeña plataforma de mármol rosa, se encontraba el trono de Artemisa. Había en el suelo veinte grandes cojines de distintos colores que era donde se sentaban sus ninfas.

—Tomad asiento, por favor —dijo la diosa—, y contadme vuestra historia, ya que deseo conocerla con detalle.

Aquella diosa tenía un aspecto imponente. Su pelo era de color castaño y lo llevaba recogido con una cinta azul, formando una coleta que le llegaba hasta la cintura. Sus ojos eran azules como el mar y su cuerpo esbelto y a la vez atlético. Iba ataviada con un vestido de piel marrón ajustado en la cintura con un cinturón de cuero que tenía una hebilla de plata con forma de cabeza de ciervo. El vestido le llegaba un poco por encima de las rodillas y tenía una pequeña abertura a ambos lados. Calzaba botas de piel que se ajustaban con cordones de plata.

Isócrates se levantó, hizo una breve inclinación de cabeza y tomó la palabra:

—Diosa Artemisa, sé que hablo en nombre de todos mis amigos y compañeros si mis primeras palabras son para expresarte nuestro más profundo agradecimiento. Hoy, sin tu ayuda, estaríamos todos muertos. —Artemisa sonrió y con un gesto de su mano le pidió que continuara—. Me llamo Isócrates y durante diez años fui el gobernador de Tebas. Creía que una Grecia unida sería invencible y que era mejor hacer menos anunciamiento y sí más movimiento. Las personas no hacen lo que se les dice, pero sí lo que ven. Por eso quise que el resto de las ciudades vieran una Tebas próspera. Una ciudad que había conseguido esa prosperidad no a base de competir a muerte unos contra otros o de invadir ciudades, sino a base de cooperar ayudándonos mutuamente. Nos llevó diez años, pero al final, y gracias a la ayuda de muchos de los aquí presentes, nos convertimos en una referencia para muchas otras ciudades griegas que empezaron a seguir nuestro ejemplo. Entonces sucedió algo extraño, entre los habitantes de la ciudad surgieron desavenencias que desembocaron en una guerra civil sin duda instigada por un hombre llamado Creonte y que se hizo con el poder. De alguna manera, Creonte sobornó a muchos de los soldados del ejército. Además, era poseedor de un escudo con enormes poderes y que hizo pensar a sus esbirros que no era un hombre, sino un dios o un héroe.

—Háblame de ese escudo. Me interesa mucho saber cómo era y los poderes que tenía —pidió Artemisa.

—Era un escudo que protegía a Creonte de tal manera que no había flecha o lanza que le alcanzara. Además, un golpe de ese escudo era capaz de lanzar a varios oponentes por los aires. No era como los que usamos en Tebas y estaba cubierto por una gruesa piel negra. Ignoro, señora, su procedencia y quién se lo dio a Creonte.

—Yo sí sé quién se lo entregó, diosa Artemisa —intervino Metón, poniéndose en pie—. Permitidme que me presente, gran señora. Me llamo Metón y he sido durante muchos años el consejero y mentor de Isócrates. Preocupado como estaba al ver algunos cambios en las conductas de los habitantes de Tebas, decidí hacer algunas averiguaciones.

—¿Y las hiciste, amigo Metón? —preguntó Artemisa.

—Sí, mi señora, pero no pude avisar a nuestro gobernador porque me descubrieron y tuve que escapar de la ciudad y refugiarme en el robledal de Lodona donde las náyades me cuidaron y me escondieron.

—Sí —dijo la diosa—. Las náyades fueron las que me pidieron que os ayudara.

Orestes sonrió y miró a Phylades. Yanira había cumplido su promesa de avisar a la diosa de todas las ninfas para que acudiera en su auxilio. ¡Cuántas personas que nunca hacen lo que prometen podrían aprender de ella!, pensó Orestes.

—Prosigue, por favor —dijo la diosa, dirigiéndose a Metón.

—Yo, mi señora, vi como en la oscuridad de la noche y en el teatro de Tebas apareció de la nada un pastor que le entregó algo grande que por su forma parecía un escudo. Sin embargo, y dada la distancia desde la que yo observaba, no puedo asegurar con precisión de qué se trataba.

—¿Qué ocurrió con el pastor después de darle el escudo? —preguntó Artemisa.

—Desapareció ante mis propios ojos.

La diosa les hizo un gesto a Isócrates y a Metón para que se sentaran.

—Y vosotros que vestís tan extraños ropajes, ¿quiénes sois?, ¿de dónde venís? —preguntó Artemisa, mirando a José, Isabel, Ana y Pablo.

José se levantó y saludó a la diosa con una inclinación de cabeza.

—Diosa Artemisa, me llamo José, y ellos, Ana, Isabel y Pablo, son mi familia. Venimos de un lugar muy lejano en el tiempo y en el espacio. Nos embarcamos en esta aventura con Orestes y Phylades. Los cuatro estamos comprendiendo que aquellos que no creen en la magia, jamás la encontrarán.

—Muy bien —dijo Artemisa y dirigiéndose a Isócrates, Metón y José, les pidió que se sentaran—. Escuchad, amigos, os voy a decir cuál es el enemigo al que hoy nos enfrentamos. Ese pastor del que habló Metón es Cicno, hijo de Ares, el dios de la guerra. La diosa Atenea nos avisó de que estaba planeando algo.

»Ares y Cicno son seres crueles que odian a los humanos. Ellos saben que su misma existencia como dioses depende de su capacidad de enfrentar a los hombres. Aunque son muy poderosos, han cometido un error. El escudo que porta Creonte solo puede haber salido de un sitio, la fragua de Hefesto. Solo Zeus puede proveer de esas armas a los humanos. Ni Cicno ni Ares tienen el permiso para hacerlo. A Zeus no le gustaría saber que lo han hecho. Él es muy celoso con sus privilegios.

En ese instante, Orestes se levantó, se situó frente a la diosa e inclinó su cabeza. Al levantarla, los ojos de los dos se encontraron y el tiempo se paró para ambos. Algo estaba sucediendo sin que ellos lo hubieran esperado o tan siquiera buscado. Orestes hizo un esfuerzo para poder empezar a hablar.

—Gran diosa Artemisa, me llamo Orestes y junto a mi amigo Phylades formamos parte de la guardia personal de Isócrates. Ambos partimos de Tebas hacia el oráculo de Delfos para consultar un extraño sueño que nuestro gobernador había tenido. Fue al llegar al templo de Apolo cuando la pitonisa nos habló de una curiosa profecía y pensamos que esa profecía estaba ligada al futuro de Tebas y tal vez de toda Grecia. Por eso, y gracias a la ayuda de Diotima, atravesamos la segunda puerta del tiempo y conectamos con esta familia. Cuando regresamos del futuro a este tiempo, cabalgamos al robledal de Lodona en busca de Metón. En aquel bosque sagrado y durante la primera noche que pasamos en él, ocurrió algo extraño.

Entonces Orestes le habló de las arpías, de las extrañas raíces de Hefesto, de Eco y del mechón del cabello de Hera.

—¿Cómo? —dijo Artemisa, levantándose súbitamente—. ¿Que alguien se ha atrevido a quitarle un mechón de su cabello a Hera? De todo lo que hay en este universo, para Hera no hay nada más valioso que su pelo. Las arpías están al servicio de Hécate. No sabemos de momento si Hécate está colaborando de alguna manera con Cicno ni para qué sirven esas raíces que Hefesto obtiene del robledal de Lodona, pero tenemos que averiguarlo.

Ana, sentada en su almohadón de terciopelo azul, reflexionaba sobre todo aquello que escuchaba y veía. Frente al desafío de proporciones infinitas con el que se habían encontrado, estaban paso a paso progresando. A base de ocuparse unos de otros, de ayudarse mutuamente y de compartir los fragmentos de información y los recursos que cada uno por separado tenían, habían conseguido convertir lo imposible en improbable, y ahora, con la ayuda de Artemisa y sus ninfas cazadoras, de improbable en posible. Aquello era un ejemplo de lo que significaba formar un verdadero equipo. Todos compartían la misma visión, a todos les unían los mismos valores y todos confiaban en sus compañeros. Las mentes y los corazones de todos ellos estaban alineados en la misma dirección. En aquel equipo, su equipo, su gran equipo, no había rivalidades ni luchas por el poder, sino que el éxito de cada uno se celebraba como el éxito de todos.

—Ahora tenéis que descansar —dijo Artemisa—. Cídipe os conducirá a un río cercano donde podréis bañaros. Después comeréis para recuperar fuerzas. Por la noche reposaréis en este lugar y mañana hablaremos sobre el siguiente paso que juntos hemos de dar.

Todos se levantaron, hicieron una reverencia a la diosa y siguieron a Cídipe que les condujo fuera del templo. Según salía, Orestes giró la cabeza para volver a ver a la diosa y se encontró con que ella también le estaba mirando.

33

LA SEDUCCIÓN

El plan de Cicno seguía en marcha y este había enviado a la diosa Peito para que sedujera a Hefesto y consiguiera aquella poción que él tan celosamente guardaba. Con esa poción, Cicno podría liberar a Cronos de sus cadenas. El titán le estaría eternamente agradecido por haberle rescatado de su prisión en el Tártaro.

Peito era la diosa del encanto y la seducción. Ella conocía muy bien los ardides necesarios para hacer que alguien se sintiera como deseaba sentirse y que se viera como le gustaría verse. Primero, Peito observaba a sus «víctimas» a fin de averiguar lo que estas más necesitaban. Ella tenía que descubrir cuáles eran sus deseos más inconfesables y sus anhelos más profundos.

A lo largo de cientos de años, Peito había ganado una gran experiencia en el arte de la seducción. Sin embargo, cuando ella se acercaba, muchos dioses se ponían en guardia porque la fama que la precedía no era del agrado de todos.

Peito sabía que tanto hombres como dioses tenían en común muchas cosas. Aquello a ella siempre le había resultado sumamente curioso y llamativo. A pesar de que los hombres eran mortales y los dioses inmortales, ambos tenían necesidades similares y buscaban al fin y al cabo las mismas cosas.

Algunos de los dioses, como el propio Zeus, necesitaban controlar todo lo que sucedía. No les gustaban nada las sorpresas y los imprevistos. Había también entre dioses y hombres aquellos que querían sentirse importantes, reconocidos y valorados. Para ellos ser el centro de atención era su particular obsesión y hacían todo lo necesario para que esto sucediera. A veces esta necesidad de dominio y esa voluntad de poder les llevaba a someter a otros. Zeus era también ejemplo de esto, pero sobre todo lo eran Cicno y Ares.

Peito conocía a muchos hombres y dioses que, al igual que Hefesto, tenían la profunda aspiración de que se les quisiera, de que se les aceptara, de que se les acogiera. Deméter y Hestia de alguna manera buscaban lo mismo. Ellas no soportaban que hubiera ningún conflicto porque aquello ponía en peligro las relaciones, la unión entre todos y la estabilidad del grupo. Deméter y Hestia nunca daban su opinión si aquello tenía la posibilidad de molestar a otros. Finalmente, estaban aquellos dioses y aquellos hombres que querían mejorar el mundo. De estos, la diosa había encontrado pocos, muy pocos. Y para ella tan solo eran unos seres ingenuos que vivían una utopía, un sueño muy alejado de la realidad.

Peito sabía, al igual que lo sabían los restantes dioses, que Hefesto, a quien ella tenía que seducir, había sido rechazado por su madre, la poderosa diosa Hera. Esta encontró que aquel hijo que ella había concebido sola era demasiado feo y decidió expulsarlo de su lado. La cojera que le produjo la caída hizo que el dios se moviera siempre con una gran inseguridad, como si tuviera pánico a caerse de nuevo. En alguna ocasión había sucedido lo inevitable y Hefesto, después de tropezar con algún objeto en su fragua, se había caído al suelo. Aquello inmediatamente le había hecho revivir su dolorosa experiencia de rechazo y abandono. Encima, alguno de los otros dioses no solo no lo valoraban, sino que, además, le despreciaban. Cuando se casó con la bella Afrodita, él pensó que su vida daría un vuelco. Hefesto sabía que ella se había desposado con él por mandato de Zeus. Aun así, intentó conquistarla con regalos y halagos. Afrodita se dejaba querer, pero coqueteaba con Ares. Cuando el dios Apolo se lo reveló, Hefesto se sintió profundamente engañado y se aisló aún más. Vivía encerrado en su isla y sin apenas contacto con los otros dioses. Allí trabajaba incansablemente en su fragua. Aquel fuego con el que él fundía y modelaba los metales procedía de un volcán que había en el centro de aquella isla.

La isla de Lemnos, situada en el mar Egeo, entre el monte Athos y el Helesponto, era un lugar muy escarpado. Había unos enormes acantilados, algunos de pizarra negra y otros de piedra caliza en los que se veían pequeñas cuevas y grandes salientes donde las gaviotas tenían sus nidos. En la isla había gran cantidad de pinos, olivos salvajes, naranjos y almendros y, en la parte más baja, junto al mar, se podían ver cactus, arbustos y enormes cañas.

Sobre aquellas espumosas aguas de color azul intenso en las que el reflejo de los rayos del sol generaban infinitos puntos luminosos, sobrevolaban gaviotas y cormoranes. Aquellas aves de repente se lanzaban en picado y atrapaban algún jugoso pez que nadaba despistado.

La isla tenía un embarcadero junto a una pequeña cala. Allí el agua era de color turquesa y estaba tan limpia que se podía ver en el fondo la arena, las rocas y una multitud de conchas y erizos.

Un día, al salir de la mina donde los cíclopes extraían los minerales que Hefesto luego fundía para obtener sus metales, el dios decidió acercarse al embarcadero. Muy cerca de este vio posada sobre un olivo a una paloma de excepcional blancura. Llevado por la curiosidad, se acercó y vio que el ave en una de sus patas portaba algo cilíndrico, algo que brillaba como el oro. Se trataba de una paloma mensajera enviada por Peito. En el pequeño cilindro había un mensaje y en él, la diosa le hacía una extraña confesión:

Querido y admirado Hefesto:
Acudo a ti en busca de consejo y tal vez de consuelo. Cada vez me siento más alejada de los otros dioses. Solo

les interesa el poder. Por mi parte, lo que yo únicamente anhelo es un poco de ternura y comprensión. Últimamente, hasta algunos dioses como Cicno o Ares se ríen de mí y se mofan de mis pecas.

Hefesto no podía dar crédito a lo que leía. Peito era una diosa de suprema belleza. Su pelo castaño contrastaba con unos preciosos ojos verdes. Entre su nariz perfecta y sus suaves mejillas, se podían ver unas graciosas pecas que todavía daban a aquel rostro un mayor atractivo. Hefesto siguió leyendo con creciente interés.

Por eso, mi querido Hefesto, es por lo que me gustaría visitarte y compartir contigo, tú y yo solos, apartados de todos, aquello que hoy tanto me apena.

Por fin, Hefesto había encontrado a alguien que estaba pasando por la misma situación que él y que sentía exactamente lo mismo. Sin pensarlo dos veces, ató una fina cadena de taurux sobre una de las patas de aquella paloma mensajera. El taurux era el metal más fuerte y a la vez más ligero que existía. Con él se fabricaban las corazas, armas y escudos de los dioses. Con aquel metal, Hefesto también fabricaba sus temibles cadenas. Lo que aparentemente nadie más sabía era que a estas mismas cadenas el dios de la fragua les añadía un material que solo él conocía. Aquel era su secreto. Había pasado tanto tiempo que ya no recordaba que, en un momento de debilidad, se lo había revelado a su mujer Afrodita.

Cuando la diosa Peito viera la cadena de taurux que llevaba su paloma mensajera, ella sabría que Hefesto le había dado permiso para que le visitara. Peito se le podía aparecer de muchas formas y Hefesto no sabía cuál elegiría para la ocasión. Pero apenas había terminado de colocar la cadena en la pata de la paloma, esta se transformó en la diosa.

—Gracias por acogerme en tu isla, Hefesto. Que tú me abras los brazos cuando otros me rechazan es algo que yo jamás olvidaré.

Peito sabía cuán necesitado de afecto estaba el dios cojo. El cebo era tan jugoso que Hefesto no pudo resistirse a morder el anzuelo.

—Diosa Peito, eres muy bienvenida a mi isla y a mi casa. No puedo entender cómo alguien tan maravillosa como tú no sea por todos adorada.

—Hefesto, ¡qué cosas tan hermosas me dices!

Peito acompañó sus palabras con un pequeño gesto. Apoyando su mano derecha levemente y durante un instante sobre el pecho de Hefesto, hizo que a este la cabeza empezara a darle vueltas.

—Permíteme que te lleve a mi fortaleza, diosa Peito, y te ofrezca unos patos salvajes para comer y una copa de vino.

—Gracias, mi querido Hefesto —dijo la diosa, cogiéndose de su brazo mientras caminaba junto a él.

El dios se sintió más estable y seguro que nunca. En ese momento, se había convertido en el protector de aquella preciosa divinidad.

Ambos llegaron a la fortaleza situada en una de las partes más altas de la isla de Lemnos y que era donde estaba también su fragua. La proximidad del volcán hacía que aquel lugar fuera muy caluroso.

Ya en el interior de la fortaleza, Hefesto le ofreció a Peito unos jugosos patos salvajes asados y una copa de vino.

—¿Tú no bebes conmigo, noble Hefesto? —preguntó Peito.

—No, el vino me marea y me hace decir tonterías.

—Pero, querido, una ocasión es una ocasión. ¡Cómo no vamos a celebrar este momento! Yo creo que este día puede ser el comienzo para nosotros de algo muy, pero que muy bello.

Las palabras de Peito eran capaces de derretir hasta el hielo.

Hefesto se dejó seducir, estaba tan necesitado de afecto que no ofreció ninguna resistencia. Su cabeza empezó a nublarse con el vino. Entretanto, la diosa le acariciaba el rostro y le besaba el cuello. Todo ocurrió con tanta suavidad y rapidez que Hefesto no sintió nada. Peito le había cambiado aquel pequeño recipiente que contenía el jugo de la raíz del robledal de Lodona por uno que contenía tan solo jugo de higo.

Cuando se recuperó de la borrachera, Hefesto vio que donde había estado la diosa ya solo había un plato y una copa vacíos. El dios se quedó triste pensando que, en el sopor causado por el vino, podía haber dicho algo que de alguna manera hubiera ofendido a la diosa.

Mientras tanto, Peito había viajado hasta donde estaba Cicno.

—Aquí tienes, Cicno, el recipiente que colgaba del cuello de Hefesto.

La diosa entregó a Cicno una cadena de oro con el pequeño recipiente azul en cuyo interior estaba la savia que producían aquellas raíces del robledal de Lodona.

—¡Sabía que podía confiar en ti! —dijo Cicno con gran entusiasmo—. No hay quien se te resista.

—Yo he hecho lo pactado, espero que tú cumplas lo prometido —dijo Peito.

—Naturalmente que sí —afirmó Cicno—, en el nuevo orden tú tendrás un puesto entre los dioses mucho más relevante del que ahora ocupas.

Peito no se libraba de tener las mismas necesidades que tenían tanto humanos como dioses. Ella soñaba con un estatus entre los dioses del que ahora no gozaba.

Cicno le había prometido que cuando llevara a cabo con éxito sus planes, ella ocuparía uno de los catorce sitios que había en el monte Olimpo.

—Muy bien —dijo Cicno—, mi plan marcha a la perfección. ¡Toca ahora empezar una nueva guerra, toca ahora liberar a Cronos!

34

LA COBARDÍA DE UN REY

La distancia entre Tebas y Atenas era de ciento veinte kilómetros. El ejército de Tebas tardaría al menos dos días en llegar. Por eso Creonte envió a unos exploradores para asegurarse de que nadie les descubriera. Durante la noche del segundo día, acamparían tras una pequeña colina que estaba a unos escasos kilómetros de Atenas. Al amanecer, atacarían la ciudad.

Creonte sabía que aunque existía una clara desunión y una profunda rivalidad entre muchas de las distintas ciudades-estado de Grecia, todas vivían en paz.

Aquel ataque por sorpresa pillaría a los atenienses completamente desprevenidos. Cuando la noticia de la conquista se extendiera por el resto de las ciudades, estas se prepararían para defender su territorio. Para entonces el ejército de Creonte ya sería mucho más numeroso. No solo habría sumado algunos soldados atenienses, los que no perecieran durante la batalla, sino también a un número no menor de mil mercenarios.

Al amanecer, sin trompetas y sin ruidos, el ejército abandonó Tebas. Habían dejado un grupo de cien soldados protegiendo la ciudad. Aquel número era suficiente, ya que lo último que ellos podían esperar era un ataque.

Tras los soldados a caballo, iban los soldados a pie y, entre ellos, un número no inferior a cien arqueros.

En aquel ejército también se podían distinguir los carros con las tiendas de campaña, los suministros y las municiones.

Diez grandes catapultas tiradas por caballos iban tras ellos. Al frente del ejército iba Creonte seguido por el comandante y sus capitanes.

Creonte portaba su casco, su coraza, su espada y su mágico escudo. Lo que ignoraba era que desde el primer encuentro que había tenido con Cicno, todos sus movimientos eran vigilados por Glaucopis, la lechuza de la diosa Palas Atenea.

—¿Cómo? —dijo Atenea ante las revelaciones de Glaucopis—. ¡Que ese insensato marcha ahora sobre Atenas, sobre la misma ciudad que lleva mi nombre y que confía en mi protección! No lo voy a permitir. He estado demasiado tiempo con los brazos cruzados. Alguien tiene que parar a ese insensato y a los dioses que alimentan su locura.

Atenea viajó al Olimpo para hablar con el mismo Zeus.

—Mi rey, gran Zeus, vengo portando graves noticias y solicitando vuestro permiso y vuestra ayuda.

—Habla, Atenea, habla, hija mía —dijo Zeus, el rey de todos los dioses.

—Cicno se ha confabulado con un hombre llamado Creonte y le ha ayudado a subir al poder en Tebas. Ahora Creonte y su ejército marchan contra Atenas, y yo os pido permiso para proteger a mi ciudad —explicó Atenea.

—¿Qué prueba tienes de ello? —preguntó Zeus.

—Mi propia lechuza Glaucopis le vio actuar y revelar su nombre. Después de aquel encuentro, una ciudad como Tebas, que había estado en paz durante los últimos diez años, entró en una guerra civil de cuyo conocimiento no te considero ajeno. No teniendo bastante con el daño que hasta ahora ha causado, Creonte pretende extender la guerra a toda Grecia.

—Calma, Atenea —replicó Zeus—, tú sabes que para que yo te otorgue tal permiso, tenemos que reunir en el Olimpo al panteón de los dioses. A ellos no les bastarán las informaciones de tu lechuza y querrán tener más pruebas de que este no es solo un asunto de hombres, sino que están también algunos dioses implicados.

—Pero, señor, somos mayoría. Artemisa y Apolo apoyarán mi causa y seguro que otros dioses también lo harán. Si tú te decantas en mi favor, Poseidón también lo hará e incluso tal vez el mismo Hades.

Zeus, que estaba sentado en su trono, se puso en pie.

—¡Atenea, contén tus impulsos! Tú sabes que la decisión ha de ser por unanimidad. Bien conoces que Hera se enfrentará a todo lo que yo diga y Ares, el padre de Cicno, que según tú es quien está detrás de todo, también lo hará.

—Pero, gran Zeus, ¿me estás diciendo que lo único que podemos hacer es ver cómo el mal triunfa sobre el bien? ¿Es ese el ejemplo que queremos dar a los hombres?

—¡No me digas lo que he de hacer! —gritó Zeus—. ¡Yo soy tu rey y tú obedecerás lo que yo te diga!

—Con todos mis respetos, gran Zeus, pienso que cometéis un error. Teméis el enfrentamiento entre los dioses del Olimpo cuando ese enfrentamiento, aunque tal vez os cueste reconocerlo, ya es una realidad. Dadme al menos la oportunidad de hablar ante el panteón de los dioses. Convocad la reunión, os lo suplico.

—Atenea, mi paciencia tiene un límite y tú lo estás superando. Si no desapareces de mi vista, tendré que castigarte severamente. Ya sabes lo que les ocurre a aquellos que me contradicen. El Tártaro está lleno de mis enemigos.

—Señor —dijo Atenea, inclinando la cabeza ante su rey antes de partir en su caballo alado.

Atenea se dirigió al templo de Artemisa.

Cídipe fue la primera de las orestíades que vio acercarse a la diosa de la sabiduría. Sobre un blanco caballo alado iba la diosa con su yelmo, su coraza, su lanza y aquel singular escudo en el que estaba grabada la cabeza de Medusa. Al verla, Cídipe hizo sonar una pequeña trompeta que le colgaba del cuello. Todas las orestíades acudieron para recibir a Atenea.

—Gran diosa Atenea, bienvenida al templo de Artemisa —dijo Cídipe, haciéndole una reverencia junto al resto de las orestíades.

—Gracias por vuestra acogida, nobles ninfas. Por favor, conducidme deprisa ante Artemisa.

La comitiva subió por las escaleras del templo y accedió a la gran sala donde residía Artemisa. Esta apareció enseguida.

—Bienvenida, Atenea, vamos a pasear por el jardín y me cuentas el motivo de tu visita.

—Querida Artemisa, han pasado muchas cosas desde que nos encontramos. Después de ver lo que había ocurrido en Tebas, me hice pasar por una anciana y entré en la ciudad. Allí conocí a Creonte, alguien con rostro cruel y un corazón de piedra. Le hablé de la profecía que me había revelado tu hermano Apolo y que él había descubierto al entrar en la mente de Zeus. Quería meter el miedo en aquel corazón de piedra y esperar a ver lo que ocurría. Allí también me manifesté ante Isócrates para que supiera que no estaba solo.

»Después de aquello, Glaucopis me informó de la manera en la que unos extraños guerreros habían liberado a Isócrates. También supe por ella que estos guerreros habían sido descubiertos y que probablemente iban a morir. Sin embargo, preferí no actuar.

—¿Por qué preferiste no actuar, Atenea? —preguntó Artemisa sorprendida—. Esta no es tu forma habitual de proceder. Tú eres una diosa justa, noble y guerrera.

—Porque Él me dijo que no lo hiciera —contestó Atenea.

—¿Quién es Él? ¿Quién puede tener tal influencia en ti como para que le obedezcas? —preguntó con gran curiosidad Artemisa.

—Me lo dijo el Guardián de la Verdad.

—¿Cómo? ¿Le has visto? ¿Has hablado con él?

—No pude verle, pero sí reconocí su voz.

—Lo que sin duda no vio tu lechuza —dijo Artemisa— es que mis ninfas y yo les rescatamos. Ahora todos están aquí.

—¿Cómo? ¿En tu palacio? —se sorprendió Atenea con gran gozo.

—Sí, son mis huéspedes —repuso Artemisa—. Pronto les conocerás.

—He de decirte, Artemisa, algo que probablemente desconoces. Creonte se dirige con todo su ejército hacia Atenas.

—¡Hemos de avisar a Zeus! —exclamó Artemisa.

—Ya lo he hecho y nuestro rey no quiere saber nada de ello. Ni siquiera quiere convocar al panteón de los dioses. Es triste decirlo, pero creo que a él no le importan los hombres ni su destino. Solo le interesa mantener su posición y sus privilegios. No afronta los problemas, sino que los rehúye. Como todos los dioses sabemos lo que de verdad es prioritario para Zeus, él carece de autoridad alguna entre nosotros. Por eso, toda su influencia la basa en la diplomacia para con unos y en la intimidación para con otros. A mí me ha amenazado con enviarme al Tártaro.

—¡No es posible, Atenea! ¿Cómo te puede haber dicho eso?

—Zeus está ciego, no ve que esto puede alcanzar enormes proporciones y que a lo mejor tampoco él está tan a salvo como piensa. Es inmortal, pero no invencible. Recuerda lo que ocurrió en la guerra contra los titanes.

—Sí, pero ese fue un asunto de dioses y ahora solo hablamos de temas de hombres y, por lo que vemos, esto ni le afecta ni le interesa. Es importante que conozcas a mis huéspedes y que convoquemos a mi hermano Apolo —la urgió Artemisa—. ¡Atenas ha de ser defendida!

Poco podían imaginar las diosas que Cicno estaba a punto de liberar a Cronos.

35

Apolo, dios de la luz

Artemisa convocó a su hermano tocando una pequeña lira. El vibrar de aquellas cuerdas se transmitía a la lira que llevaba el mismo Apolo. Aquello era una señal de que Artemisa le necesitaba.

No habían terminado de vibrar las cuerdas de aquel arpa cuando un gran haz de luz entró en aquel templo y ante Atenea y Artemisa apareció el dios con su lira y con su arco.

—Te saludo, Atenea, y a ti también, hermana. Tu presencia aquí, Atenea, me hace pensar que las cosas no van todo lo bien que nos gustaría.

—Es así, estimado Apolo. Te contaré la razón de mi visita.

Atenea puso al día a Apolo de los últimos acontecimientos.

—Lamento que Zeus te haya hablado de semejante manera. Él es capaz de matar al mensajero si no le gustan las noticias que le lleva —dijo Apolo.

—Hay algo que debes conocer, Atenea —dijo Artemisa—. Cicno le dio a Creonte un escudo hecho por el mismo Hefesto, y las arpías de la diosa Hécate tienen un mechón del cabello de Hera. Nuestros amigos humanos fueron testigos de ello.

—No es suficiente —dijo Atenea—. Zeus no dará más valor al testimonio de unos humanos que al de un dios y Cicno lo negará.

—Entonces, no tenemos más remedio que actuar por nuestra cuenta y actuar deprisa —propuso Artemisa.

En aquel momento entraban los huéspedes de Artemisa. Al ver a los tres dioses juntos, se quedaron parados y sin saber cómo actuar. La diosa cazadora se adelantó para recibirles. Diotima se postró ante los pies de Apolo. Este le pidió que se levantara.

—Bella pitonisa, me alegro de verte. Siempre me has sido fiel. Gracias por ello.

Diotima regresó tímidamente junto al resto del grupo.

Isócrates volvió a contemplar aquellos ojos grises, los ojos de Atenea, que le habían deslumbrado durante su cautiverio en Tebas.

Atenea se dirigió a todos:

—Amigos, celebro mucho conoceros y admiro profundamente vuestro valor, que en muchos casos es, desde luego, superior al de muchos dioses. Hoy nuestro mundo se enfrenta a algo cuya envergadura todavía no podemos precisar. Por alguna razón que desconocemos, una profecía nos ha revelado que vosotros sois la clave para que este mundo no caiga en el caos y en la desesperanza. Hoy el ejército tebano, conducido por Creonte, avanza contra Atenas y no podemos permitir que eso ocurra. Nuestro rey y padre Zeus nos ha abandonado. Estamos solos.

En ese momento, Pablo avanzó.

—Noble diosa, me llamo Pablo y quiero deciros que no estáis solos. Tal vez nosotros solo seamos humanos, pero lo más importante no es si se es todo un dios o simplemente un ser humano. Lo más importante es lo que cada uno tiene en el fondo de su corazón, la verdad de lo que hay en su interior. Ninguno de nosotros teme a la muerte. Lo único que tememos es no hacer lo que cada uno hemos de hacer mientras estemos vivos. Estoy seguro de que todos nosotros vamos a elegir estar a vuestro lado, sean cuales sean las consecuencias.

Al oír a Pablo, Atenea, conmovida, se acercó a él y le hizo una sorprendente pregunta:

—Pablo, dime una cosa, ¿por qué la verdadera lejanía es uno mismo?

—La verdadera lejanía es uno mismo porque todo ser humano tiene libertad para elegir el bien o el mal y a medida que elige lo fácil por encima de lo correcto, el miedo por encima del valor, el egoísmo por encima de la generosidad y la venganza por encima de la compasión, se va alejando más y más de sí mismo. Es así como la luz que hay en el fondo de su alma se va apagando. Nadie que conozca la verdad acerca de su naturaleza buscará someter a otros o les tratará como inferiores. Por eso es por lo que tenemos que estar a vuestro lado, no para dañar al agresor, sino para detener la agresión.

Todos permanecieron en silencio profundamente impresionados por las palabras de Pablo. Atenea en esos momentos recordó la profecía: «Seis extranjeros de tierras lejanas y de mundos distintos devolverán la libertad a Tebas y a toda Grecia. Cuando ellos comprendan por qué la verdadera lejanía es uno mismo, también descubrirán aquel secreto que está oculto en el lugar más pequeño».

—Pablo —dijo Atenea—, en algún lugar muy pequeño hay escondido un gran secreto. Encuentra ese lugar y descubre ese secreto porque la salvación de nuestro mundo depende de ello.

—Atenea —dijo Apolo—, si vamos a defender a Atenas contra el ejército tebano, cuenta también con la ayuda de mis grifos.

Los grifos obedecían a Apolo y todos en el Olimpo lo sabían. Se trataba de tres formidables criaturas con cabeza y alas de águila y con cuerpo y patas de león. Las plumas de las alas eran de oro, por lo que aquellos seres fantásticos deslumbraban cuando se reflejaban en ellos los rayos del sol.

36

LA EMBOSCADA

—Padre —dijo Cicno, dirigiéndose a Ares—, nuestro plan marcha a la perfección y Creonte, ese pelele que está en nuestras manos, avanza contra Atenas. Uno de mis espías lo ha visto.

—¡Magnífico! —dijo Ares—. La semilla del mal se extiende por toda Grecia.

—Padre, ¿por qué conformarnos con las migajas cuando podemos tener toda la hogaza?

—¿De qué me hablas, hijo?

—¿No estás ya harto de ser un segundón en el panteón de los dioses y de que sean Zeus y sus hermanos los que ocupen los primeros lugares? ¿Por qué no convertirte tú en uno de los dioses más importantes del Olimpo?

—Estás loco, Cicno, tú desvarías. Zeus y Poseidón son demasiado poderosos.

—Es cierto, padre, pero Hera y Hades podrían estar de nuestro lado. Hera está harta de los amoríos de Zeus y Hades no perdona que, después de la guerra contra los titanes, Zeus y Poseidón le mandaran al Inframundo y le convirtieran en el dios invisible.

—Hades sí se rebelaría contra Zeus y Poseidón —dijo Ares—, pero Hera no lo haría.

—Pero Hera sí estaría dispuesta a librarnos de algunos de nuestros enemigos.

—¿A qué te refieres, Cicno?

—Padre, ¿no te gustaría deshacerte de Atenea, tu eterna enemiga?

—¡Daría lo que fuera! —exclamó Ares—. Pero Atenea es muy poderosa y no es fácil eliminarla. Además —agregó—, Atenea tiene dos grandes amigos que son Artemisa y Apolo.

—Escucha con atención, padre. Tengo un plan para derrocar a Zeus y eliminar de una vez por todas a Atenea, Artemisa y al mismo dios Apolo.

—¡Habla, pues, Cicno!

Cicno mostró a su padre un extraño recipiente azul que colgaba de una cadena de oro.

—¿Qué hay en ese recipiente, hijo? —preguntó con gran curiosidad Ares.

—¿Lo has olvidado, padre? Este líquido contiene algo capaz de liberar al titán Cronos de sus cadenas.

—¡Cronos! —exclamó Ares.

—Sí, padre, vamos a desatar una nueva guerra entre los dioses, vamos a crear un nuevo orden en el Olimpo. Pero primero tenemos que librarnos de Atenea, Artemisa y Apolo. Ellos pueden ser un verdadero obstáculo para nuestros planes.

Ares estaba estupefacto ante el plan tan audaz que le planteaba Cicno.

—Ya he visitado en dos ocasiones a Cronos y él sería espléndido con nosotros si le liberamos —dijo con orgullo Cicno.

—¿Y cómo nos desharemos de Atenea, Artemisa y Apolo? —quiso saber Ares.

—Padre, Creonte nos lo ha puesto en bandeja. Atenea no podrá permitir que el ejército tebano ataque aquella ciudad que lleva su nombre. Me han informado de que ha pedido permiso a Zeus para defender Atenas y él se lo ha negado. Si Atenea desobedece a Zeus, será duramente castigada. Por otra parte, Hera odia a Artemisa y a Apolo, a esos hijos bastardos de Zeus, y hará lo que sea necesario para eliminarles. Cuando Atenea,

Artemisa y Apolo ya no sean un obstáculo, liberaremos a Cronos.

—¿Cómo conseguiremos engañar a Zeus para que castigue a los tres dioses? —preguntó Ares.

—Me presentaré ante Zeus y le diré que ha llegado a mis oídos que Atenea, Artemisa y Apolo van a intervenir en un tema de los humanos y que, aunque yo estoy seguro de que él les ha dado su permiso, entiendo que, dado que siendo él mi rey y yo su humilde súbdito, es mi deber informarle. Antes de dejar su presencia, le dejaré muy claro que el hecho tendrá lugar entre Tebas y Atenas. Zeus mandará a dos de sus águilas para que vayan, observen y le informen.

En aquel momento, Ares empezó a temer a Cicno.

El ejército de Creonte llevaba ya dos días de camino y al caer la noche se había detenido, de acuerdo a los planes, junto a una colina que estaba muy cerca de Atenas. Al amanecer atacarían por sorpresa la ciudad y asestarían sobre ella un golpe mortal.

La noche pasó sin incidencias y empezó a despuntar el día. El ejército tebano estaba preparado para ponerse de nuevo en marcha. Nadie prestó especial atención a lo que ocurría en el bosque que había junto a la colina tras la que se había ocultado aquel ejército. Tampoco a nadie le llamaron la atención las dos majestuosas águilas que sobrevolaban a gran altura aquel lugar. Todo ocurrió muy rápido. De aquel bosque salieron veintiuna flechas que hicieron blanco en veintiún soldados. Artemisa y sus ninfas cazadoras eran conocidas por su excepcional puntería. Aquello marcó el comienzo del ataque. Veinte podencos se lanzaron de nuevo sobre aquellos pobres caballos. Desde el cielo, Apolo también disparaba sus flechas y tres enormes grifos se abalanzaron sobre los jinetes acabando con muchos de ellos.

—¡Es una emboscada! —gritó el comandante, que tomó inmediatamente el mando al ver que Creonte se había quedado paralizado por el miedo.

—¡Arqueros, acabad con los grifos, no dejéis ni uno! —exclamó el comandante antes de que una flecha de Apolo le atravesara la garganta.

Apolo irradiaba tal luz que los arqueros, deslumbrados por ella, no sabían hacia dónde dirigir sus flechas.

Subidos sobre sus ciervos con cuernos de plata esperaban las ninfas cazadoras, Isócrates, Metón, Orestes, Phylades, Pablo, José, Diotima, Ana, Isabel y los diez miembros de la guardia del gobernador. Desde allí partían las flechas que caían sobre el ejército tebano. La diosa Artemisa, subida en su carro, también esperaba la indicación de Atenea. Si el ejército no se rendía, todos ellos atacarían con sus lanzas y espadas.

Fue entonces cuando apareció Atenea con todo su esplendor.

—¡Deteneos y volved a vuestra ciudad si queréis evitar un daño mayor! —dijo la diosa.

—¡Acabad con ella! —gritó Creonte fuera de sí.

La gorgona del escudo de Palas Atenea volvió de nuevo a la vida y la carne de aquellos soldados comenzó a transformarse en piedra. Al ver aquello, Creonte, llevado por el pánico, se olvidó de su mágico escudo y se escondió debajo de un carro.

En cuanto apareció Atenea, las dos águilas que parecían dos pequeños puntos en lo alto del cielo, partieron para informar a aquel que, siendo rey, no hacía ningún honor a su reinado.

De repente todo se nubló y se produjo un enorme estruendo. El dios del trueno había llegado. Dos enormes rayos cayeron sobre Atenea inmovilizando sus brazos. Apolo se precipitó en su ayuda y otros dos rayos apresaron los suyos. Artemisa salió del bosque en ayuda de su hermano y de su admirada Atenea. En aquel momento, las dos águilas de Zeus se precipitaron sobre ella.

—¡Artemisa! —gritó Orestes.

La diosa les hizo a todos un gesto con la mano para que no se movieran.

—¡Tenemos que ayudarles! —gritó Pablo.

—¡Quietos todos, hay que obedecer a Artemisa! —intervino Cídipe—. Ahora no podemos ayudarles.

Desde el bosque pudieron ver como las águilas se llevaban a Artemisa y como Atenea y Apolo, encadenados por los rayos de Zeus, eran arrastrados más allá de las nubes. Sobre el suelo yacían tres agonizantes grifos.

Creonte, al igual que una rata, salió de su madriguera y recuperó la compostura como pudo. Su ejército estaba confuso y diezmado. Los ataques de los picos y las garras de aquellos tres grifos, los ojos de la gorgona Medusa que portaba Atenea en su escudo y las flechas que habían salido de aquel cercano bosque habían terminado con un gran número de sus hombres y, entre ellos, con su comandante y sus capitanes. Era suicida atacar Atenas con el ejército que le quedaba. Tenía que volver a Tebas, esperar a los mercenarios, convocar a Cicno y esperar sus instrucciones. Lo que había ocurrido era demasiado importante para que no se lo comunicara al hijo de Ares.

37

El castigo

Zeus estaba sentado en su trono de mármol negro. A ambos lados había dos águilas de oro con ojos de rubí y un rayo entre sus zarpas. Su aspecto era temible. Una ondulada cabellera blanca se continuaba con un denso bigote y una espesa barba. Vestía una túnica de excepcional blancura y calzaba unas sandalias de oro. En su mano derecha tenía un cetro blanco con empuñadura de oro. Zeus portaba sobre su cabeza la corona que le distinguía como rey de todos los dioses.

A su izquierda se sentaba Hera en su trono de marfil cuyo respaldo tenía la forma y los colores de las plumas de un pavo real. A su derecha, sobre una enorme concha de nácar, se sentaba Poseidón que, al igual que Hera, también portaba una corona. Poseidón sostenía en su mano derecha un tridente de plata. Él era el rey del mar.

En aquella ocasión también había sido convocado Hades, cuyo trono, situado a la derecha de Poseidón, estaba hecho de denso humo. Las otras hermanas de Zeus, Deméter y Hestia, se sentaban a la derecha de Hades.

En un nivel inferior estaban los restantes dioses del panteón olímpico. Allí estaba Ares sentado en un trono tapizado con piel humana. En los apoyabrazos había esculpidas dos calaveras.

Los otros tronos estaban ocupados por Afrodita, Hermes, Hefesto y Dioniso. Había tres tronos vacíos, los de Atenea, Artemisa y Apolo.

Zeus tomó la palabra:

—Os he convocado a todos por un asunto de la máxima gravedad. Atenea me ha desafiado y ha embaucado a Artemisa y a Apolo para que la ayudaran a defender Atenas. Por eso creo que Atenea debe ser duramente castigada y a Artemisa y Apolo hay que aplicarles un serio correctivo.

—¿Cómo que un correctivo? —exclamó Hera—. ¡Ellos merecen el mismo castigo!

Ares calladamente sonreía. Zeus no se atrevió a contradecir a Hera.

—Sabéis que estas decisiones han de ser tomadas sin que haya ningún voto en contra. Yo voto que se les castigue y creo que el resto de vosotros deberíais hacer lo mismo —dijo Zeus.

Cada dios hizo su propia reflexión.

Poseidón siempre estaba al lado de su hermano y por eso él votó a favor del castigo. También Hera, que de esta manera se vengaba de Artemisa y de Apolo. Hades votó sí porque sabía que sin dioses de la talla de Atenea, Artemisa y Apolo, el reino de Zeus quedaba muy debilitado y a él esto siempre le beneficiaba. Deméter y Hestia, con tal de evitar entrar simultáneamente en conflicto con Zeus y Hera, también apoyaron el castigo. El sí de Ares resonó en todo el Olimpo. A Dioniso le traía sin cuidado todo y completamente beodo dijo que votaba lo mismo que votara la mayoría. Apolo era apuesto, pero Atenea y Artemisa eran demasiado bellas como para querer seguir teniéndolas como oponentes, por ese motivo Afrodita también votó por el castigo. A Hefesto los asuntos de dioses no le importaban, solo quería que le dejaran trabajar tranquilo en su fragua y por eso, cuando vio los ojos de furia con los que le miraba Zeus, se apresuró a dar su sí a aquel injusto castigo.

Quedaba Hermes, el mensajero de los dioses, alguien que tenía una buena relación con Artemisa y Apolo y que además sentía un gran respeto por Atenea. El dios llevaba en los pies unas sandalias de cada una de las cuales emergían dos pequeñas alas de oro.

—Mi rey —dijo Hermes—, Atenea, Artemisa y Apolo siempre han estado a vuestro lado. No me parece justo que porque hayan querido proteger Atenas frente al ataque de un invasor, sean tan duramente castigados.

Zeus, con el rostro desencajado, se levantó de su trono.

—Me hablas de justicia, Hermes. ¿Acaso has visto que Némesis, la diosa de la justicia, tenga un lugar en el panteón de los dioses? Que te quede esto muy claro, ¡yo soy la justicia!

Ares conocía la habilidad en el uso de la palabra que Hermes tenía y temía su elocuencia.

Hermes era hijo de Zeus y Maya. Maya era la mayor de las siete hijas de Atlas y Pléyone. Atlas era un joven titán al que Zeus condenó a cargar sobre sus hombros con los pilares que mantenían la Tierra. Pléyone era hija de dos titanes, Océano y Tetis.

Hermes no era solo el mensajero de los dioses, sino que además guiaba a los viajeros por los caminos. Era también un hábil ladrón y en ocasiones acompañaba a las almas de los difuntos al Inframundo.

Hermes conocía muy bien cómo era Zeus y sabía que antes o después se saldría con la suya. Si se oponía al castigo, Zeus lo interpretaría como una deslealtad y podría incluso echarle del panteón de los dioses convocando después, y ya sin él, una nueva reunión para volver a votar y alcanzar el veredicto buscado. Fuera de aquel lugar, Hermes no podría enterarse de cosas que pudieran ser de ayuda para Atenea, Artemisa y Apolo. Si decía sí al castigo, estaba traicionando a sus amigos y por eso se abstuvo.

Zeus se levantó con gesto triunfante y alzó su cetro.

—Yo, Zeus, rey de los dioses, declaro culpables a Atenea, Artemisa y Apolo y les condeno a permanecer eternamente encadenados en el Tártaro. Hefesto, prepara las cadenas. Y tú, Hades, parte presto a tus dominios y asegúrate de que reciban la acogida que merecen.

Hefesto y Hades se inclinaron ante su rey y partieron.

—Y el resto de vosotros —dijo Zeus, sin dirigir su mirada a Hermes—, idos contentos porque hoy habéis agradado a vuestro rey.

Ares se marchó rápidamente del Olimpo y fue hasta donde Cicno ansiosamente aguardaba.

—Todo ha salido de maravilla, hijo. Los tres han sido condenados de por vida en el Tártaro. El Olimpo ha recibido un golpe mortal y Zeus ni siquiera se ha percatado. ¡Es la hora de que liberemos a Cronos!

38

ENCADENADOS EN EL ABISMO

El Tártaro era una gigantesca gruta en las profundidades de la tierra. Una luz azulada daba a aquel lugar un aire fantasmal. Allí había enormes estalactitas y estalagmitas, muchas de las cuales estaban cubiertas por una densa bruma. Junto a una de las paredes de aquella gruta había un ancho camino serpenteante. Entre la otra pared y el camino solo existía un precipicio y en el fondo de este un río, denominado Aqueronte, y que era el que emitía aquella luz azul fosforescente. Por allí discurrían las almas que habían sido condenadas. Sus espeluznantes gritos y sus tristes llantos retumbaban en las paredes de aquel lugar. Caronte, el barquero, era el encargado de llevar las sombras errantes de los difuntos a los distintos lugares del Inframundo y con frecuencia se le veía navegar por allí en su barcaza.

Aparte de las almas de los difuntos, aquel lugar era una prisión para los titanes. En la inmensa pared que había a la derecha del camino se abría una gruta de más de treinta metros de altura y quince de anchura que daba paso a un túnel. Por ahí se accedía a otra caverna. Las paredes de esta nueva oquedad tenían un aspecto diferente, como si estuvieran hechas de un material distinto. Al fondo de la misma había cuatro enormes cadenas que salían de cada pared sujetando al titán Cronos.

De la pared izquierda de esta gruta, cerca de su entrada y a unos cuarenta metros de distancia de donde se encontraba Cronos, salían seis cadenas que sujetaban las manos de Atenea, Artemisa y Apolo. Allí pasarían el resto de su vida, salvo que lo imposible ocurriera.

—Amigos —dijo Atenea—, el destino ha sido cruel con nosotros, pero no cedamos ante la derrota y el fracaso y jamás perdamos la esperanza. Al final, todo va a salir bien y si las cosas de momento no son favorables, es porque todavía esto no ha concluido. Cada momento, hasta el más difícil, es una oportunidad si sabemos verlo como tal. Tenemos que mantenernos en pie precisamente ahora, cuando es más difícil hacerlo. Encadenarán nuestras manos, pero no podrán doblegar nuestros corazones. Jamás les daremos el permiso para que hagan que nos sintamos derrotados. Estamos aquí porque hemos luchado por algo más grande que nosotros mismos y porque decidimos arriesgar lo que éramos por aquello en lo que nos queríamos convertir. Nuestro dolor no es absurdo, sino que tiene un gran valor y tiene un profundo sentido. Por eso tenemos que mantener nuestra confianza en medio de esta oscuridad en la que hoy nos encontramos. Son las circunstancias difíciles las que de verdad revelan aquello de lo que estamos hechos.

»Miremos con los ojos de la fe y recordemos que quien lucha sin descanso al final triunfa y que se puede vencer a pesar de tener todas las probabilidades en contra.

Apolo y Artemisa miraron a Atenea con ojos de profundo agradecimiento.

Mientras tanto, en la isla de Lemnos, Hipno visitaba a Hefesto y le provocaba un profundo sueño. Era el momento en el que Cicno tenía que liberar a Cronos de sus cadenas sin que Zeus se enterara. Cicno les había prometido tanto a Peito como a Hipno que ellos ocuparían un lugar en el panteón de los dioses.

Cicno sabía que para que el juez Minos le dejara entrar de nuevo en el Tártaro tenía que utilizar una estrategia aún más poderosa. Peito y dos enormes ánforas llenas de ambrosía cumplieron a la perfección su cometido.

—Cómo me gusta veros por aquí encadenados —dijo Cicno.

—¿Qué haces aquí, miserable? —preguntó Atenea.

—Vengo a disfrutar de vuestro sufrimiento y a crear un nuevo orden en el mundo. ¡Vengo a liberar a Cronos!

Al escuchar aquello, el gigante se puso en pie y empezó a agitar con violencia sus cadenas produciendo un ruido ensordecedor.

—Has cumplido tu promesa de liberarme, Cicno, hijo de Ares, yo también cumpliré la mía —dijo Cronos.

—Es mentira —dijo Artemisa—. Cronos no puede ser liberado. Nadie, ni el mismo Zeus puede romper las cadenas de taurux que fabrica Hefesto.

Un grito espantoso salió de la garganta de Cronos al oír el nombre de aquel a quien tanto odiaba.

—Preparaos entonces para ver algo sorprendente —dijo Cicno.

Cicno se acercó al gigantesco titán Cronos y se quitó una cadena de oro que llevaba alrededor del cuello. Al final de la misma había un pequeño recipiente de color azul. Cronos le observaba con gran curiosidad. Cicno dejó caer unas gotas de aquel líquido que había en el recipiente donde las cuatro cadenas aprisionaban las manos y los pies de Cronos. Aquellas gotas desencadenaron una violenta reacción química y Cronos vio entusiasmado como, donde había caído aquel líquido, la cadena se disolvía de la misma manera en la que se disuelve un trozo de mantequilla al ponerla sobre un fuego.

—¡Libre por fin! —gritó Cronos, alzando sus brazos y estirando sus piernas. Las cadenas que una vez le aprisionaron estaban ahora rotas y en el suelo.

El gigantesco titán pasó delante de Apolo, Artemisa y Atenea y les miró con desprecio. Cicno les hizo una mueca irónica. Ambos salieron por el túnel, avanzaron por el camino que había junto a la gruta y llegaron hasta la entrada del Tártaro, el lugar en el que estaba el juez Minos. Este no tuvo tiempo de usar su escudo y su espada. El puño derecho de Cronos le cayó encima como si fuera una gigantesca maza y le empotró en el suelo.

Una vez que hubo salido del Inframundo, Cronos pegó un aullido que se oyó en el mundo entero. Aquel aullido generó una tremenda vibración en el monte Etna, el volcán entró en erupción y una criatura horrorosa, Tifón, salió de su encierro. Tifón era hijo de Gea y de Tártaro, el cavernoso vacío inferior. Tifón intentó destruir a Zeus por haber derrotado a los titanes y llegó incluso a arrancarle sus tendones. Estos le fueron devueltos a Zeus por el dios Hermes. Tras aquello, Zeus volvió a luchar contra Tifón derrotándole. Y fue entonces confinado bajo el monte Etna. De allí solo podría salir si el titán Cronos era liberado.

Tifón podía vomitar lava por su boca y crear huracanes y terremotos moviendo sus alas. Aquel monstruo tenía siete cabezas de dragón, de cada una de las cuales salían siete pinchos. Tifón tenía también cola y alas de dragón. Su cuerpo y sus patas eran de león.

—¡Zeus, Tifón ha escapado y avanza hacia el mar! —dijo un angustiado Poseidón.

—¡Es imposible, hermano! Tifón solo puede ser liberado por Cronos y él está encadenado en las profundidades del Tártaro. Nadie puede escapar de allí.

—Pues no sé cómo, pero lo ha hecho. ¡Necesitamos el escudo de Atenea, la gorgona Medusa es la única que puede detener a semejante bestia!

Zeus se dio cuenta de su error. Aquel escudo solo obedecía a su dueña y nadie, ni siquiera él mismo, podía ya liberar a Atenea de su prisión en el Inframundo. En ese momento, Zeus fue plenamente consciente de que era mucho menos poderoso de lo que había pensado y de que su reinado estaba en serio peligro de desaparecer.

Hades ya estaba al tanto de que Cronos había escapado. Sin embargo, él tenía que quedarse al margen y esperar. Hades sabía que Cronos no olvidaría que había luchado contra él en la guerra de los titanes. Por otra parte, Zeus no merecía su ayuda ahora que tanto la necesitaba, porque lejos de premiar su apoyo tras la guerra contra Cronos y haberle dado lo prometido, Zeus le había enviado a gobernar el Inframundo.

Cicno mandó dos señales, una a Hipólita para que pusiera en pie de guerra a sus fieras amazonas y otra a la diosa Hécate para que liberara a Quimera y mandara a combatir a sus arpías.

39

El contraataque

Creonte se retiró con su ejército rumbo a Tebas donde esperaría la llegada de los mercenarios. Cuando el último de los soldados se hubo marchado, salieron del bosque las orestíades junto con sus compañeros. Todos se acercaron a los grifos de Apolo que yacían abatidos por los rayos de Zeus. Solo uno de ellos aún respiraba. En su pecho tenía una gran herida rodeada por una extensa quemadura.

—Rápido —dijo Orestes—, dadme el ungüento para las heridas que nos dieron las náyades en el bosque sagrado. Tal vez no hayamos llegado demasiado tarde.

Orestes aplicó generosamente aquella poción en el interior y en los bordes de la herida. Poco a poco, aquella negruzca herida fue cambiando de color y progresivamente se fue cerrando. El grifo empezó a moverse y finalmente se levantó y desplegó sus enormes alas. Todos se acercaron a acariciarle. Al menos uno de ellos había sobrevivido.

Estaban celebrando esa pequeña victoria sobre la muerte, cuando vieron como un torbellino de arena venía hacia ellos. Era el dios Hermes, el mensajero de los dioses.

Todas las orestíades se inclinaron ante él.

—Os traigo terribles noticias, doncellas de Artemisa y valientes guerreros. Artemisa, Apolo y Atenea han sido encadenados en el Tártaro y el titán Cronos ha sido liberado. Zeus está llamando a los cíclopes y a las águilas para que combatan a su lado. El titán marcha contra Zeus apoyado por Ares, Cicno, Hipólita y Hécate.

»Un ejército de las amazonas de Hipólita se dirige hacia Tebas y se ha visto a tres arpías volando en dirección a Atenas.

»Quimera ha sido enviada contra Esparta y Tifón ha salido de su encierro y ahora avanza hacia los mares. Poseidón ha partido a su encuentro. La más espantosa de las guerras ha estallado, una guerra que afecta por igual a dioses y a hombres.

Quimera, la hija de Tifón y Equidna, era un monstruo con tres cabezas y alas de dragón. Una de las cabezas era de león, otra de macho cabrío, que nacía en el lomo, y la tercera de serpiente, que nacía en la cola.

—Dios Hermes —dijo Cídipe—, hay un hombre llamado Creonte que está al servicio de Cicno y que dirige el ejército que retorna a Tebas. Ese hombre tiene un escudo de gran poder que está cubierto de piel negra. Tú, gran dios, eres conocido por tu capacidad para entrar en cualquier lugar sin ser visto y coger aquello que deseas. En la gran batalla que sin duda vamos a librar, tal vez ese escudo pueda sernos de una gran ayuda.

—Muy bien, yo os lo traeré —dijo Hermes.

Al llamar Zeus en su ayuda a los dioses, a las águilas y a los cíclopes, Hefesto supo que Cronos se había liberado de las cadenas.

—¡Es imposible! —repetía el dios cojo una y otra vez—. Nadie más que yo puede romper esas cadenas. Yo peso en mi balanza con absoluta precisión los distintos metales que necesito para fabricar el taurux. La aleación que yo produzco es perfecta.

Alguien tan dedicado a su labor, tan perfeccionista y tan meticuloso tenía que averiguar lo que había pasado con sus cadenas.

Hefesto viajó al Tártaro y Hades no le puso ninguna dificultad para que entrara en el Inframundo.

Dentro de la gruta, Hefesto pasó ante Atenea, Artemisa y Apolo evitando sus miradas. Se acercó a las cadenas que había en el suelo y las examinó perplejo. Algo había fundido el metal y Hefesto sabía que solo un material podía hacerlo, un material que solo él conocía.

Los tres dioses le observaban con gran atención.

Hefesto se quitó una cadena de oro que le rodeaba el cuello y de la cual colgaba un pequeño recipiente de color azul. Lo abrió y vertió unas gotas del líquido que contenía sobre una de aquellas cadenas que habían sujetado a Cronos. Al ver que no se producía la reacción esperada, Hefesto se levantó y empezó a gritar.

—¡Noooooo, nooooooo, me han robado mi secreto, mi preciosa savia de las raíces del bosque sagrado!

En aquel momento, la luz se hizo en su mente y lo comprendió.

—¡Peito, Hipno, los dos me habéis engañado!

Sin decir nada más, Hefesto abandonó furioso aquel lugar y regresó a su isla, para recluirse de nuevo en ella.

El grueso del ejército tebano se movía con lentitud. Creonte iba en el interior de su tienda de campaña, una estructura rectangular de madera de gran tamaño, austeramente decorada y que se deslizaba sobre cuatro ruedas, tirada por cuatro caballos.

Hermes se introdujo en la tienda con la habilidad propia de aquel al que se le conocía como «el ladrón» entre los dioses. Creonte se había tumbado para descansar. Ni siquiera sintió que su querido escudo se le escapaba de entre los dedos.

—Tomad el escudo, es vuestro —dijo Hermes a sus amigos.

Isócrates se acercó al dios y empezó a hablar.

—Divino Hermes, soy Isócrates, el gobernador de Tebas. Hemos estado hablando entre nosotros y creemos que lo primero que hemos de hacer es entrar en el Inframundo y liberar a Atenea, Artemisa y Apolo. Todavía no sabemos cómo hacerlo, pero sí que lo vamos a lograr sea como sea. Por otro lado, hemos de acudir en socorro de Tebas, Atenas y Esparta. Dinos, por favor, ¿cómo podemos entrar en el Inframundo?

—Yo daré instrucciones al grifo para que lleve a uno de vosotros al Inframundo —respondió Hermes—. En la puerta de entrada, el que vaya tendrá que enfrentarse a Cerbero.

Cerbero era el perro de Hades, un monstruo de tres cabezas y cola de serpiente que no permitía el paso de nadie que estuviera vivo. Solo podía pasar por aquellas puertas Caronte, el barquero que llevaba las almas de los difuntos a los distintos lugares del Inframundo.

—Para que Caronte os lleve a uno de vosotros por el río Aqueronte hasta el Tártaro, hay que darle una moneda de oro —dijo Hermes—. Si le da esta, Caronte le llevará. Si quien vaya al Inframundo logra rescatar a Atenea, Artemisa y Apolo, no tendrá ninguna dificultad para salir de aquel lugar. Si no lo logra, tendrá que estar dispuesto a morir allí, porque Caronte jamás lo devolverá al embarcadero. Hades lo tiene estrictamente prohibido.

Hacer lo que había que hacer, sin saber cómo hacerlo y sabiendo el precio que había que pagar si no se tenía éxito era una misión no para valientes, sino para héroes.

—Yo iré —dijo Orestes—. Dios Hermes, dame la moneda de oro para Caronte.

—Llévate el escudo de Creonte, por favor —dijo Pablo.

—No, querido Pablo, el escudo es para ti, a mí ya me acompaña el grifo.

Isócrates tomó entonces la palabra:

—Yo me dirigiré para interceptar al ejército tebano y me enfrentaré a Creonte sin que él pueda hacer uso de su escudo. Hablaré a los soldados y les diré que Tebas está siendo atacada. Muchos tienen mujeres y niños. Si apelo a su corazón, tal vez recuperen la cordura. Phylades, Metón, Pablo, José, Ana, Isabel y Diotima alertaréis a Atenas. Vosotras, orestíades, con mis diez hombres, iréis en vuestros veloces ciervos y ayudaréis a Esparta a defenderse de Quimera.

—Pero, Isócrates —protestó Metón—, tú no puedes ir solo.

—Sí, así ha de ser, querido Metón. Yo he de ir solo.

40

La guerra

Ninguno de ellos sabía si volverían a verse. Pablo abrazó a Orestes.

—Cuídate, Orestes, cuídate espartano, cuídate, querido amigo —dijo Pablo, conteniendo la emoción que le embargaba.

—Y tú también cuídate, joven guerrero. Ha sido un honor conocerte y luchar a tu lado —respondió Orestes.

El grifo empezó a batir las alas y, con Orestes sobre él, emprendió el vuelo hacia el Inframundo. Todos le saludaron agitando sus manos y Orestes les respondió desde el cielo.

Isócrates, subido en uno de los ciervos con cuernos de plata, partió en busca del ejército tebano. Phylades, Metón, Pablo, José, Ana, Isabel y Diotima salieron también en sus ciervos hacia Atenas, que se hallaba a escasos kilómetros de aquel lugar.

Las orestíades, a cuyo mando iba Cídipe, junto con los diez soldados de la guardia personal de Isócrates, partieron en sus monturas hacia el Peloponeso, para ayudar a Esparta a hacer frente a Quimera.

El grifo voló por encima de las nubes. No había pasado mucho tiempo cuando Orestes vio en la distancia a tres enormes seres alados que iban hacia Atenas.

—¡Arpías! —exclamó.

Pasado un tiempo, el grifo súbitamente empezó a bajar y Orestes tuvo que agarrarse con fuerza a su cuello para no caerse. Atravesaron una densa nube y finalmente el grifo se posó en el suelo. Apenas se veía nada. Habían llegado a una especie de laguna parcialmente cubierta por la bruma. Aquella era la laguna Estigia. Densos juncos crecían en la orilla. El silencio era absoluto. Orestes bajó del grifo y empezó a caminar por la orilla. Llevaba su espada envainada, en la mano izquierda su escudo y en la derecha una lanza espartana. Pronto llegó a un embarcadero. Los maderos que lo formaban empezaron a crujir a medida que caminaba sobre ellos. Orestes abrió una de las bolsas que llevaba en su cintura y extrajo la moneda de oro que el dios Hermes le había dado. Entonces la lanzó con toda su fuerza hacia el centro de la laguna. La moneda ni siquiera llegó a rozar el agua, la mano afilada y huesuda de Caronte la atrapó en el aire.

Después de unos breves instantes, Orestes escuchó algo, parecía el sonido de una barca que se aproximaba. Ante él apareció una barcaza de unos ocho metros de eslora y tres de manga. Tenía un mástil de unos diez metros de altura del que se desplegaba un velamen lleno de costuras. Había dos tablones de madera que iban de babor a estribor y en los que se sentaban las almas de los difuntos.

Caronte medía cerca de dos metros y llevaba un manto de color tierra y una capucha que le cubría el rostro.

Orestes de un salto subió a la embarcación. Caronte, que manejaba un único remo, se separó del embarcadero y empezó a navegar por el río que nacía de aquella laguna. Había pasado una media hora sin que aquella extraña bruma se despejara, cuando Orestes vio seis ojos que parecían ascuas, brillando en medio de la bruma.

—¡Cerbero! Debemos de estar llegando a las puertas del Inframundo.

Orestes recordó lo que le repetían una y otra vez aquellos maestros que cuando era niño le enseñaron a combatir en Esparta: «No te confíes, no bajes la guardia, no permitas que te cojan desprevenido, estate atento y alerta, por la emoción te conquistan, mantén la cabeza fría». Sabía que Cerbero, el perro de Hades, le olería y que no habría forma de pasar en la barca desapercibido. El monstruo había sido entrenado por su amo para oler y apetecer la carne humana.

Orestes cerró por un instante los ojos y empezó a decir para sus adentros: «Mi fuerza está en mi fe, mis valores son mi guía y mi carácter es mi destino». Entonces saltó de la embarcación y cayó en tierra firme. Caronte detuvo su barca. Ante ellos había unas inmensas rejas.

Apenas tuvo tiempo de reaccionar. Fue su escudo el que paró el primer ataque. Los gruñidos de Cerbero reventaban los tímpanos. Una de las cabezas le lanzó una dentellada que Orestes consiguió evitar con un rápido desplazamiento lateral. Tenía que localizar el corazón de la bestia y atravesarlo. La cola de serpiente de Cerbero se movió como un látigo y de un golpe le arrebató la lanza. Con el escudo detuvo otra dentellada, pero este había quedado tan dañado que ya apenas le protegía. El can flexionó sus patas para tomar impulso y saltar sobre Orestes. ¡Qué poco conocía aquel monstruo lo que alguien tan acostumbrado al combate era capaz de hacer! Lejos de echarse hacia atrás para intentar evitar el ataque, Orestes dio un salto hacia adelante y se encontró con la bestia en el aire. La espada la clavó donde se unían las tres cabezas y la hundió hasta la empuñadura. El corazón de Cerbero se partió en dos mitades. A Orestes todo el cuerpo le dolía tras el brutal impacto. Se incorporó como pudo y subió de nuevo en la barca de Caronte. Las puertas del Inframundo se abrieron y el barquero siguió navegando por aquel río. Tomaron una desviación y Orestes vio que el río tomaba una coloración distinta, emitiendo una extraña luz azul fosforescente. Al asomarse fuera de la barca, pudo contemplar horrorizado que aquel río estaba lleno de almas en pena. A veces sacaban los brazos del agua como suplicando que les dejaran subir a la embarcación. El barquero seguía moviendo impasiblemente su remo.

—¡Estoy en el Tártaro! —exclamó Orestes.

Caronte detuvo su barca junto a una pared. El guerrero, agarrándose a los salientes de las rocas que había en ella, empezó a escalar. Había dejado la lanza en la barca para que no le dificultara la subida. Poco a poco, metro a metro, fue ascendiendo por aquella pared. Caronte dio la vuelta a su embarcación y partió de nuevo hacia el embarcadero, parecía que acababa de llegar un nuevo pasajero.

Finalmente, Orestes llegó hasta donde la pared terminaba y se encontró con un camino.

—¡Artemisa, Apolo, Atenea! —empezó a gritar sin obtener respuesta alguna—. ¡Artemisa, Apolo, Atenea! —repitió, a medida que avanzaba por el camino.

Al pasar frente a una enorme gruta que había en la pared, le pareció oír algo. Penetró por un túnel y al final de él encontró el lugar donde estaban encadenados los tres dioses.

—¡Orestes! —gritó Artemisa cuando le vio—. ¡Has venido a rescatarnos!

—¿Cómo puede alguien teneros así, tratándoos como si fuerais simples malhechores? Vosotros representáis lo más bello que hay en el mundo de los dioses. Vengo a morir junto a vosotros porque no sé cómo liberaros —dijo Orestes—. Sin embargo, muero feliz a vuestro lado.

—No vas a morir, valiente Orestes —dijo Artemisa—. ¿Recuerdas que me hablaste en mi templo en la montaña de unas raíces que recogía Hefesto en el robledal de Lodona? Me dijiste que las arpías las buscaban y que la ninfa Eco las llevó hasta ellas.

—Sí, lo recuerdo, Artemisa —contestó el espartano.

—¿Ves esas cadenas que retuvieron a Cronos y que ahora están rotas? Pues fue Cicno el que lo hizo usando algo que contienen esas raíces. Quiera la fortuna que las lleves contigo —dijo Artemisa.

Orestes metió la mano en una de las bolsas de piel que llevaba en la cintura y extrajo unos fragmentos que emitían una luz fosforescente.

—¡Estamos salvados! —exclamó Artemisa.

—Orestes, exprímelas sobre nuestros grilletes —pidió Atenea.

Uno a uno, aquellos grilletes empezaron a disolverse hasta que finalmente se cayeron. Los tres dioses estaban libres. Los ojos de Artemisa y Orestes se volvieron a encontrar y en ese momento ambos supieron que ya ni siquiera la muerte les separaría.

—Durante vuestro encierro en este lugar han pasado muchas cosas de excepcional gravedad y de las que tenéis que estar informados —dijo Orestes—. Isócrates está enfrentándose con Creonte. Si vence y logra su propósito, volverá con el ejército a Tebas para defender la ciudad del ataque de las amazonas. Metón, Pablo, José, Ana, Isabel y Diotima han partido para defender Atenas del ataque de las arpías. Tus orestíades, Artemisa, han ido a Esparta junto a los diez miembros de la guardia personal de Isócrates, porque Quimera ha sido enviada para destruirla. En el mar, Poseidón se enfrenta a Tifón y en el Olimpo, Zeus con sus águilas y los cíclopes luchan contra Cronos, Ares, Cicno, Hipólita y Hécate. De los tres grifos, solo uno sobrevivió y está en la laguna Estigia.

Atenea tomó el liderazgo.

—Yo tengo que enfrentarme a Tifón. Poseidón y su ejército no podrán con él. Solo los ojos de la gorgona Medusa pueden destruirle. Orestes, parte tú con Artemisa a combatir a la terrible Quimera. Tú, Apolo, irás a mi ciudad, a Atenas, con tu grifo y les ayudarás a combatir contra las arpías.

—¿Y Zeus, quién ayudará a Zeus? —preguntó Orestes.

—Querido Orestes, desde que os conocemos, hemos visto que en vosotros está lo mejor de los hombres y lo mejor de los dioses. Por eso no lucharemos al lado de Zeus, sino a vuestro lado —dijo Atenea.

Los cuatro salieron del Tártaro por la misma puerta por la que habían salido Cicno y Cronos, una puerta reservada tan solo para los dioses.

41

Una batalla por cielo y tierra

Dada la velocidad a la que corría su ciervo de cuernos de plata, Isócrates alcanzó pronto al ejército tebano.

—¡Detenedle, acabad con él! —gritó Creonte en cuanto le vio.

—Escuchadme, soldados —arengó Isócrates—. La vida de vuestras familias corre peligro. Un ejército de amazonas marcha contra Tebas. Son seres despiadados que no dejarán a nadie vivo. ¿Vais a dejar que la locura de Creonte la paguen vuestras mujeres y vuestros hijos? Él es un hombre sediento de poder al que ni le importáis vosotros ni los vuestros.

—¡Mentira, es una horrible mentira! —gritó Creonte fuera de sí.

—¿Creéis que si fuera una mentira, estaría aquí solo frente a un ejército de tantos hombres? —dijo Isócrates—. Si al llegar a Tebas veis que os he mentido, sois muchos y cualquiera de vosotros puede acabar conmigo.

Creonte, viendo que no tenía nada que hacer y consciente de que ya no tenía su escudo para protegerle, cogió una lanza para arrojársela a Isócrates, pero antes de que pudiera hacerlo, una flecha que partió del cielo le atravesó el cuello. Apolo tenía una extraordinaria puntería.

En aquel momento, la barca de Caronte llegaba al embarcadero de la laguna Estigia a recoger a su nuevo pasajero. Era la sombra de un difunto llamado Creonte y lo llevaba al Tártaro, el lugar más espantoso del Inframundo.

—¡Gobernador, guíanos a la batalla! —fue lo último que se oyó antes de que aquel ejército se lanzara a galope hacia Tebas.

En Atenas, Apolo, montado en su grifo, atacó a una de las arpías. Sus uñas se clavaron en una de las alas y Aelo se precipitó contra el suelo. Allí los guerreros acabaron con ella.

Las flechas que lanzaban los atenienses no traspasaban la dura piel de aquellas arpías que con sus zarpas hacían estragos entre los soldados.

Diotima colocó en su arco una flecha envenenada con la sangre de la Hidra de Lerna, esperó hasta que Ocípete estuviera más cerca, apuntó cuidadosamente y disparó. La flecha surcó el aire y se clavó en su piel.

Ocípete, parada en el aire, empezó a reírse.

—Estúpida, ¿acaso no sabes que vuestras flechas no nos hacen daño?

Sin embargo, aquel veneno empezó a producir su efecto y la arpía cayó fulminada estrellándose contra un muro.

Celeno, la más inteligente y peligrosa de las tres arpías, evitaba las flechas de Apolo y los ataques del grifo. Entonces vio a Ana y fue directamente a por ella. Pablo, que fue el único en darse cuenta, corrió hacia su madre y estirando un brazo la protegió con su escudo. Sin embargo, este gesto le dejó a él expuesto y una de las uñas de Celeno le hirió en un costado.

—¡Hijo mío! —gritó Ana.

Diotima lanzó varias flechas envenenadas a Celeno, pero esta, con sorprendente facilidad, las esquivó.

—¡Tenemos que atraerla hacia nosotros! —dijo Phylades.

—Ven aquí si te atreves, repugnante arpía —la retó José—, te esperamos.

Apolo aprovechó aquella distracción de Celeno para caer sobre ella con su grifo. El pico del grifo se cerró sobre el cuello de la arpía y sus zarpas aplastaron aquel cuerpo. Se oyó hasta el crujir de sus huesos.

Todos corrieron a donde estaba Pablo. José le tomó el pulso y vio lo débil que era. Pablo respiraba con gran dificultad. Phylades, Metón, Ana, Diotima e Isabel no podían contener sus lágrimas. La gente de Atenas, rodeando a su defensor, guardaban un respetuoso silencio.

Apolo descendió con su grifo. Todos los atenienses se apartaron e inclinaron la cabeza. Apolo cogió a Pablo en sus brazos y mirando a Ana le dijo:

—Le llevo a Epidauro. Asclepio, el dios de la medicina, es el único que puede curarlo.

Apolo se elevó con su grifo llevándose a Pablo.

Diotima cogió la mano de Ana.

—Vamos, Ana, montad en vuestros ciervos que yo os guiaré a Epidauro.

José, Isabel y Ana salieron al galope siguiendo a Diotima.

Metón y Pericles, el gobernador de Atenas, partieron con el ejército ateniense en dirección a Tebas para ayudar a Isócrates a luchar contra las amazonas.

Las amazonas eran unas luchadoras formidables. Había más de quinientas. Iban montadas sobre enormes lobos y sus flechas caían como una lluvia sobre Tebas.

Isócrates daba instrucciones para organizar la defensa. Las mujeres y los niños también habían cogido armas para defender su ciudad.

Las amazonas usaban unas catapultas situadas sobre plataformas de madera. Los enormes bloques de piedra que lanzaban estaban haciendo estragos en Tebas.

—¡Hay que destruir esas catapultas! —dijo Isócrates—. Necesito cuarenta voluntarios dispuestos a arriesgar sus vidas.

Cincuenta hombres dieron un paso al frente.

—Escuchadme. Hay un pasadizo que conduce al bosque que hay junto a la ciudad. Quiero que lleguéis hasta allí con vuestros arcos. Estaréis justo detrás de las amazonas. Disparad vuestras flechas sobre ellas. Mandarán parte de su ejército contra vosotros. Volved a meteros por el pasadizo y aseguraos de que os ven entrar. Avanzad rápidamente por él hasta que lleguéis de nuevo a la ciudad.

Un grupo de amazonas os estará siguiendo por el pasadizo. En cuanto salga el último de vosotros, arrojaremos una antorcha sobre el agua, a la que previamente habremos echado varios toneles de aceite.

»Aprovecharemos la confusión creada por vuestras flechas para mandar un grupo a caballo que prenda fuego a sus catapultas. Los jinetes habrán salido previamente por la puerta posterior de la ciudad, rodeando la muralla, y esperarán nuestras instrucciones para atacar. Una flecha de fuego será la señal.

»Una vez que la caballería haya prendido fuego a las catapultas, abriremos la puerta delantera para que entren los jinetes. Recorrerán todo el corredor que divide a la ciudad y volverán a salir por la puerta posterior. Las amazonas no conocen la estructura de la ciudad y en cuanto entren por el corredor, desde los muros que hay en ambos lados, las derribaremos con nuestras flechas. Venid, seguidme al pasadizo.

Isócrates les llevó hasta donde estaba la pira funeraria y abrió la losa.

—Tomad unas antorchas para que os guíen en el camino. Cuando volváis, usadlas solo para recorrer el túnel, pero nunca en el agua, porque estará llena de aceite y os abrasaríais vivos. La losa estará quitada y la luz os ayudará a localizar la escalera y subir por ella. Después prenderemos fuego al agua.

Cincuenta soldados tebanos portando arcos y antorchas descendieron por la escalera, saltaron al agua y recorrieron el pasadizo hasta salir al bosque. Isócrates mandó que se vertieran en aquel agua dos toneles llenos de aceite.

Doscientos hombres a caballo salieron por la puerta de atrás de la ciudad, rodearon la muralla y aguardaron escondidos la señal. Veinte de ellos llevaban bolsas llenas de aceite y otros veinte portaban antorchas.

Isócrates dio la orden de que se lanzara la flecha de fuego que servía de señal. Desde el bosque empezaron a caer flechas sobre las amazonas. Un grupo de ellas se dirigió al lugar desde el que partían las flechas. En ese momento de confusión, la caballería se lanzó al ataque. Aquellos soldados que llevaban las bolsas de aceite las arrojaron sobre las catapultas, mientras que los portadores de las antorchas les prendían fuego. Al poco tiempo, aquellas catapultas estaban ardiendo como teas. Durante aquel ataque, muchos soldados tebanos murieron. Después de cumplir su misión, los jinetes supervivientes se introdujeron por la puerta anterior de la muralla, que se acababa de abrir, y siguieron galopando hasta salir por la puerta posterior. Un gran número de amazonas les siguieron pensando que entraban en la ciudad. De repente se vieron atrapadas entre dos muros. Desde arriba, los arqueros acabaron con ellas. Los soldados que habían salido por detrás volvieron a rodear la muralla y esperaron una nueva señal de Isócrates para volver a atacar.

Los arqueros que habían lanzado las flechas desde el bosque se introdujeron por el túnel y avanzaron a gran velocidad por él. Apagaron sus antorchas antes de saltar al agua y empezaron a subir la escalera guiados por la luz exterior.

Un grupo de amazonas también se había metido por el túnel. En cuanto la primera se lanzó al agua, Isócrates arrojó una antorcha que prendió el aceite.

—Por aquí no entrarán —dijo el gobernador—. Poned la losa y selladla con un bloque de piedra.

La noche transcurrió en calma. Las amazonas pensaban atacar de nuevo al amanecer con nuevos refuerzos. Sin embargo, el ejército ateniense con el que iba Metón las sorprendió por la retaguardia. Isócrates, al mando del ejército tebano, salió a su encuentro embistiendo por el frente y así las amazonas se vieron atrapadas entre dos ejércitos. Después de un encarnizado combate, se llegó a la esperada victoria. Pericles, el gobernador de Atenas, e Isócrates, el gobernador de Tebas, se abrazaron. Grecia empezaba por fin a estar verdaderamente unida.

En Esparta, el combate estaba siendo atroz. Quimera era un ser acorazado en el que rebotaban todas las flechas y las lanzas. El único punto vulnerable eran los ojos, pero resultaba imposible alcanzarlos. A veces Quimera descendía y luego se elevaba en el aire llevando en una de sus bocas o en sus cuernos a un ser humano. Fue entonces cuando aparecieron Artemisa y Orestes en el carro de la diosa. No existía nadie que tuviera la puntería de ella. La primera flecha atravesó uno de los ojos de la cabeza de león. Quimera se abalanzó sobre el carro de Artemisa. La diosa y Orestes saltaron antes de que el carro fuera completamente destrozado. Artemisa lanzó una nueva flecha que hizo que la cabeza de león se quedara completamente ciega. Aquella cabeza lanzaba bocados en todas direcciones, intentando acabar con quien le había hecho semejante daño. Quimera alzó el vuelo. Tenía que acabar con Artemisa y solo un animal así podía hacerlo.

Orestes vio un árbol de gran altura y empezó a trepar por él. Artemisa entendió la estrategia y corrió hacia aquel árbol. Quimera descendió del cielo y dando grandes saltos empezó a seguirla. Mientras corría, Artemisa cargó otra flecha. La cola de Quimera se movió a gran velocidad y envolvió a la diosa. La cabeza de serpiente que nacía de la cola se acercó a ella y abrió su espantosa boca para devorarla. En ese momento, Orestes saltó desde el árbol. Tenía la espada en alto y la empuñadura agarrada con ambas manos. De un solo tajo seccionó la cola de Quimera. El monstruo emitió un espantoso sonido y su cola soltó a la diosa. Artemisa cogió una nueva flecha y dejó tuerta a la cabeza de macho cabrío. El animal empezó a moverse dando tumbos de un lado para otro intentando captar con un solo ojo lo que sucedía a su alrededor. Una última flecha la dejó completamente ciega. Orestes se acercó con su espada y se la hundió en el corazón. Esparta, la ciudad que le vio nacer, estaba salvada. Jasón, rey de Esparta, salió a donde ellos estaban y se inclinó ante la diosa.

—Gracias, diosa Artemisa, y gracias, Orestes. Sin vosotros, Esparta hubiera estado perdida. Jamás los espartanos podremos agradecer suficientemente vuestra audacia, vuestro valor y vuestro compromiso.

—Rey de Esparta —dijo la diosa—, Orestes y yo queremos pediros que renuncies a la rivalidad con otras ciudades y creéis una hermandad entre ellas. Hagamos una Grecia unida, próspera y libre. Que el sueño de un hombre de Tebas llamado Isócrates, que creyó que la paz era posible, se haga realidad.

—Así se hará, señora —contestó el rey Jasón—. Cuando esta guerra haya terminado, me reuniré personalmente con Isócrates y comenzaremos la creación de una nueva Grecia.

Artemisa miró a Orestes y le dijo:

—Unidos para siempre.

42

TIFÓN

Tifón, a su paso por el mar, iba formando grandes turbulencias y remolinos. A lo lejos, sobre el monte Olimpo, había una descomunal tormenta. Aquellos relámpagos que se veían y los atronadores sonidos que se escuchaban eran la manifestación del tremendo combate que se estaba librando allí.

Tifón con su aliento agitó el mar de tal manera que empezó a formarse una gigantesca ola que avanzaba hacia la ciudad costera de Corinto.

Del fondo del mar emergió Poseidón. Iba subido en un carro tirado por seis delfines y acompañado de miles de criaturas marinas.

—¡Detente, Tifón, vuelve a las profundidades del Etna!

Poseidón llamó al viento Bóreas para que parara la ola, mientras que con su tridente arrancaba rocas del fondo marino y se las arrojaba a Tifón. Cientos de gaviotas y cormoranes convocados por Poseidón buscaban con sus afilados picos los ojos de aquel monstruo. Tifón abría sus inmensas bocas de dragón y vomitaba grandes chorros de lava que abrasaban a las pobres aves y que al caer en el agua, formaban enormes columnas de humo. Las fuerzas de Poseidón estaban llegando a su límite. Cualquier ataque parecía que era inefectivo para parar a aquel monstruo.

En ese momento, apareció, sobre las olas del mar, Palas Atenea montada en Pegaso, su caballo alado. La diosa iba armada con su yelmo, su armadura, su lanza y su reluciente escudo.

—¡Aléjate de mí, Atenea, no eres una digna adversaria para mí! —dijo un arrogante Tifón.

—Yo tal vez no lo sea —contestó la diosa—, pero ella sí.

Entonces Atenea levantó su escudo y la gorgona Medusa, que estaba grabada en él, cobró vida. Sus ojos se encendieron como si fueran dos antorchas que se prenden en la oscuridad de la noche. Tifón empezó a cambiar, primero fueron sus cabezas las que se transformaron en piedra, después siguieron el cuerpo, las alas, las patas y finalmente su espantosa cola.

Aquel ser que había generado tanta destrucción en el bello mar de Grecia se alzaba ahora sobre la superficie del agua como un gigantesco e inerte monumento.

—Gracias, Atenea —dijo Poseidón—. Yo solo no hubiera podido con él.

—No me des las gracias, Poseidón, no lo he hecho ni por Zeus ni por ti, lo he hecho por ellos. —Atenea señaló con su lanza la ciudad de Corinto.

En el Olimpo, Zeus estaba siendo derrotado, y aunque sus rayos herían al titán Cronos, el poder de este, avivado por su odio, era extraordinario. Las águilas de Zeus yacían muertas por doquier y los cíclopes estaban siendo exterminados por el ataque combinado de Ares, Cicno, Hipólita y Hécate. Poseidón acudió en ayuda de su hermano, pero en tierra firme su poder era mucho menor.

La oscuras nubes que cubrían el monte Olimpo fueron extendiéndose y envolviendo las montañas. Era como si el fin del mundo estuviera llegando. Cualquiera hubiera pensado en esos momentos que la victoria sobre las amazonas, sobre las arpías e incluso sobre la propia Quimera no había servido para nada. Hasta la misma intervención de Atenea convirtiendo en piedra al gigantesco Tifón parecía no haber tenido ningún impacto real en el desenlace final de aquella guerra.

Mientras tanto, había muchas cosas que estaban sucediendo en Epidauro. Apolo había llevado en su grifo a Pablo.

Les había recibido Hipócrates, apodado «el padre de la medicina». Pablo estaba muy grave, no solo la herida era profunda y le había causado una importante hemorragia, sino que además estaba contaminada. Hipócrates, en presencia de Apolo, taponó primero la hemorragia y después limpió cuidadosamente la herida. Pablo tenía los ojos cerrados y decía ocasionalmente alguna que otra palabra incoherente. Tenía la frente y el cuerpo cubiertos por finas gotas de sudor frío. Su rostro estaba sumamente pálido.

Hipócrates secó con un paño de hilo el sudor del rostro de Pablo y puso a quemar una mezcla de extrañas hierbas para que este pudiera inhalar su humo.

—Me temo que va a morir —anunció Hipócrates, dirigiéndose a Apolo—. Solo tu hijo Asclepio puede evitarlo.

43

El viaje del alma

En aquel momento llegaron a aquel lugar Diotima, Ana, José e Isabel montando sus ciervos con cuernos de plata. Todos subieron corriendo las escaleras de aquel templo dedicado a Asclepio, hijo de Apolo y dios de la medicina.

Hipócrates les detuvo en el camino.

—Hay que dejarle descansar, de momento no podemos hacer nada más por él. Está en las manos de Asclepio.

—¡Yo sí puedo hacer algo! —exclamó Ana, abriéndose paso hasta donde estaba su hijo—. Yo puedo estar a su lado.

—¡Pero Pablo no puede morir, es demasiado joven! —dijo Isabel entre sollozos—. Si pudiera, yo ofrecería con gusto mi vida a cambio de la suya.

Hipócrates se acercó a Isabel, que estaba sentada en el suelo llorando. José le acariciaba el pelo.

—Quien de verdad ama —dijo Hipócrates—, jamás muere porque vive para siempre en el corazón de aquellos a los que amó. Nuestra materia puede desaparecer porque los hombres somos mortales, pero el amor nos hace inmortales. Por eso, aunque la falta de presencia de aquellos a los que amamos nos ponga tristes, no podemos vivir tristes, porque el amor es más fuerte que la muerte, el amor es vida. Aprender a amar es aprender a vivir y por eso quien de verdad ama no tiene miedo de morir porque sabe que siempre vivirá en el corazón de aquellos a los que ama.

Ana, en un rincón, escuchó con emoción aquellas palabras. Ella ya había perdido a su marido y ahora estaba a punto de perder también a su hijo, a su único hijo.

En aquel preciso instante, el alma de Pablo empezó a viajar. Primero revivió un momento de extraordinario gozo, de una felicidad indescriptible. Había una maravillosa luz en aquel lugar. Nada faltaba y nada sobraba. Todo era absolutamente perfecto. Después notó como si empezara a caer por un precipicio y sintió un gran vértigo. Penetró en una zona de densa oscuridad y tuvo la sensación de estar solo y perdido. En aquel instante experimentó algo nuevo, el miedo. A continuación, apareció flotando en un lugar de aguas tibias y tranquilas, un lugar extraordinariamente apacible, y disfrutó intensamente de aquel momento. De repente aquel mundo cambió, el agua desapareció y se encontró en un corredor cuyas paredes se movían y le aplastaban. Avanzaba penosamente como si aquellas mismas paredes, al contraerse, le empujaran. Súbitamente sintió un enorme frío y se abrieron sus ojos. Se encontró con una luz cegadora y frente a enormes gigantes que le decían cosas que él era incapaz de comprender. Fue entonces cuando se escuchó su primer llanto, él acababa de nacer. A partir de ese momento revivió uno a uno cada momento de su vida y entendió cómo la manera en la que había interpretado las cosas que le habían sucedido y cómo las decisiones que había tomado como consecuencia de dichas interpretaciones le habían llevado hasta donde ahora estaba. Se dio cuenta de que él había creado su propia historia y que si de verdad lo quería, podría crear una completamente nueva y diferente. Descubrió aquello que era verdad, que todo lo que necesitaba lo tenía ya dentro de él y que cada ser humano era libre no tal vez para elegir siempre sus circunstancias, pero sí para elegir cómo decidía valorarlas y cómo quería vivirlas. Descubrió que todo está conectado y que el mal que unos hacen a otros también se lo hacen a sí mismos. Entendió las dos dimensiones del amor, la que es capaz de amar al agresor y la que es capaz de parar la agresión. Viajó a lo más profundo de su corazón y en el lugar más pequeño, en el más recóndito, en el más escondido, descubrió la luz que nunca se apaga, la luz que nunca muere, y entonces escuchó su voz, le escuchó a Él, al Guardián de la Verdad.

—Has descubierto la verdad que estaba escondida en tu corazón y esa verdad es la que os hará libres. Vuelve a la vida y muestra al mundo que es mejor encender un candil que maldecir la oscuridad.

Después de oír aquellas palabras, Pablo sintió como si algo le atrajera con una enorme fuerza y súbitamente abrió sus ojos y se encontró con los de su madre.

—¡Hijo! —gritó Ana.

Todos se acercaron y se pusieron junto a él.

—Madre, abuelo, tía Isabel, pitonisa, dios Apolo, no nos queda mucho tiempo, avisad a todas las ciudades de Grecia y decidles que todos los habitantes enciendan un candil. Hay que mandar un mensaje al mal, hay que hacerle saber que los seres humanos estamos unidos y que no malgastaremos nuestras fuerzas luchando contra él, sino luchando para mejorarnos a nosotros mismos. La luz que sostendrán en sus manos reavivará la luz que hay en lo más profundo de sus corazones.

Entonces Apolo tocó su lira para que las musas, las diosas de la inspiración, viajaran a cada rincón de Grecia y transmitieran aquel mensaje. Phylades, al oírlo, tocó la caracola de las náyades y estas lo extendieron a las ninfas de todos los bosques.

La oscuridad que había partido del monte Olimpo seguía extendiéndose por las montañas, mientras miles de puntos luminosos empezaban a aparecer por todas partes. Pronto en cada bosque, en cada campo, en cada puerto, en cada embarcación que estaba en la mar, en cada calle, en cada plaza, en cada casa, en cada palacio, en cada templo, en cada ciudad, había pequeñas luces que transmitían algo grande, la confianza en que se podía vivir de otra manera y la convicción de que cuando uno cambia, todo cambia.

Ocurrió que donde la oscuridad se encontraba con un punto de luz, aquella se desvanecía. Finalmente, el sol volvió a iluminar los campos, los bosques, las montañas, los mares y las ciudades de Grecia.

El Olimpo se quedó en calma. No había rastro ni de Zeus ni de ninguno de sus hermanos. Tampoco estaban Dioniso y Afrodita. Cronos, Ares, Cicno, Hipólita y Hécate se habían también volatilizado.

En el robledal de Lodona, al desaparecer Hera, también desapareció su maldición y Eco recuperó su voz. Comprendió que Narciso nunca la había querido y por fin lo asumió. Se dio cuenta de que lo que ella valía era independiente de lo que otros la valoraran. En ese momento también recuperó su cuerpo y sintió la alegría del renacer.

En el Olimpo y en el lugar donde se había sentado Zeus, se situó Némesis, la diosa de la justicia y el equilibrio. Todos querían que fuera ella la figura central de aquel lugar. Junto a ella se sentaron Atenea, Apolo, Hermes y Hefesto. El dios de la fragua, por primera vez, se sintió respetado, valorado y querido. El asiento de Artemisa estaba vacío, ella había elegido vivir entre los hombres.

Diotima volvió al templo de Apolo en Delfos para seguir hablando con aquellos que, siendo sus dioses, también eran sus amigos.

Hombres y dioses habían comprendido que solo existía una verdad en el universo y que la misión de todos era alinearse con ella y juntos defenderla.

Isócrates y Metón siguieron haciendo prosperar Tebas y establecieron una sólida amistad con los gobernantes de todas las ciudades de Grecia. Orestes y Phylades volvieron a formar parte de la guardia personal de Isócrates. Todos sabían que el precio de la libertad era la eterna vigilancia y que el mal intentaría volver a aparecer en sus vidas. Por eso, nadie podía bajar la guardia.

En el robledal de Lodona, Yanira, Cimo, Actea, Yera y también Eco cantaban junto a la cascada rodeadas de animales.

Las orestíades cazaban perdices y faisanes en los bosques de los Balcanes y, en su templo, Artemisa se encontraba con su amado Orestes.

Pablo se recuperó de su herida, aunque le quedó en su costado derecho una extraña cicatriz en forma de llama.

José, Ana, Isabel, Pablo y todos sus amigos fueron recibidos con vítores en Tebas, Atenas, Esparta, Corinto y Argos. El pueblo griego quería honrar a aquellos que le habían devuelto su libertad.

El momento de la despedida no había sido fácil, los cuatro habían estado ya con los dioses, con las náyades y las orestíades. También se habían despedido de Isócrates, de Metón, de Diotima y de los diez miembros de la guardia personal de Isócrates. Había llegado lo más difícil, decir adiós a sus más entrañables compañeros de viaje, Orestes y Phylades.

—Queridos amigos —había dicho José—, no hay palabras para expresar las emociones que en este momento nos embargan. Junto a vosotros hemos descubierto que lo imposible se hace posible y que cada día es una oportunidad para elegir quiénes queremos ser y cómo queremos vivir. Ambos nos dijisteis que este iba a ser un viaje interior y vaya que sí lo ha sido. Todos nosotros hemos aprendido a apartar nuestros egoísmos, que son la expresión de nuestros miedos, y a enfocarnos en la búsqueda del bien común. Volvemos a nuestra ciudad y a nuestro mundo con un entusiasmo renovado y con la voluntad firme de mejorarlo. No hay nada que pueda tener ya para cada uno de nosotros un mayor sentido. Sabemos que la distancia y el tiempo no podrán separarnos porque los unos vivimos ya para siempre en el corazón de los otros.

Todos se abrazaron como solo se abraza a quien profundamente se ama.

La tercera puerta del tiempo se abrió. Se abrió aquella puerta que solo se abre cuando se descubre que lo más importante no es donde uno vive fuera, sino donde uno vive dentro. Se abrió la puerta que solo se abre cuando alguien no desiste de su sueño, sino que solo busca las señales que le llevan a él. La tercera puerta del tiempo se abrió y José, Pablo, Ana e Isabel, con paso firme, penetraron por ella.

CUARTA PARTE

RETORNAR A CASA

44

PODER VER LO INVISIBLE

Los cuatro aparecieron en el salón Areté del hotel Arion Athens de Atenas. Todos recordaban lo que significaba la palabra *Areté*, el esfuerzo por la excelencia en el cumplimiento de una misión. Nadie podría describir mejor lo que habían hecho, darlo todo para llevar a cabo su misión, ayudar a Grecia a recuperar su libertad.

Los cuatro empezaron a recorrer aquellas paredes de color marrón claro sobre las que colgaban aquellos curiosos cuadros. Ahora ya no solo miraban, sino que también veían lo que previamente había estado oculto.

Frente al cuadro que representaba la historia de Narciso, se acordaron del robledal de Lodona, de las náyades, de la cascada y sobre todo de Eco.

Después se acercaron al cuadro que representaba la muerte de Sócrates. Aquel gran filósofo les trajo a la mente al sabio Metón. Ellos habían entendido la lección que Sócrates estaba enseñando a sus discípulos antes de beber la copa de cicuta: no hay que tener miedo a la muerte, sino a no saber vivir.

Les conmovió volver a ver al rey Sísifo de Corinto empujar aquella enorme piedra y se acordaron del castigo que el despótico Zeus impuso a Atenea, Artemisa y Apolo.

Finalmente contemplaron a la diosa Némesis, la diosa de la justicia, y se alegraron de que ella ocupara un lugar central en el Olimpo.

En aquella misma habitación, Pablo había exclamado: «¡Cómo me gustaría tener una conversación con los dioses!».

También Orestes les había dicho: «Nuestro viaje transcurrirá de una manera parecida a como hemos recorrido estas cuatro paredes. Veremos la falsedad de lo superficial, pero también descubriremos la verdad que se esconde en lo profundo. Conoceremos fuerzas que nos desequilibren, pero también encontraremos aquellas que nos vuelvan a equilibrar. Habrá en nuestro periplo momentos de tempestad y momentos de calma, pero lo más importante es que llegaremos a conocer la naturaleza del mar y la del viento».

Todo aquello se había cumplido.

José, Ana, Isabel y Pablo salieron conmovidos de aquella habitación. Jamás hubieran imaginado poder llegar a vivir una aventura semejante. Al salir del salón Areté, se encontraron con uno de los empleados del hotel.

—Buenas tardes, ¿por dónde han entrado que no les he visto pasar? Bueno, me habré despistado. Por cierto, ¡qué pronto han vuelto y qué ropajes tan curiosos llevan! ¿Van a alguna fiesta de disfraces? Parecen los cuatro unos auténticos guerreros espartanos.

—Discúlpeme —dijo José—, ¿qué hora es?

—A ver, son las dos de la tarde —dijo el empleado—. Por eso me ha sorprendido lo pronto que han venido, casi no les habrá dado tiempo de ver el santuario de Delfos. ¿Es que no les ha gustado?

—Muy al contrario, nos ha encantado.

José, Ana, Isabel y Pablo se miraron. Les había pasado de todo y sin embargo, el tiempo parecía haberse detenido.

—Por cierto —dijo el empleado del hotel—, esta mañana temprano, antes de que salieran hacia Delfos, Raymóndos, el encargado de su grupo, me pidió que les diera un sobre que tengo en la recepción.

Todos le acompañaron hasta allí.

—Muchas gracias, es usted muy amable —dijo José mientras lo cogía.

Todos recordaron lo que Orestes les había dicho cuando estaban en la galería bajo el templo de Apolo y antes de atravesar la puerta del tiempo: «Si deciden no saltar con nosotros, lo entenderemos perfectamente. El ómnibus les estará esperando hasta dentro de dos horas, esa es la instrucción que tiene su conductor. Cuando lleguen al hotel, tendrán en la recepción y a su nombre un sobre con cuatro billetes de avión para Madrid y con fecha de mañana y una determinada cantidad de dinero como compensación por todas las molestias que hayamos podido ocasionarles».

José abrió un voluminoso sobre. En él había cuatro billetes de avión a Madrid para el siguiente día, dos mil euros en billetes de cincuenta, cuatro preciosas monedas griegas de oro y una escueta nota:

> Como lo que hemos vivido juntos no tiene precio, os devolvemos el importe que pagasteis por vuestro viaje. Las monedas son solo un afectuoso recuerdo. Siempre nos tendréis cerca.
>
> Orestes y Phylades

Los cuatro subieron a sus habitaciones, se cambiaron y salieron del hotel. Todos ellos querían pasar lo que quedaba del día en la Acrópolis y en su museo. Allí recordaron con el corazón en un puño el homenaje que la ciudad de Atenas, con su gobernador Pericles al frente, les había hecho en aquel mismo lugar pero dos mil quinientos años antes.

En el Museo de la Acrópolis, ante el busto de Alejandro Magno tras la batalla de Queronea, las palabras de aquel joven rey volvieron a resonar en los cuatro: «No tengo una sola parte de mi cuerpo, por lo menos enfrente, que no tenga cicatrices; no hay arma, que se use de cerca o que se lance desde lejos, de la cual no lleve la marca».

Pablo, orgulloso, llevó su mano al costado derecho. Él también tenía una cicatriz que era fiel testigo de su propia batalla contra las arpías.

En el primer piso y ante el frontón de la Hidra de Lerna, Diotima y sus flechas envenenadas volvieron a cobrar vida.

Orestes les había explicado cómo Heracles había necesitado de la ayuda de su sobrino Yolao para acabar con aquel monstruo. Él les había hablado de la importancia que tenía trabajar en equipo porque la unión hacía la fuerza. Isabel le había preguntado si Heracles y Yolao no habrían podido pensar en algún momento que matar a la Hidra era algo imposible. Orestes le había contestado que ellos estaban abiertos a la posibilidad de que lo que nos parece imposible también puede ocurrir.

También en la sala del primer piso, se detuvieron frente a la gorgona Medusa y recordaron a la impresionante Atenea con su yelmo, su coraza, su lanza y su escudo. Todos comprendieron por qué aquella ciudad había sido bautizada con el nombre de la diosa.

El busto de Sócrates les recordó la importancia de mantener un espíritu curioso y explorador, sabiendo que eso únicamente se alcanza cuando se tiene la humildad necesaria para reconocer que no se conoce ni se sabe todo. Solo así pueden mantenerse vivos la capacidad de asombro y el deseo de aprender.

La pieza de cerámica que representaba a Glaucopis les trajo a la mente, una vez más, la importancia de desarrollar una mirada profunda, la que es capaz de ir más allá de lo superficial y penetrar en lo que está oculto.

Por fin llegaron al busto sin brazos del guerrero espartano y el himno que Orestes y Phylades les habían enseñado, cuando les entrenaron en el bosque sagrado, volvió a sonar en sus almas: «Sé que el miedo llama a tu puerta como llamó a la mía cuando me enfrenté en el combate guerrero. He tenido el privilegio de defender los valores a lo largo de estos años llenos de oscuridad sin saber si podría lograr lo que tenía que lograr. Pero este es tu momento, guerrero, y yo cuento contigo para que estés a la altura del desafío y de lo que se te pide. Tu libertad, tu destino y el de tu pueblo dependen de cómo hagas frente al reto y de que hagas de este combate tu momento más glorioso».

Ellos, ante el reto, habían aprendido a combatir con su mente, con su cuerpo y con su alma.

Después de la visita que habían hecho al museo, Orestes les había pedido que compartieran sus reflexiones. A petición de Pablo, él mismo había compartido la suya: «Miles de velas pueden ser encendidas por una única vela y la vida de esta no se acorta».

Ahora Pablo, José, Isabel y Ana volvían a su ciudad, a Madrid, y cada uno de ellos podía ser una de esas velas que encendieran muchas otras. Eso es a lo que estaban llamados y eso era en lo que se había convertido para los cuatro el verdadero sentido de sus vidas.

Al día siguiente, a las ocho y media de la mañana y en el vuelo Aegean 686, José, Pablo, Ana e Isabel despegaban del aeropuerto de Atenas en dirección a Madrid.

45

EL MOMENTO DE LA VERDAD

Las vacaciones de Navidad ya habían terminado y todo el mundo se reincorporaba a sus actividades cotidianas. A las siete de la mañana, Pablo ya se había levantado y estaba preparándose el desayuno. Se sentía diferente y lo veía todo de una forma completamente nueva. Había transcurrido solo una semana desde que viajaron a Grecia y, sin embargo, no hizo falta más tiempo para que dentro de él todo se hubiera transformado. Su crecimiento interior generó un nuevo nivel de consciencia, de responsabilidad, de motivación y de confianza.

Ahora miraba todo desde una nueva perspectiva y por eso veía cosas diferentes. Ya no creía que fuera una veleta a la que el viento pudiera mover a su capricho. Pablo había venido al mundo para mejorarlo y eso solo lo conseguiría si se convertía en verdadero artífice de su propio destino. Tal vez fuera uno, solo uno, y desde luego que no lo podía hacer todo, pero sí que podía hacer algo. Por esa razón, él jamás renunciaría a hacer aquello que sí podía hacer. Su visión de un nuevo y apasionante futuro sería su fuerza en el presente.

Pablo sentía una alegría difícil de describir. Esa alegría no procedía de algo que él tenía, sino de algo que él ya era. La luz de la verdad, la luz que todo lo ilumina se irradiaba desde dentro de su corazón y transformaba su semblante, su expresión y su postura. Había descubierto en qué consiste la verdadera libertad. La libertad no radicaba en no aceptar ninguna regla o en hacer lo que a uno le viniera en gana, sino en convertirse en señor de uno mismo y desde el ejemplo inspirar a otros a vivir también libres.

Pablo sabía que aquel secreto que había descubierto y esa nueva experiencia que estaba viviendo tenía que compartirlos con el mundo. Al igual que él tan solo una semana antes se había sentido atrapado dentro de unos límites que le parecían insuperables, también habría otros seres humanos a los que posiblemente les pasaba lo mismo. ¿Existiría algo más hermoso e inspirador que ayudarles a ir más allá de esos límites que sus propias mentes les habían creado? Esta se había convertido en su gran motivación, demostrar que se puede, que sí se puede y que detrás de la línea del horizonte no hay un espantoso precipicio, sino todo un nuevo mundo por descubrir.

De un lugar muy profundo de su propio ser brotaba la confianza en que, poco a poco, paso a paso, con ilusión, determinación, persistencia y paciencia, lo imposible se hace posible.

—Buenos días, mamá —saludó Pablo con una sonrisa.

—Buenos días, mi campeón, ¿estás listo para la batalla?

—Sí, mamá, no solo estoy listo, sino que estoy deseando entrar en ella.

Ambos se abrazaron. Sabían que muchos no les comprenderían, también que algunos les criticarían, pero eso ya no importaba. Lo único que importaba es que ellos iban a ayudar a otros a descubrir sus alas y que les iban a inspirar para que las abrieran y volaran.

Pablo se despidió de su madre, salió a la calle y cogió un autobús que le dejaba relativamente cerca del colegio.

A las nueve de la mañana tenía su primera clase, una clase de historia con el señor Cuesta.

—Buenos días, chicos, espero que todos hayáis disfrutado mucho de vuestras vacaciones de Navidad y que vengáis con ganas de aprender. Antes de las vacaciones terminamos de estudiar la historia grecolatina. Hoy vamos a empezar con la Alta Edad Media. La Alta Edad Media es el periodo de la historia de Europa que se extiende desde la caída del imperio romano de Occidente, en el año 476 después de Cristo, hasta el año 1000. Tres imperios, el bizantino, el islámico y el carolingio, lucharon por la supremacía. El imperio carolingio tuvo reyes como Pipino el Breve y Carlomagno, que probablemente a todos os suenen.

El señor Cuesta, en un momento en el que miró a Pablo, le descubrió con un nivel de atención como jamás le había visto antes.

El cerebro y la mente de Pablo funcionaban ahora a otro ritmo. Lo imposible se había hecho posible. Ahora Pablo se sentía ilusionado y creía profundamente en sí mismo y en sus posibilidades. Esa era la diferencia, la gran diferencia. En ese momento, recordó a Orestes y a Phylades y cómo ellos le habían ayudado a recuperar su autoestima. ¡Qué diferente sería todo si en las aulas no solo se enseñaran conocimientos, sino que además se enseñara al alumno a confiar en sí mismo! Pablo jamás hubiera imaginado la manera tan directa en la que la propia estima afectaba a capacidades intelectuales como la atención, la inteligencia, la memoria, la imaginación o la creatividad. Estaba entendiendo que, al final, nuestra vida se despliega de una u otra forma no basándonos en quienes realmente somos, sino basándonos en quienes creemos que somos. Fue en aquel instante cuando Pablo tomó una firme resolución, él se convertiría en un espejo que reflejara en los demás una noble imagen de sí mismos. Pablo había decidido hacerse profesor. Para él ya no podía existir ninguna profesión más bonita e inspiradora. Cuando él impartiera una clase, seguro que se iba a encontrar con chicos tan brillantes como Andrés, pero también se encontraría con algunos que estarían donde había estado él. Como profesor no se fijaría solo en lo que ese alumno era capaz de recordar o de saber, sino sobre todo en cómo se sentía y en cómo se veía. Él le ayudaría no solo a aprender, sino también a sentirse valioso y a verse capaz.

El señor Cuesta sabía mucho de historia, pero sabía poco de seres humanos, de lo que sienten, de lo que necesitan y de lo que les mueve. El señor Cuesta no entendía que el intelecto y la emoción estaban profundamente unidos y que el entusiasmo abría la inteligencia y la capacidad de aprendizaje, mientras que la inseguridad y el miedo los cerraban.

Pablo no solo quería convertirse en profesor, aspiraba sobre todo a ser maestro. Un profesor enseña una materia, una asignatura, mientras que un maestro, además, enseña a vivir. Esa era la pequeña diferencia que marcaba la gran diferencia. ¡Cuánto sufrimiento innecesario se evitaría si esto se tuviera más presente en el entorno educativo! ¡Cuántos jóvenes que creen que no tienen un futuro descubrirían que el futuro no está prefijado, sino que lo construyen ellos!

Era vital cuidar a los profesores y ayudarles a ser también maestros. No había nada más importante para el futuro de una sociedad que una buena educación y la clave de todo ello eran los profesores y cómo veían estos a sus alumnos. Por eso era tan importante que los profesores fueran conscientes de la trascendencia de su labor y que se les ayudara a descubrir cómo llegar al corazón de sus alumnos.

Después de la clase de historia, tuvieron la de matemáticas y a continuación un recreo.

Pablo salió al campo de fútbol a ver jugar a sus compañeros. Alberto y sus dos compinches se le acercaron por detrás aprovechando que todo el mundo estaba viendo el partido.

En el bosque sagrado, en el robledal de Lodona, Orestes les había adiestrado para que estuvieran atentos al menor ruido y tuvieran «ojos hasta en la nuca».

Alberto, al aproximarse a Pablo, cerró la mano derecha formando un puño. Sus dos compinches iban a ambos lados. Entre ambos sujetarían a Pablo, mientras Alberto le pegaba un puñetazo por la espalda. Nadie lo vería y si Pablo luego les denunciaba, ellos sencillamente dirían que aquello era mentira. Sería una sola voz, la de Pablo, la del marginado de la clase, frente a las tres de ellos.

Alberto estaba lleno de ira contra Pablo y contra Andrés. No se le había olvidado lo que ocurrió aquel día en el que le disparó una piedra con su tirachinas. Después de que Andrés le hubiera llamado cobarde en medio de su clase y que el señor Cuesta hubiera amenazado con echar del colegio al que hiciera ese tipo de cosas, Alberto aguardaba su venganza. Él había preferido dejar pasar algunos días y el periodo de vacaciones de Navidad, para que todo volviera a una aparente calma. Si a él le echaban del colegio, su padre sencillamente le mataría. Todavía le dolían los golpes que este le había dado porque se le olvidó la noche anterior tirar la basura.

Primero se encargaría de Pablo y luego ya buscaría el momento para ajustar las cuentas con Andrés.

Alberto y sus amigotes estaban ya a menos de dos metros de Pablo. El partido estaba en un momento álgido. Era la ocasión de actuar con rapidez.

De repente, Pablo se giró, desplazó sus pies y alzó sus manos, una a la altura de los hombros y la otra a la altura del pecho. Su centro de gravedad bajó y la totalidad de su cuerpo tomó una posición estable y fija. Clavó sus ojos en los de Alberto. Alberto sintió cómo esa mirada le paraba en seco. Jamás había visto antes esa expresión en unos ojos.

—Alberto —dijo Pablo—, piénsate mucho lo que vas a hacer porque esto no va a acabar como tú te crees que va a hacerlo.

Si la expresión en los ojos de Pablo le había desconcertado, su tono de voz aumentó aquel desconcierto. Era la voz serena de aquella persona que tiene una absoluta confianza en sí mismo y en sus posibilidades. ¿Cómo era posible que alguien que antes salía corriendo cuando les veía, ahora estuviera plantándoles cara a los tres con semejante aplomo?

Los dos compinches de Alberto le miraban como si estuvieran esperando algunas instrucciones. Alberto, en el estado de desconcierto en el que se encontraba, era sencillamente incapaz de darlas.

Pablo entonces tomó la palabra:

—No tengo nada contra ti, Alberto, ni contra vosotros dos, que parecéis simples peleles en sus manos. Ahora bien, si veo que pretendéis hacerle daño a Andrés o a cualquier persona de este colegio, os aseguro que lo lamentaréis, y mucho. Cuando yo empiezo algo, también lo termino.

Sin mediar más palabra, los tres se retiraron en silencio.

Al terminar la última clase, todos los alumnos se disponían a volver a casa. Muchos padres iban a recoger en coche a sus hijos. Pablo se entretuvo corrigiendo algunas cosas de sus apuntes y salió media hora más tarde que el resto. A la salida del colegio había una pequeña explanada donde aparcaban los coches. Allí solo quedaba Alberto esperando a que alguien fuera a recogerlo. Pablo vio que llegaba un coche de color negro y bajaba de él un hombre de gran tamaño. Aquel hombre empezó a decirle algo a Alberto, parecía como si le estuviera gritando. De repente le pegó tal bofetada que le tiró al suelo. Inmediatamente, aquel hombre miró a su alrededor para asegurarse de que no le había visto nadie. Abrió la puerta del acompañante y agarrando a Alberto por los pelos, le obligó a entrar. Al ver aquello, Pablo corrió hacia aquel lugar y llegó rápidamente donde estaba el coche. A través del cristal del conductor pudo ver que aquel hombre le estaba golpeando a Alberto en las costillas. En aquel instante, Pablo lo entendió todo. Él recordaba que Alberto a veces iba al colegio con marcas en la cara, como si alguien le hubiera pegado. Cuando le preguntaban, él decía que practicaba *full contact*, un arte marcial en el que los golpes están permitidos. Esta revelación hacía que en su clase aún más gente temiera a Alberto, pensando que era un experto en ese tipo de lucha.

Pablo acababa de descubrir de donde procedían realmente aquellos golpes. En ese momento le vinieron a la mente algunas de las enseñanzas de Orestes en el Museo de la Acrópolis en Atenas: «Hay seres humanos que castigan, desprecian y humillan a los demás para sentirse más importantes. En el fondo, muchas veces, lo que tratan de hacer es "curar" heridas de la niñez que se produjeron cuando ellos no se sintieron suficientemente queridos, acogidos y valorados. Necesitan cariño y, sin embargo, lo que generan, por el contrario, es rechazo, frustración y miedo. Por eso cuando nosotros les rechazamos, aumentamos el tamaño de esas heridas. Conectar con ese sufrimiento oculto y no reaccionar ante la provocación que nos hacen es la clave para ayudarles a sanar sus heridas».

Aquel hombre tan grande, que era el padre de Alberto, oyó unos golpes en el cristal y, al volverse, vio que un joven le miraba fijamente.

—Salga, quiero hablar con usted —dijo Pablo.

Aquel hombre bajó la ventanilla y con un tono marcadamente agresivo le dijo:

—¿Quién puñetas eres? ¿Qué es lo que quieres?

—Soy un amigo de Alberto y quiero decirle dos cosas. La primera es que no voy a permitirle que siga pegando a mi amigo y la segunda es que he tomado el número de su matrícula y en cuanto salga de aquí me voy a ir a la comisaría de Chamartín, voy a hablar con el comisario Daniel Sueiro y voy a ponerle una denuncia porque he visto los golpes que le ha dado usted a mi amigo.

—¿Que vas a hacer qué, mocoso?

En el interior del coche, Alberto tenía los ojos abiertos como platos e intentaba con sus manos decirle a Pablo que se marchara, que aquel hombre era mucho más peligroso de lo que él se imaginaba.

La puerta del conductor se abrió y el hombre salió del coche y se puso frente a Pablo. Medía alrededor de uno noventa. De complexión muy fuerte, tenía un cuello muy corto y muy ancho que terminaba en una enorme cabeza. Tenía la mandíbula apretada, el rostro enrojecido y se le veían las venas del cuello hinchadas. Resoplaba como un elefante a punto de embestir.

Alberto salió por la otra puerta, temiendo que iba a contemplar una tragedia, pero incapaz de moverse del pánico que tenía.

Ya no quedaba nadie por allí para ser testigo de lo que iba a pasar.

—Sabes que me estás tocando las narices, enano. No sabes delante de quién estás y lo que puedo hacer contigo.

—Se equivoca, señor, sí sé delante de quien estoy. Estoy delante de un cobarde que al carecer de poder interior tiene que usar la fuerza bruta. Estoy delante de un ser que ha dejado que la violencia sea quien dirija su vida. Estoy delante de una persona que cree que sus heridas pasadas le dan derecho a causar en otros esas mismas heridas. También sé lo que usted puede hacer conmigo y es nada, absolutamente nada.

A la mente de aquel hombre atormentado acudió el recuerdo de las tremendas palizas y los insultos que había recibido de pequeño. Aquella «olla humana» entró en ebullición y súbitamente lanzó un puñetazo derecho a la cara de Pablo. Este, que ya se había colocado en posición de combate, desplazó sus pies cuarenta y cinco grados adelante y a la izquierda. Con un golpe del borde exterior de su antebrazo derecho, desplazó el brazo de su oponente hacia abajo. Y haciendo un rápido movimiento de cintura, le golpeó con el talón de su mano derecha en la mandíbula. En el *pankrátion*, la lucha cuerpo a cuerpo que había aprendido con Orestes, tenían que derribar a un oponente en un máximo de ocho segundos.

Aquel hombre cayó fulminado al suelo.

Pablo cogió el teléfono y marcó el número de la comisaría de Chamartín. Su abuelo José se lo había dado a todos después del intento de envenenamiento por si por alguna vez tenían que pedir ayuda a la policía.

—Buenas tardes, aquí la policía, ¿en qué puedo ayudarle?

—Me pone, por favor, con el comisario Daniel Sueiro, él conoce a mi abuelo y yo le llamo por un tema muy importante.

Al cabo de unos instantes, se puso el comisario.

—Dígame, ¿con quién hablo?

—Comisario, me llamo Pablo y soy el nieto del doctor José Gómez Soto. Él le consultó en una ocasión porque nos habían intentado envenenar con una *moussaka* en un restaurante griego.

—¡Ah, sí, me acuerdo perfectamente! ¿En qué te puedo ayudar, Pablo?

—Quiero denunciar a una persona. Estaba propinando una paliza a un amigo mío. No estoy seguro, pero creo que lamentablemente es su padre.

—¿Tú estás bien, Pablo? —preguntó con preocupación el comisario Sueiro.

—Yo estoy perfectamente bien, comisario, el que no está bien es él.

—¿El joven, tu amigo?

—No, señor comisario, el que creo que es su padre. Yo le he derribado. De momento, solo está aturdido. Yo le pediría que mandara un coche de policía.

—Dime dónde estás, Pablo, que voy inmediatamente para allá.

Cinco minutos después apareció un coche de policía con la sirena puesta. En él iba el comisario Sueiro con dos agentes de la policía.

Pablo explicó al comisario lo que había sucedido. Dos agentes ayudaron a levantarse a aquel hombre.

—¿Es tu padre? —le preguntó el comisario a Alberto.

—Sí —respondió este.

La marca en la cara que le había producido aquella bofetada todavía se veía claramente.

—Alberto, levántate la camisa, quiero que el comisario vea algo —dijo Pablo.

El chico se levantó la camisa y todos vieron espantados que tenía el cuerpo lleno de cardenales.

—Mi padre bebe mucho, se pone violento y muchas veces lo paga conmigo. Al principio era solo con mi madre, pero después empezó conmigo.

El comisario Sueiro se giró e hizo un gesto a los agentes para que le esposaran.

—Llamen a un coche de atestados y le mantienen detenido en comisaría hasta que yo llegue. Yo me llevo el coche y voy con Pablo y Alberto al hospital. Quiero que examinen a Alberto para asegurarme de que no tiene lesiones internas. Allí haremos también el parte de lesiones. Alberto, dame el teléfono de tu madre que la voy a llamar para explicarle lo que ha pasado, ofrecerle nuestra ayuda y asegurarme de que se quede tranquila. —El comisario se dirigió a Pablo y puso las manos sobre sus hombros—: Pablo, no sé cómo lo has hecho, cómo has podido vencer a un hombre tan corpulento como ese, pero, en cualquier caso, te doy la enhorabuena. Para que el mal triunfe en el mundo solo hace falta una cosa, que los hombres de bien no hagan nada.

Aquellas palabras resonaron con fuerza en la mente de Pablo, juraría que ya antes las había oído.

—Comisario —dijo Pablo—, yo estaría encantado si Alberto y su madre quisieran venirse a casa unos días hasta que todo se haya solucionado.

—Gracias, Pablo —dijo el comisario—. No creo que sea necesario, por cierto, veo que tienes mucho cariño a Alberto, no cabe duda de que es uno de tus mejores amigos.

Aquello que había dicho Ana acerca del amor en el hotel de Atenas, mientras compartían sus reflexiones tras la visita al Museo de la Acrópolis, había cobrado en Pablo particular vida: «He pensado en lo que nos contó Ramón acerca de las personas que hieren porque se sienten heridas y cómo estas personas generan en nosotros rechazo y miedo. Esta reacción nuestra, lejos de ayudarlas, agranda el tamaño de sus heridas. Por eso, yo puedo aprender a elegir el tratarlas como si las quisiera, aunque no sienta afecto hacia ellas. Para mí esto también puede ser tal vez una forma de amor».

—Claro que sí, Ana —le había dicho aquel al que todos entonces llamaban Ramón—. Se llama *agape* y es el amor como elección.

Pablo, con su acción, había pagado el precio de su viaje. Él recordó la conversación que había tenido con Ramón en la agencia de viajes y sus propias reflexiones aquel día. «Entiéndanme, no es que económicamente sea muy caro, que no lo es, sino que el mayor precio que van a tener que pagar es de un orden distinto. Cada uno de ustedes ha de decidir previamente a que les admitamos en el viaje, a quién van a ayudar a su vuelta y lo que están dispuestos a transformar si descubren el secreto. Por cierto, la persona a la que han de ayudar seguramente lo está pasando muy mal e incluso puede estar haciéndoselo pasar muy mal a ustedes. No crean que solo hablo de ayudar a un amigo. Hablo también de ayudar a alguien al que ahora vean tal vez como a un enemigo. En cuanto a lo que han de estar dispuestos a transformar tiene que ser algo que ahora les parezca imposible de lograr. Les estoy pidiendo que se atrevan a pensar en grande y que abran sus mentes a que lo imposible puede hacerse posible».

Reflexionando sobre esos imposibles de los que hablaba Ramón, Pablo pensó que no habría para él nada más imposible que querer ayudar al bruto de Alberto.

46

SABER LIDERAR

Ana llegó a su empresa, Soluciones Móviles S.A., casi a la misma hora en la que Pablo había llegado al colegio. Lo primero de lo que se dio cuenta era de que no le dolía el estómago ni le había dolido nada durante toda su estancia en Grecia a pesar de que no había tomado ninguna medicación.

«¡Qué curioso!», pensó.

—Buenos días, Cristina, y feliz año —dijo Ana, saludando a la telefonista nada más pasar la puerta de entrada a la torre en la que ella trabajaba—. ¿Has podido irte unos días de vacaciones?

—No, pero he estado tan a gusto en Madrid con mi familia. Feliz año también para ti, Ana.

Ana cogió uno de los ascensores y subió a la quinta planta. Sonreía y felicitaba el año a todo aquel con el que se cruzaba. A más de uno le sorprendió verla tan contenta y pensaron que seguro que le había tocado algo en la lotería de Navidad. La mayor parte de las personas que trabajaban allí tenían semblantes serios y caras largas. Para la mayoría reincorporarse al trabajo era una pesadilla. Durante unos días habían podido evadirse, pero ahora tenían que volver a la cruda realidad.

—Buenos días y feliz año, Marcos —saludó Ana al que era su jefe.

—Qué hay —fue toda la respuesta que obtuvo.

Ana aceptó aquello como lo mejor que aquel hombre era capaz de expresar.

—Por cierto, Ana, a las diez en punto tenemos una reunión en la sala A3, no faltes —le dijo Marcos con un tono seco y sin apartar su vista de unos papeles.

—Muy bien, jefe, ahí estaré —respondió Ana.

A las diez menos cinco, el equipo llegaba a la sala A3 situada en la quinta planta. Todos se fueron sentando en unas sillas de piel negra que estaban alrededor de una mesa de madera que tenía forma ovalada. Desde aquella sala, a través de grandes ventanales, se podía ver la Castellana y los coches que circulaban por ella. El día estaba despejado, pero, al ser invierno, había una luz un tanto mortecina.

Ana, Berta, Pedro, Luis y Anastasia estaban ya sentados cuando apareció Marcos. Él llegó quince minutos tarde y ocupó la cabecera de la mesa. Se le notaba muy alterado. Ellos no sabían todavía que había aparecido un nubarrón en sus aspiraciones para que le nombraran subdirector general. Al parecer, su jefe se había enterado de que su supuesto «amigo» Iván, el director del departamento de *marketing*, también quería ese puesto y llevaba cierto tiempo moviendo fichas.

Marcos miró a los que tenía enfrente y en un tono lleno de prepotencia les dijo:

—Llevamos tiempo intentando desarrollar en nuestro equipo una aplicación informática que no acaba de salir. Resulta que el departamento de *marketing* nos culpa ante la dirección general de que mientras no tengan el producto, ellos no pueden hacer nada. Yo creo que no os habéis enterado de lo importante que es que obtengamos resultados. Me es igual si para conseguirlos tenéis que quedaros todos los días hasta las tres de la madrugada y además venir a trabajar los sábados y los domingos, pero de aquí a quince días tenéis que presentarme dicha aplicación completamente lista y terminada. Quiero taparle la boca a Iván y a todo su equipo.

Marcos sabía que, en un plazo de tres semanas, Eduardo Mendoza, el director general, elegiría un sustituto para reemplazar a Daniel Álvarez, que se jubilaba. En esa carrera de ratas, Marcos tenía que ser el ganador.

La primera persona en hablar fue Berta.

—Jefe, entendemos que usted quiera tener la aplicación, nosotros también queremos tenerla. Usted sabe la dedicación que estamos demostrando en el proyecto y hasta qué horas de la noche nos quedamos muchos días.

»Para avanzar más rápido, necesitamos información de otros departamentos y nos está costando mucho obtenerla. Por eso es por lo que le hemos pedido en varias ocasiones que nos ayudara y hablara con los directores de esos otros departamentos.

—¡Berta! —exclamó Marcos—. ¿Me estáis haciendo responsable de vuestra absoluta incompetencia?

—Jefe —dijo Berta, marcadamente nerviosa—, ninguno de nosotros merecemos que nos llame incompetentes. Tampoco yo le estoy acusando de nada, solo intento explicarle que nos vendría bien que nos ayudara hablando con los directores de los otros departamentos.

—¡Sí, sois todos una pandilla de inútiles y sobre todo tú, Berta, tú eres la más inútil de todos! —exclamó Marcos fuera de sí.

Berta agachó la cabeza y dos lágrimas asomaron por sus ojos.

De improviso, algo inesperado ocurrió. Ana se puso en pie y, mirando a Marcos García a los ojos, le dijo:

—Jefe, ¿usted sabe lo que es liderar? Claro que no, cómo lo iba usted a saber si hace justo lo contrario. Francamente, creo que usted no tiene ni la más remota idea de lo que implica ser un auténtico líder. Usted tiene una posición de líder, pero no actúa como tal. Para usted nosotros somos solo unas piezas en su juego para seguir trepando como sea dentro de esta compañía y, por eso, cuando no le seamos útiles en su juego de poder, prescindirá de nosotros como se prescinde de un mueble que ya no sirve.

»Usted solo ve los efectos pero no las causas. Usted es una de las causas de los resultados que este equipo obtiene y que tan poco le gustan. Le hemos pedido ayuda en cinco ocasiones y usted en las cinco nos ha ignorado. Nos dice que nos quedemos trabajando todas las horas del día y, sin embargo, usted no da ejemplo.

»Hoy tiene una gran oportunidad, la de cambiar su forma de ser y de estar en este mundo. Hoy tiene la oportunidad de dejar de mandar tanto y empezar a liderar. Liderar es inspirar, es apoyar, es ayudar a confiar. Usted hasta ahora ni ha inspirado ni ha apoyado ni ha confiado. Tal vez crea que esto son cosas sin importancia más propias de gente blanda que de auténticos profesionales, pero se equivoca y mucho. En la historia hay ejemplos de verdaderos líderes, de seres humanos extraordinarios que ayudaron a otros a crecer y a desplegar todo su potencial. Fueron personas que supieron alinear mentes y corazones en una visión compartida. Yo no se lo digo porque lo haya leído, sino porque lo he vivido y de qué manera.

»Aquí estamos todos, empezando por mí, dispuestos a ayudarle y a trabajar a su lado en lo que haga falta, pero usted ha de comprometerse en que a partir de ahora no nos va a ver ni a tratar como si fuéramos objetos sino como a personas, como a seres humanos que tienen sus ilusiones, sus sentimientos, sus preocupaciones y también sus aspiraciones. Estoy segura de que si nos convirtiéramos en un equipo de verdad, inspiraríamos con nuestro ejemplo a muchas otras personas de esta empresa, para que ellos también hicieran lo mismo. Si colaboramos, si cooperamos entre todos, si nos ayudamos de verdad, si sabemos apartar nuestros egos, estoy completamente segura de que seríamos capaces de conseguir unos resultados que ni siquiera ahora nos imaginamos. Es su decisión, jefe, depende de usted.

Cuando Ana terminó, se produjo tal silencio que se hubiera podido oír hasta el zumbido de una mosca. Ninguno de los compañeros de Ana había oído jamás algo como aquello. No era solo lo que ella había dicho, sino el cómo lo había dicho. Era la potencia, la energía, la determinación con la que había hablado Ana la que les había dejado a todos estupefactos.

Ana se había vuelto a sentar.

—¿Ha terminado usted? —preguntó Marcos con un tono de voz tan gélido y distante que los compañeros de Ana vieron la poca mella que aquellas impresionantes palabras habían hecho en aquel corazón que ya no parecía de carne, sino de piedra.

—Sí, he terminado —contestó Ana con una voz tranquila y serena.

—Pues entonces —dijo Marcos—, le agradecería que saliera de esta sala porque usted ya no tiene nada que aportar a esta reunión. Vuelva a su trabajo que ya tendrá noticias mías.

Ana miró durante unos breves segundos a cada uno de sus compañeros como si se estuviera despidiendo de ellos. En sus ojos no se reflejaba ninguna ira, pesar o amargura. Por el contrario, sus ojos relucían como dos luceros. Ana salió de la sala A3 y se encaminó con una sonrisa a su puesto de trabajo.

La reunión en aquella sala duró poco porque no había manera de continuar con el orden del día después de lo que había pasado y de lo que todos habían vivido.

A la una de la tarde, Ana recibió un escueto email del departamento de recursos humanos:

Lamentamos comunicarle que, dados los reajustes de personal que se están haciendo en la empresa Soluciones Móviles S.A., nos vemos obligados a tener que prescindir de sus valiosos servicios. La fecha del despido se hará efectiva en un plazo de quince días. Una persona de nuestro departamento se pondrá en contacto con usted para hacer el finiquito de acuerdo a la ley vigente.

«La verdad es que me lo esperaba —pensó Ana sin inmutarse—. Solo creí que, después de tantos años, a lo mejor me lo comunicaban de otra manera».

Se levantó y con una sonrisa salió de su planta y cogió el ascensor. Pulsó el botón de la décima planta. Allí estaba el despacho de Eduardo Mendoza, el director general.

—Sí, ¿qué desea? —preguntó Juana, la secretaria del director general—. ¿En qué puedo ayudarle?

—Quiero hablar con el señor Mendoza —contestó Ana.

—¿Tiene usted cita con él? —preguntó Juana.

—No, lo siento, pero tengo que hablarle de algo muy importante.

—Dígame cuál es su nombre, veré si puede recibirla.

—Me llamo Ana Gómez y trabajo en la quinta planta, en el departamento de investigación y desarrollo.

Juana abrió una puerta de madera y desapareció tras ella.

Al cabo de escasos minutos volvió a salir y un poco ruborizada y con una cierta inseguridad en la voz le dijo a Ana:

—Perdone, pero el señor Mendoza está muy ocupado y me ha pedido que por favor aquello de lo que usted quiera informarle, se lo comente primero a su jefe, el señor Marcos García.

—Me lo imaginaba —dijo Ana.

Sin titubear, Ana fue directa a la puerta del despacho del director general.

—Espere, espere, ya le he dicho que...

Ana ya estaba dentro de aquel despacho.

—¿Qué desea? Ya le he comentado a mi secretaria que le dijera que estoy muy ocupado y que hablase con su jefe, el señor Marcos García.

—Ya veo que está usted muy ocupado, señor Mendoza —dijo Ana, dirigiendo su mirada durante unos breves instantes a la revista de coches que aquel hombre estaba ojeando—. Verá, señor Mendoza, dentro de quince días yo ya no trabajaré en esta empresa porque he sido despedida por Marcos García. Eso ya no importa. Yo no vengo ni a criticarle a él ni a desquitarme de nadie. No me mueven ni la ira ni las ganas de revancha. Mire usted, señor Mendoza, en esta empresa trabajan personas formidables y no obstante, la cultura que aquí se respira hace que esto más parezca una selva que una familia. Aquí o comes o eres comido. Usted apenas sale de su despacho y casi nunca habla con nosotros. Ni se imagina lo que supuso para todos que antes de las Navidades bajara a nuestra planta para felicitarnos por aquel problema informático que habíamos solucionado. Lástima que Marcos García se llevase todas las medallas.

»Usted, señor Mendoza, ocupa la posición más elevada en esta empresa y puede hacer mucho por todos mis compañeros. Muchos de ellos vienen aquí sin ninguna ilusión. Usted, que sin duda es un hombre inteligente, puede imaginarse la manera en la que esto afecta a los resultados que se obtienen. Aquí no existe una cultura de cooperación, sino que cada departamento es como un silo. ¿Se imagina la tensión que esto genera? Consulte, por favor, a su departamento médico y verá como hay un número sorprendente de personas que están de baja por estrés o por depresión. Usted, señor Mendoza, puede cambiar esta cultura. Lleve a esta empresa a donde realmente puede llegar a estar y hágalo contando con las personas que trabajan en ella. Se quedará sorprendido de los resultados.

»De verdad que le deseo a usted y a todos lo mejor. Sé que usted puede hacer que este nuevo año sea nuevo de verdad para todos aquellos que trabajan aquí. Gracias por escucharme, se lo agradezco de verdad y le deseo que tenga un buen día, adiós.

Ana se encaminó hacia la puerta.

—Espere un momento, Ana, déjeme que le haga una pregunta. ¿Qué hará cuando se marche de esta empresa? ¿Trabaja su marido? ¿Tienen hijos?

—Señor Mendoza, yo soy viuda, mi marido se mató en un accidente de tráfico hace años.

—Lo siento, Ana.

—Muchas gracias —respondió ella—. Sí, tengo familia, un hijo de dieciséis años, un padre de setenta y cinco años, cardiólogo retirado, y una gran amiga que se llama Isabel.

—¿Tienen recursos? ¿Cómo vivirán? —preguntó con interés Eduardo Mendoza.

—Si se refiere, señor Mendoza, a si tenemos ahorros, pues la verdad es que pocos, pero no se preocupe, de verdad, saldremos adelante, se lo aseguro. Los cuatro hemos vivido una experiencia extraordinaria y gracias a ella nos hemos dado cuenta de lo que de verdad importa en esta vida. Por eso sé que estaremos bien. De verdad que le agradezco su interés, señor Mendoza. Le deseo un gran día.

—Solo una cosa más, Ana, ¿su padre es un buen cardiólogo?

—Sí que lo es, ha trabajado en algunos de los mejores hospitales del mundo. ¿Por qué, señor Mendoza?

—Me gustaría consultarle una cosa, ¿cree que, aunque esté retirado y usted no vaya a trabajar más aquí, él me vería?

—Claro que sí, señor Mendoza. Déjeme que le apunte su móvil en un papel y yo hoy mismo le digo que esté atento a su llamada.

Ana salió y volvió a su puesto de trabajo en la quinta planta.

Eduardo Mendoza se quedó pensativo. Acababan de despedir a esa mujer y no se la veía ni frustrada ni resentida. Le había comentado su interés de hablar con su padre y ella, en lugar de mandarle a paseo, le había dado su teléfono personal. Había en ella algo verdadero, algo profundamente auténtico. Sí, aquella mujer era especial, muy, muy especial. Por eso decidió que lo primero que iba a hacer era hablar con Marcos García. Nunca le había gustado demasiado aquel hombre. Era un gran técnico, por eso le habían contratado, pero si en el equipo que él supuestamente lideraba había tanto malestar como Ana decía, tenían en la empresa un problema, un serio problema. El departamento de investigación y desarrollo era clave. Independientemente de lo que Marcos García le dijera, él iba a hacer sus propias averiguaciones.

—Ana, ¿dónde estabas? Te andábamos buscando —dijo Berta—. Me ha dicho una amiga de recursos humanos que te habían despedido, ¿es verdad?

—Sí, Berta, pero no te preocupes, de verdad que no pasa nada. Me voy tranquila y contenta. Seguiré trabajando con la misma ilusión hasta que me vaya.

Ana también había pagado ya el precio de su viaje. El imposible que ella quería transformar era el clima de su oficina. Tal vez hubiera fracasado, pero ella lo había intentado, de hecho había perdido su puesto de trabajo al hacerlo.

De todas maneras, hay veces en las que aquellas semillas que uno siembra en forma de palabras inspiradoras, acciones valientes o sonrisas sinceras, las mueven mágicas brisas que las hacen germinar cuando y donde uno menos se imagina.

En ese momento vieron pasar a Marcos García en dirección al ascensor.

—Qué raro —dijo Berta—. Se le nota muy alterado.

No era de extrañar, a Marcos García le acababa de llamar por teléfono el director general y le había dicho que subiera inmediatamente.

47

La siembra y las brisas

José había acudido con Isabel a la consulta del doctor Javier Alba. Desde que llegaron de Grecia, Isabel y José eran inseparables. Cuando ella se recuperara de la cirugía y del tratamiento ulterior que pudiera necesitar, se casarían.

—Hola, Isabel, me alegro de verla de nuevo —dijo el doctor Alba—. Y tú eres José, ¿verdad?

—Sí, Javier, encantado de conocerte.

Ambos médicos se estrecharon la mano.

—¿Tenemos ya el estudio preoperatorio?

—Sí, aquí está —dijo José, entregándole un gran sobre.

—¿Todo bien, verdad? —dijo el doctor Alba dirigiéndose a José.

—Sí, el estudio preoperatorio que se hizo antes de las vacaciones es normal.

—Por cierto, ¿qué tal esas vacaciones?

—Ni se lo imagina, doctor —dijo Isabel, mirando con aire de complicidad a José.

—Vaya, vaya, por sus expresiones me parece que se lo han pasado muy, pero que muy bien.

—Así es —dijo José—, ha sido una experiencia inimaginable.

—¿De verdad? —dijo el cirujano intrigado—. ¿Dónde han estado?

—En Grecia —contestaron los dos.

—¿Y vale la pena Grecia?

—Ni te haces idea, Javier —dijo José.

—Muy bien, Isabel —dijo el doctor Alba—. Efectivamente, todo es normal. La ingresamos pasado mañana a las ocho y la operaremos a las cuatro de la tarde. Es importante que no tome nada sólido a partir de las doce de la noche del día anterior. Le voy a hacer un volante de ingreso. Cuando llegue, vaya a admisiones en la primera planta del hospital y lo entrega. Venga por favor con el estudio preoperatorio. Se lo devolveremos cuando le demos el alta. —El doctor Alba entonces se dirigió a José—: Si quieres estar en la intervención, por mí encantado.

—No, gracias, Javier. Yo, si te parece, la acompañaré hasta el quirófano y después esperaré en el antequirófano a que tú salgas cuando termines la operación.

—Muy bien, por mí, perfecto —dijo el doctor Alba, luego se volvió a Isabel—: Isabel, me gusta verla tan tranquila y sonriente. Francamente, pienso que todo va a salir muy bien.

—Yo también estoy convencida de ello —dijo Isabel—, pero si no fuera así, yo y mi familia estamos preparados para asumirlo.

—No sabe cuánto me alegro, Isabel, ya le comenté en su última visita lo importante que es tener una actitud positiva cuando uno hace frente a una enfermedad.

Isabel y José, cogidos de la mano, salieron de la consulta.

A las siete de la tarde, José recibió una llamada a su móvil.

—Sí, dígame, ah, sí, señor Mendoza, encantado de saludarle, ya me dijo mi hija que usted me llamaría. Dígame, por favor, en qué puedo serle de ayuda.

Eduardo Mendoza empezó a hablarle de unas molestias que ocasionalmente tenía en el pecho y que últimamente se estaban agudizando.

—Mire, señor Mendoza, por lo que usted me cuenta, ese tipo de molestias pueden deberse a un estrechamiento de sus arterias coronarias. Vaya inmediatamente al servicio de urgencias del Hospital Clínico, que yo también voy para allá. Yo fui hace años el jefe del servicio de cardiología y sé que le van a atender muy bien. Por favor, vaya directamente, no se entretenga, es importante.

Media hora después llegaba Eduardo Mendoza a urgencias del hospital. José le estaba esperando con el cardiólogo de guardia, el doctor Tena. Le llevaron a una pequeña sala que tenía una camilla, le auscultaron, le sacaron sangre y le hicieron un electrocardiograma. José miró el electrocardiograma y habló con el cardiólogo de guardia. Al cabo de unos minutos llegaba la analítica.

—Señor Mendoza —dijo José—, no sabe lo que me alegro de que me haya llamado por teléfono. El electrocardiograma revela una clara falta de riego en la parte izquierda de su corazón y la analítica muestra una marcada elevación de una enzima llamada CPKmb, indicativa de sufrimiento del miocardio. Tenemos que hacerle un cateterismo de urgencia e inyectarle un contraste para ver cómo están sus coronarias. Si vemos algún estrechamiento, lo que los médicos llamamos una estenosis, tendremos que valorar la posibilidad de cirugía o de dilatarla con un balón y ponerle un *stent*, que es como una especie de tubito por el que pasa la sangre. ¿Tiene usted familia?

—Sí, doctor. Voy a llamar a mi mujer para que venga al hospital.

—Muy bien —dijo José—, vamos a hablar el doctor Tena y yo con el cardiólogo intervencionista y enseguida volvemos. Por cierto, ¿cómo es que usted no ha consultado antes a algún cardiólogo acerca de sus molestias?

—Es que siempre estoy muy ocupado y además no me gusta ir a los médicos —contestó Eduardo Mendoza.

—¿Y por qué me llamó a mí? —preguntó José sorprendido.

—La verdad es que no lo sé. Cuando su hija Ana vino a verme y me dijo que usted era un magnífico cardiólogo, decidí llamarle.

En la arteriografía coronaria que le hicieron a Eduardo Mendoza se observó un estrechamiento del noventa por ciento a nivel de la arteria descendente anterior y de la arteria circunfleja. Después de la preparación adecuada, el cardiólogo intervencionista le colocó dos *stents* que restablecieron el flujo coronario.

Al salir en la camilla de la sala donde le hicieron el procedimiento, Eduardo Mendoza se encontró con que José le estaba esperando junto a su mujer.

—Ha tenido usted mucha suerte, señor Mendoza, podía haber tenido un problema muy serio si las arterias se hubieran obstruido un poco más —dijo José—. Ahora va a tener que permanecer ingresado unos días en la unidad coronaria y una vez que se le dé el alta, por favor, tómese unos días de reposo, descanse un poco, que verá que el mundo no se hunde por ello.

—Muchas gracias, doctor, le estoy muy agradecido. Ya me enviará por favor la factura.

—Olvídese de eso, no le voy a pasar ninguna factura. Mi hija Ana me dijo que usted era alguien que podía hacer un gran bien en la empresa en la que ella está. Yo me doy por satisfecho si lo hace. Creo que todos estamos aquí para mejorar nuestro mundo y cada uno ha de descubrir la mejor manera de hacerlo.

Eduardo Mendoza se quedó pensativo y se preguntó cómo era posible que en tan solo veinticuatro horas, dos personas de una misma familia le hubieran ayudado a salvar su vida y tal vez hasta su propia empresa.

José todavía lo ignoraba, pero él también había pagado el precio de su viaje. En la agencia Nuevos Horizontes, José decidió ayudar a aquellos que como él estaban perdiendo su ilusión por la vida. La conversación que Ana tuvo con Eduardo Mendoza y el hecho de que este fuera ayudado por José, desencadenó una serie de profundos cambios en la empresa Soluciones Móviles S.A., que llevaron a una transformación radical en el clima laboral y en la cultura de aquella empresa.

Isabel entró en el quirófano con una sonrisa. Ella también había pagado el precio de su viaje, un viaje que había cambiado por completo su forma de ver las cosas. Ahora

Isabel ya sabía que jamás puede morir aquello que por su naturaleza es inmortal.

Dejo a tu imaginación lo que a partir de ahora va a suceder con cada uno de nuestros héroes y heroínas y tú, sin duda, eres el más importante, la más importante de todos ellos. En la literatura, como en la vida, tener uno u otro final depende de cómo decidamos escribir nuestra historia.

AGRADECIMIENTOS

A Isabela, por ser mi compañera y también mi musa.

A mis hijos Mario, Joaquín y Borja. Sé que vosotros estáis dispuestos a mejorar nuestro mundo. Gracias por haber sido mi principal inspiración para escribir esta historia.

A mi madre, María Celia, porque eres un ejemplo de valentía y superación. Tú has sido capaz de hacer lo que otros tal vez pensaron que no podrías.

A mis hermanos José María, Manuel, Fernando, Juan Ignacio y Alejandro. Estando con vosotros tengo claro que estoy, sin duda, en el mejor equipo.

A la memoria de mi padre, José María Alonso Ortiz, de Joaquín Lluch, de Pablo Antoñanzas y de aquellas otras personas tan queridas que desde las praderas del Elíseo nos iluminan para que haya un poco más de luz en nuestras vidas.

A María Benjumea, presidenta de Spain Start Up and South Summit, uno de los eventos de mayor impacto internacional en el área de la innovación y el emprendimiento.

A toda mi familia y a mis amigos por su afecto y apoyo cuando me he encontrado ante grandes desafíos. Entre estos últimos, quisiera destacar a Jesús Valderrábano, Jaime y Javier Antoñanzas, Germán García Cordero, Fernando Fernández y Jordi Nadal.

A Diego del Alcázar Benjumea, Juan José Güemes y Paris De L'etraz del Instituto de Empresa (IE), una institución educativa reconocida a nivel mundial.

Al fabuloso equipo de *El hormiguero*, y muy especialmente a Pablo Motos y a Jorge Salvador por seguir demostrando cada día que lo imposible sí puede hacerse posible.

A todo el equipo de *Juegaterapia* y **sobre todo** a Mónica Esteban y a Pablo Ibáñez, porque, en medio del dolor, sois capaces de provocar en los niños una sonrisa llena de ilusión y esperanza.

A todo el equipo de *Ya veremos*, de M80 Radio y **en especial** a Juan Luis Cano y a Mabi Velasco, por ofrecernos cada día esa maravillosa dosis de humor y simpatía.

A todos mis compañeros del HUAI y en especial a Álex Rovira, Juan Mateo, Juan Carlos Cubeiro, Inma Puig, Silvia Leal, Jorge Carretero, Fernando Trías de Bes y José Antonio Marina por hacer tan agradable el colaborar con vosotros.

Al extraordinario equipo de la editorial Espasa y muy especialmente a Ana Rosa Semprún, Olga Adeva, Miryam Galaz y David Cebrián por su apoyo, profesionalidad y cercanía. Muchas gracias por vuestra confianza en mí y en el poder que tienen las fábulas para transformar nuestras vidas.

A aquellas instituciones educativas con las que colaboro: Human Age Institute y especialmente a Raúl Grijalba, María José Martín, Montse Moliner y Loles Salas por formar parte de una iniciativa única en España para el desarrollo del talento, YPO, en particular a Ángel García Cordero, Centro Europeo de Estudios y Formación Empresarial Garrigues, Schiller University y sobre todo a su presidente Manuel Alonso Puig, Fundación Rafael del Pino y especialmente a María del Pino, Harvard Club of Spain, Fundación CEDE y en particular a José María Jordá y Antonio, Ruiz VA, ESADE, IDDI y **sobre todo** a Natalia Márquez y Susana Alonso, UFV y **principalmente** a su rector Daniel Sada, Grupo Esencial, YUMP y en especial a Álex y Rafael Mahave y, finalmente, a Euroforum Escorial. Mi agradecimiento a todos ellos por su *Areté*, su esfuerzo por la excelencia en el cumplimiento de una misión.

A todo el equipo de EBS Business School y con especial reconocimiento a Carlos Ongallo e Israel Jorge por haber logrado que el EBS Challenge sea una iniciativa tan inspiradora, diferente y transformadora.

A todos mis compañeros, a todos los profesionales de la salud y a aquellos auténticos maestros que en sus empresas, asociaciones, fundaciones, consultas, hospitales y aulas, se esfuerzan cada día por inspirar a otros seres humanos a creer en su verdadero potencial.

A todos mis maestros en campos como la Medicina, las Neurociencias, la Psicología, el Liderazgo y la Filosofía, por su dedicación y generosidad. Un agradecimiento especial a D. Alfonso López Quintás y a la memoria de D. Santiago Ramón y Cajal y de D. Pedro Laín Entralgo, que con sus enseñanzas han influido tanto y tan positivamente en mi vida.

A todos aquellos seres humanos que se enfrentan a la necesidad de cambiar, de crecer y evolucionar, al desarraigo, a la enfermedad, a la falta de sentido, a la pérdida en sus distintas manifestaciones y a tantos otros retos. Sin lo que he aprendido y aprendo de todos ellos y de su capacidad para superar lo que parecía insuperable, estoy convencido de que este libro jamás se habría escrito.

ÍNDICE

TERCERA PARTE
ENTRAR EN UN NUEVO MUNDO

CUARTA PARTE
RETORNAR A CASA